AIMERY

DE PAVIE

ÉPISODES DES GUERRES DU XIVᵉ SIÈCLE DANS L'ARTOIS
ET LE CALAISIS.

PAR JULES LE NEVEU.

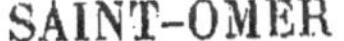

SAINT-OMER

IMPRIMERIE FLEURY-LEMAIRE, LITTE-RUE.

1865.

AIMERY DE PAVIE.

AIMERY

DE PAVIE

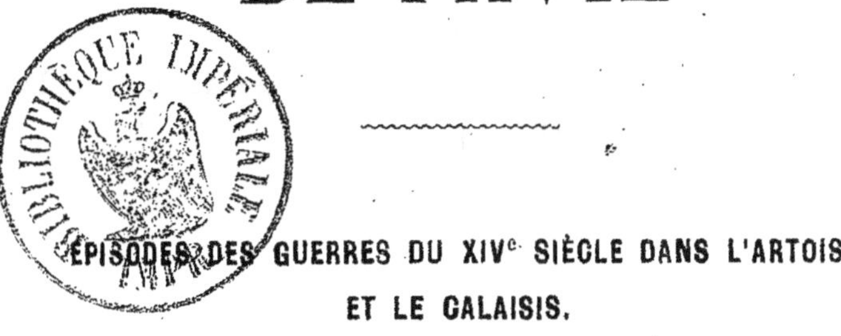

ÉPISODES DES GUERRES DU XIVe SIÈCLE DANS L'ARTOIS
ET LE CALAISIS.

PAR JULES LE NEVEU.

SAINT-OMER,

IMPRIMERIE FLEURY-LEMAIRE, LITTE-RUE.

1865.

AIMERY DE PAVIE

ÉPISODES DES GUERRES DU XIVe SIÈCLE DANS L'ARTOIS ET LE CALAISIS.

I.

COUP-D'ŒIL HISTORIQUE.

En consultant les manuscrits anciens, en compulsant les chroniqueurs du moyen-âge, il est aisé de voir que nul pays n'offre plus d'intérêt, au point de vue historique et dramatique, que le territoire du Calaisis qui, tant de fois, a été bouleversé par les viscissitudes de la guerre, depuis son occupation par les Cimbres, ses premiers habitants connus, jusqu'à l'époque de sa réunion définitive à la couronne de France. Et avant d'aborder les faits qui nous reproduiront une teinte des mœurs chevaleresques, bizarres et sanguinaires de ce siècle de fer, il ne nous paraît pas inutile de nous reporter vers les temps primitifs, pour arriver à la situation générale de la société au moment où doit commencer notre récit.

Le prince Ariovistus régnait sur le pays, lorsque César vint établir la domination romaine en ces lointaines contrées.

La mer s'étendait alors sur une grande partie du territoire appelé depuis Calaisis et Brédenarde ; elle y formait un large golfe que la configuration actuelle du terrain nous représente encore assez fidèlement. Son entrée se trouvait à Sangatte et, par les marais de Ham, de St-Tricat et de Guines, il se continuait dans le Brédenarde et de là, par Ruminghem, Watten, Eperlecques, Tilques et Salperwick, il gagnait le pied de Sithieu, d'où St-Omer a pris naissance, et, enfin, allait mourir le long du promontoire d'Helfaut, dans cette belle vallée qui forme aujourd'hui les sites enchanteurs de Blandecques et de Wizernes.

Le bras de mer formé par les bouches de l'Escaut et qui sépare la Flandre de la Hollande, n'existait pas alors. La mer envahissant ce pays forma l'état actuel des choses, en détournant le cours de l'Escaut qui primitivement tombait dans la Lys *(Melda)* et la rendait si profonde que les vaisseaux des romains y furent construits lorsque César voulut faire sa descente en Angleterre. Par suite du nouveau cours de l'Escaut, les eaux de la Lys diminuèrent et le pays submergé se dessécha presqu'entièrement, depuis Aire, St-Omer, jusqu'au Fort Nieulé ou aux digues de Sangatte.

Animé, riche et fécond aujourd'hui, ce sol alors n'était pas cultivé ; par ci, par là, quelques parcelles de terre étaient éraillées par la main de l'homme, pour les stricts besoins de son existence ; car on ne songeait pas encore à nourrir ses voisins. De grands marais occupaient une notable partie du territoire et la mer en envahissait une étendue considérable ; enfin, la plus grande partie du sol non immergé était inculte, couverte de bois et de forêts, ou envahie par une végétation vigoureuse et sauvage.

Il y a loin de cet état primitif à la situation actuelle ; et cependant le tableau de cette nature toute capricieuse était majestueux et solennel dans ses plus frappants contrastes : Ici le calme des eaux douces; là le tumulte et la folie de la vague qui poussait l'écume neigeuse de ses flots moutonnés en glissant avce rapidité sur l'onde tranquille. Tout près l'aridité du sol marécageux couvert d'une lèpre de mousse et de plantes parasites et souffreteuses qui perpétuaient son air piteux; enfin un peu plus loin, dominant tout cela et relevant la physionomie du tableau, des collines et des monticules qui semblaient vouloir gagner l'espace, pour échapper à la contagion, en élevant avec une rudesse majestueuse la végétation multiple, infinie qui les couronnait. Par ci, par là quelques huttes annonçaient la présence de l'homme et de larges sillons dénotaient qu'il avait fouillé la terre pour lui demander sa nourriture. Autour de cela et comme encadrement, des fourrés épais, de vastes forêts dont la solitude solennelle n'était troublée que par le bruissement de la feuillée ou le chant des oiseaux. C'était un spectacle grandiose, sublime : Les arbres s'embrassaient en entremêlant leurs têtes panachées; le lierre, la sarrement du chèvre-feuille, la tige moëlleuse de la ronce s'entrelaçaient; les buissons, les broussailles, les herbes, la fougère se confondaient en un immense réseau, à travers les mailles duquel apparaissaient des myriades de fleurs étoilant de leurs éblouissantes couleurs la fraîcheur de cette verdure, et laissant errer dans l'atmosphère leurs parfums délicats. L'oiseau, gazouillant dans le branchage, unissait son langage d'amour au frémissement harmonieux de cette poétique nature où Dieu répandait sa lumière qui n'était assurément ternie par aucun reflet corrupteur, car on ne devait point connaître le mal en ces lieux.

Mais bientôt cette paix profonde dut être troublée par la domination de l'homme sur l'homme : le plus fort y établit ses lois : la liberté pour lui, la servitude pour le vaincu; et la tyrannie répandit son deuil sur tout le pays.

Dans leurs prodigieux essors, les aigles romaines, qui devaient porter la civilisation chez les peuples barbares, vinrent renverser la puissance Saxonne et, tout en brisant un joug tyrannique, elles apportèrent de nouvelles et lourdes chaînes

aux habitants de ces contrées déshéritées qu'elles subju-
guèrent pendant 505 ans; et ce ne fut que vers l'an 408 que
que ces fiers conquérants durent céder leurs possessions à de
nouveaux envahisseurs.

Le pays passa alors sous une autre domination et ses habitants gagnèrent quelque bien-être à ce changement de maîtres;
car pour se consolider sur cette terre de servitude, les Franks
payèrent le travail des nombreux esclaves qui n'avaient jusqu'alors reçu aucun salaire.: C'était un pas vers la liberté, un
rayon d'espoir qui allait les soutenir dans l'adversité et devait
mettre un terme à leurs chaînes, le jour où ils pourraient eux-
mêmes avoir une place parmi les hommes libres, en acquérant
le coin de terre qui les avait vu naître; puis en servant comme
soldats, ce qui leur permetterait même d'aspirer aux dignités
qui étaient électives chez les Franks et ne conféraient encore
aucun privilège héréditaire.

Il n'y avait alors aucune classe, aucune caste de naissance,
et l'on ne reconnaissait comme titres de noblesse que la valeur
personnelle. De plus, ceux qui avaient l'honneur de la distinction tenaient cette marque d'un vrai principe d'égalité,
puisqu'elle résultait du choix librement manifesté par chaque
citoyen.

Tout alla bien dans le principe; mais lorsque les nouveaux
dominateurs se furent solidement établis sur le sol conquis et
y eurent convenablement organisé leurs forces; ils firent sentir tout le poids de leur autorité, exhumèrent de leur poussière
les lois mortes de la servitude, pour replacer leurs administrés
sous le joug d'un esclavage plus pénible encore que les précé-
dents. Le pauvre peuple condamné à l'ignorance, aux misères
des plus rudes labeurs, redevint martyr. Le seigneur sur ses
terres comptait ses hommes comme le bouvier de nos jours
compte ses bœufs dans son étable; ce n'étaient plus des êtres
intelligents, mais bien des choses, des meubles meublant les
propriétés. Ils jouissaient de si peu de liberté, ces pauvres serfs,
et leur dépendance était si complète que pour aller demeurer

d'un village à un autre, ils ne le pouvaient sans l'expresse permission de leur seigneur. Les enfants étaient engagés dans la même servitude que leur père, et pour se dégager, lorsque leur père était mort, ils étaient forcés de couper la main droite du cadavre et de la porter au seigneur, pour lui démontrer qu'il n'avait plus rien à y prétendre. C'est, d'après divers auteurs, de cette barbare coutume, abolie au XIIme siècle, que vient le terme de *main morte*, encore en usage de nos jours, pour désigner certains biens ou servitudes.

Endormis dans leur toute-puissance, les seigneurs Franks se reposaient dans une pleine quiétude, lorsqu'apparurent soudainement de nouvelles phalanges guerrières apportant avec elles le fléau de la dévastation.

Les invasions se succédèrent, et cela d'autant plus facilement que ces légions nomades rencontraient peu de résistance : les seigneurs fuyant eux-mêmes, ou s'isolant dans de sûres retraites à l'approche des envahisseurs. Ce fut ainsi qu'en l'année 861 les Normands entrèrent par Nieuport, Bergues et Cassel, dans Thérouanne, seule ville fortifiée alors et boulevard de tout le territoire ; ils la mirent à sac, bouleversèrent le pays, ravageant, brûlant, massacrant, détruisant partout où ils passaient. Puis ils vinrent à St-Omer, pillèrent la ville naissante, brûlèrent les églises, tuèrent les prêtres, et ne trouvant plus que quatre moines dans l'abbaye de St-Bertin, ils les mirent à la torture pour leur faire déclarer où étaient cachés les trésors, et, après avoir massacré trois de ces religieux, emmenèrent le quatrième à leur suite à travers le Brédenarde. Arrivés au pays de Langle, dans le village de *Muninnio*, ils se débarrassèrent de lui en le mettant à mort, et disparurent ensuite du pays. C'est à la suite de ce tragique évènement que le village reçut le nom de Mennequebeurre, par corruption de *Mouckerber* qui signifie fin du moine.

Plusieurs autres invasions attristèrent ce malheureux pays destiné pour longtemps au malheur.

Ces hordes barbares envahissaient brutalement ces contrées

déshéritées qu'elles mettaient à feu et à sang, jusqu'à ce qu'elles fussent repues de crimes et chargées de butin. Leur masse se retirait comme un flot immonde, laissant après lui de pestilentielles effluves, corrompant les habitants eux-mêmes qui, pour recueillir quelques bribes de leurs anciennes possessions, se harcelaient entre-eux, se décimaient parfois, sans pour cela ressaisir ce qu'ils cherchaient, vu qu'en se retirant les barbares emportaient toutes les richesses des populations rançonnées; car, pour s'affranchir de leurs violences, il fallait payer un énorme tribut et encore cela ne suffisait pas toujours pour être à l'abri de leurs excès.

Rien n'arrêtait ces dévastateurs qui ne professaient d'autre religion que celle de la guerre.

Ce fléau, semblable à un météore, apparaissait tout à coup pour éclater immédiatement et, comme une trombe furieuse, renversait tout sur son passage.

Voyez-vous l'horrible tableau d'une population toute entière jetant des cris d'épouvante en fuyant le bourreau! Et il nous semble entendre encore ces plaintes délirantes arrachées par la douleur, ces supplications de la victime déchirée pour arrêter l'œuvre inique de la mutilation, de l'immolation. Mais, hélas! les coups redoublent avec les prières; les atrocités se multiplient avec les gémissements, et bientôt l'air ne retentit plus que de voix furieuses, chantant l'ivresse et la brutale victoire; car la mort éteint la voix des victimes qui vont rejoindre leur créateur dans l'infini.

O temps passés, quelles sont vos hécatombes?

Qui pourrait nous dire combien de victimes sont tombées vaincues sous le glaive des tyrans, en invoquant le secours de Dieu!

Qui saurait nous retracer tous les tourments de ces opprimés des premiers siècles, de ces malheureux paysans qui, abandonnés de leurs défenseurs naturels, s'éteignaient, après une défense héroïque, dans les convulsions de la torture en lançant comme une malédiction vers le ciel le dernier cri de leur impuissance!

II.

COUP D'ŒIL HISTORIQUE. (SUITE).

L'image de la liberté apparue aux habitants de ces contrées, lors de l'établissement des Franks, ne fut qu'un mirage trompeur, qu'une décevante illusion dont se servirent habilement les nouveaux dominateurs pour y développer avec sécurité leur autorité, leur toute puissance.

Les chefs des Franks s'approprièrent les terres conquises et en accordèrent une partie à tous leurs officiers, sous condition de défendre leur cause à tout besoin. Et de la sorte nulle terre ne fut sans seigneur.

Ce fut ainsi que vers le ixe siècle se forma la noblesse dite de sang, par la reconnaissance de l'hérédité des charges militaires, par la création des fiefs et l'organisation de la féodalité.

Le seigneur était le souverain maître de ses fiefs qui étaient de plusieurs sortes : ceux des grands vassaux de la couronne ; les fiefs des bannerets ; ceux des hauberts et ceux de simple écuyer.

La hiérarchie de cette noblesse primitive fut ainsi établie :

Les grands vassaux de la couronne ne relevaient que du roi auquel ils faisaient hommage de leur personne et de leurs biens. Ce qui ne les empêchait nullement de se moquer de leur souverain lorsqu'ils étaient chez eux où ils régnaient en vrais potentats.

Venaient ensuite les bannerets ; ils étaient soumis aux grands vassaux, mais leurs fiefs leur donnaient le droit de porter bannière dans les armées du roi. Ils devaient fournir au suzerain cinquante hommes d'armes, plus des archers, des arbalétriers, et posséder un château et au moins vingt-quatre familles de serfs qui leur fissent hommage.

Le fief de haubert, ainsi nommé à cause de la cotte de mailles ou du haubert que devait revêtir celui qui le possédait, n'obligeait de fournir au seigneur qu'un cheval et le cavalier armé de toutes pièces.

L'écuyer portait l'écu des chevaliers; de là son nom ; son fief ne devait qu'un vassal armé.

Plus tard les anciens feudataires prirent les titres de ducs, marquis, comtes, vicomtes, etc., et leurs fiefs devinrent duchés, comtés, marquisats. Ensuite les largesses royales créèrent de nombreuses dignités et des charges les unes héréditaires, les autres inféodées aux fiefs, qui augmentèrent encore le nombre des nobles.

Dans le principe l'autorité était toute militaire ; l'idolâtrie ou la religion païenne était professée par tous et les ministres du culte se contentaient de brûler l'encens à leurs dieux en gouvernant spirituellement leurs ouailles ; mais aussitôt que les apôtres de la foi eurent évangélisé ce pays, les choses se modifièrent peu à peu et l'on vit à côté du pouvoir suprême, s'élever une autre puissance souveraine qui fit souvent courber la tête aux plus fiers seigneurs ! Et les abbayes et les monastères surgirent du sol, plus nombreux que les châteaux et les forteresses qui le couvraient déjà.

Elus par le peuple dont ils briguaient les suffrages ; pauvres et humbles au début ; prêchant l'obéissance et la paix, les prélats, ou du moins le plus grand nombre, oublièrent leur mission divine pour le soin d'affermir leur puissance temporelle ; l'attrait de l'indépendance, le désir des richesses devinrent leur plus grande préoccupation ; leur pouvoir s'agrandit et bientôt ils ne relevèrent plus que du roi qui les nomma aux sièges vacants. Ils devinrent alors seigneurs temporels, eurent des privilèges et prérogatives considérables, et on les vit rendre la justice dans leurs domaines, ceindre l'épée, s'armer du casque et de la cuirasse et commander dans les batailles.

Les vertus évangéliques faisant place aux occupations mondaines, les évêchés devinrent de véritables bénéfices : Les évêques avaient leur cour, leurs dignitaires, leurs chevaliers et écuyers, leurs hommes d'armes, leurs vassaux, leurs chasses, leurs équipages, leur monnaie particulière ; les biens des personnes qui mouraient sans confession leur appartenaient ; on leur offrait un gant après la vente d'une maison ou d'une terre ; les brasseurs leur payaient une redevance de bière sur leur fabrication ; les pelletiers des fourrures, etc. Les nouveaux mariés étaient également obligés de payer une somme déterminée pour user des droits du mariage avant le troisième jour qui suivait leur union ; les maires et échevins des villes leur juraient fidélité ; les habitants étaient requis de fournir gratuitement les chevaux nécessaires aux prélats. De nombreux fiefs et chargés bénéficiaires dépendaient de l'évêché et l'on voyait dans les cérémonies figurer les seigneurs des fiefs de la coupe, du bouteiller, de la panneterie, des couteaux et de la verrerie, du tranchet, de l'orfevrerie et du charbon, des futailles, de l'épée et de la lance, de la chaise, du carreau, etc., voire même de la *jonglerie*, pour les danses, chants et divertissements.

La féodalité envahissait tout, les intérêts civils et religieux étaient confondus. Des monastères de religieux étaient sous le gouvernement de femmes et des abbayes de religieuses données à des gentilshommes. L'austère discipline des établissements religieux dût naturellement en souffrir et le luxe était en quelque sorte d'ordonnance pour les gens d'église : Les chanoines portaient en ville des manteaux de fantaisie, fréquentaient les cabarets, académies, tavernes et brelans, et pour soutenir leur rang avec éclat, ils ne pouvaient aller à plus d'une lieue de la ville sans être accompagnés de deux chevaux et d'un serviteur de bonne mine.

Les monastères ou abbayes ne jouissaient pas de moindres prérogatives que les évêchés ; ils étaient aussi feudataires, possédaient d'innombrables fiefs, d'immenses bénéfices et les redevances ne leur faisaient point défaut : Le corps des marchands apportait à l'abbaye les tapisseries, étoffes et marchandises dont la valeur était taxée à l'avance ; les taillandiers, ferrailleurs, tout le ferrement nécessaire à l'établissement ; les selliers procuraient des selles à l'abbé et aux religieux ; les boulangers tant de pains par semaine ; les cordonniers des souliers ; les foulons des sommiers en laine ; les cabaretiers de la cervoise, etc.

Un tel état de choses amena graduellement l'inobservance des règlements monastiques, et les plaisirs du monde ne furent plus proscrits du cloître ; on y donnait des banquets, des festins et des fêtes et les gens des deux sexes étaient reçus dans les couvents et monastères.

Plusieurs de ces établissements surpassaient même en luxe et en beauté, les résidences royales : Nombreux chevaux, table splendide, somptueux équipages, étaient le dévolu de Messieurs les abbés. Et, par dessus tout ces avantages, ils possédaient, ainsi que les grands feudataires de la couronne, droit de juridiction dans tout le ressort de leurs domaines et vasselages. Ils prélevaient la dîme sur les récoltes et non contents de cela, Simon, abbé de Saint-Bertin, fut dépêché à Rome, vers 1480, pour obtenir du pape le privilège de lever la dîme sur les harengs ; mais, à cette nouvelle, les pêcheurs se révoltèrent et refusèrent l'impôt. L'abbé envoya néanmoins ses commis percepteurs, et ils n'obtinrent aucun résultat. Renvoyés de nouveau, accompagnés de deux moines dont la présence devait calmer l'effervescence du peuple, tant on comptait sur le prestige du froc, on refusa encore nettement l'impôt. Alors les moines, croyant paralyser l'émeute par l'autorité dont ils se pensaient amplement munis, voulurent faire enlever de force les harengs hors des bateaux. Cela irrita si fortement les pêcheurs qu'ils assommèrent les commis et poursuivirent les moines qui durent se réfugier dans une église ; l'un monta sur l'autel et se colla à l'image de Saint-Nicolas qu'il embrassait en implorant son secours ; l'autre plus ventru et moins alerte se coucha à terre devant l'autel, et, quoique ce lieu fut reconnu lieu de refuge, ils tremblaient néanmoins pour leur peau.

Alors tous les pêcheurs de la côte se rassemblèrent pour

aller mettre le feu à l'abbaye ; ils l'avaient déjà investie lorsque le connétable Gérard d'Hermelinghem vint avec ses troupes arrêter ce désordre.

Sans abandonner le droit de dîme sur les harengs, on ne tenta plus de la recueillir. Néanmoins les curés tonnaient fortement contre les entêtés pêcheurs, lorsqu'un brave matelot du Waldam insista, malgré ses confrères, pour vouloir donner la dîme à son curé ; il trouvait cela fort juste disait-il, seulement il n'approuvait pas la manière de vouloir recueillir la dîme. Or, un jour il aborde le curé en lui disant :

— Eh bien, monsieur le curé, y n'veulent pas vous donner la dîme ; et bien, moi, je vous l'abandonne. Mais je dois vous faire observer qu'il serait de toute justice que nous, hommes de mer, soyons traités comme tous ceux qui paient cet impôt sur la terre. Si vous voulez consentir à cela, je vous assure que personne ne se refusera à vous laisser la dîme des harengs.

— Mais comment donc, rien de plus juste, j'y souscris d'avance, dit joyeusement le curé.

— Alors, nous voilà d'accord, monsieur le curé, et maintenant que j'ai votre parole, vous pourrez, dès ce soir, aller chercher ce qui vous revient de notre pêche.

— Explique-toi donc.

— Voilà : n'est-il pas défendu, par l'Église même, à ceux qui récoltent, d'enlever la dîme hors du champ ?

— Certes oui.

— Donc ils sont obligés de laisser sur terre, dans la pièce même qu'ils moissonnent, une gerbe sur dix qui ne peut être enlevée que par les soins du bénéficiaire de la dîme ?

— C'est parfaitement cela, mais dépêche-toi de poser tes conditions.

— Or, ajouta lentement le pêcheur, comme le champ où nous avons moissonné est la mer, nous y avons laissé la dîme que monsieur le curé peut aller prendre.

— Misérable ! s'écria le curé tout en colère.

Et il s'éloigna, morfondu, pendant que tous les pêcheurs

assemblés glosaient en riant sur la ruse de leur compagnon.
Depuis cette mystification on n'entendit plus parler de la dîme
sur les harengs.

En présence de tant de privilèges, il ne restait aux masses
qu'une existence purement végétale; tandis que les possesseurs de fiefs jouissaient de tous les avantages de leur supré-
matie en menant une vie royale : intendants, échansons et
fauconniers, écuyers et pages; rien ne leur manquait.

Les fonctions d'écuyer consistaient, en temps de paix, à
dresser les chevaux. Et ils accompagnaient le châtelain à la
guerre. Les pages prenaient soin des armes, servaient à table
et étaient les courriers ordinaires pour les messages.

Lorsqu'il n'était pas à la guerre, le châtelain passait ses
journées à la chasse, et le soir, se délassant auprès d'un vaste
foyer, il écoutait l'entretien de ses chevaliers ou le récit de
quelque merveilleuse aventure, fait par le pèlerin fatigué
auquel on avait accordé l'hospitalité.

Les écuyers et les pages jouaient aux échecs, aux dés, ou
chantaient quelque nouvelle chanson apprise récemment d'un
troubadour de passage.

La dame châtelaine, entourée de ses dames d'atour, passait
sa vie à broder et à écouter quelques pieuses lectures dans ses
appartements, meublés avec soin des plus riches tentures et de
grands bahuts de chêne sculptés.

Aux grands jours de fêtes, les manants dansaient sous
l'orme, devant l'avenue du château et parfois les jeunes pages,
toujours avides de plaisirs, se mêlaient aux villageois et prenaient part aux divertissements en faisant sautiller les plus
jolies villageoises.

Le peuple, logé dans des maisons couvertes en chaume,
dans de chétives masures ou dans de misérables huttes, élevait
péniblement ses enfants dans la servitude en travaillant pour
les seigneurs; il n'avait d'autres droits que le bon vouloir des
maîtres, d'autres plaisirs que leur bon plaisir!...

Tels étaient l'état social et la situation générale du pays au
moment où commence notre récit.

III.

LES SUITES D'UN COUP DE VENT ET D'UN COUP DE NEZ.

Philippe de Valois venait de se couvrir de gloire à la mémorable bataille de Cassel où, en quelques heures, plus de vingt-cinq mille Flamands tombèrent sous les coups de la vaillante chevalerie française. Une victoire aussi complète l'aurait assurément comblé de joie, s'il n'eut éprouvé, en ce moment, un vif ressentiment contre Edouard III roi d'Angleterre qui, par ses intelligences secrètes, avait aidé et soutenu les Flamands dans leur rébellion. Pour le châtier de cette conduite peu courtoise, il somma ce souverain de lui venir rendre hommage, en la ville d'Amiens, pour le duché de Guyenne qu'il détenait en France.

Edouard se rendit par contrainte à cette injonction, et on le vit dans la cathédrale d'Amiens se présenter tête nue et sans épée devant le roi son suzerain, puis se mettre à genoux pour lui prêter serment de fidélité.

La fierté du monarque anglais se prêtait peu à cette humiliante cérémonie; aussi, à peine de retour dans son royaume, il laissa éclater le plus vif ressentiment contre Philippe auquel il déclara la guerre, en l'accusant de lui avoir ravi la couronne de France. Quelque temps après il vint en Flandre, avec ses chevaliers auxquels se joignirent les troupes de Flandre, de Guyenne et du Poitou; mais ayant échoué dans toutes ses tentatives contre les places françaises, il rembarqua ses gens pour passer en Guyenne.

Sa flotte était en pleine mer lorsque survint une affreuse tempête qui bouleversa son escadre et semblait devoir causer sa perte, mais qui fut au contraire la cause du plus grand bonheur qu'il eût pu espérer. Ses vaisseaux, poussés par un effroyable coup de vent sur les côtes de la Normandie ; abordèrent à la Hougue-Saint-Waast, entre Coutances et Cherbourg, et le roi y débarqua son armée.

En descendant de sa nef, et au premier pas qu'il fit sur le sol français, Edouard tomba si rudement à terre, sur le nez, que le sang rejaillit aussitôt sur son entourage et qu'il resta quelques instants étourdi du coup. Ses chevaliers le relevèrent immédiatement et, s'empressant de lui donner les premiers soins, ils dirent :

— Cher sire, retrayez-vous en vostre nef et ne venez meshuy à terre, car veez cy un petit signe pour vous.

Le roi répondit :

— Pourquoi, mais c'est au contraire un très bon signe pour moi ; car la terre me désire.

Et quelques jours après son armée se mettait en marche à travers les beaux pays du Cotentin et de Caux qu'elle ravageait, pillant et brûlant toutes les villes dont aucune n'était pourvue de défense. La flotte anglaise, chargée de richesses enlevées dans cette plantureuse contrée, fit plusieurs fois le voyage d'Angleterre pour y déposer son immense butin ; et pendant ce temps Edouard avançait toujours sur Paris, saccageant le pays et prenant effrontément le titre de roi de France, alors qu'on lui dévastait la Guyenne.

Raoult, seigneur de Guines et grand connétable de France, envoyé au secours de la ville de Caen menacée par les anglais, y fut fait prisonnier et mené en Angleterre. Philippe de Valois se trouvait alors à St-Denis où il réunissait autour de lui l'armée formidable qui arrêta enfin l'Anglais dans sa marche conquérante et le poursuivit bientôt en Picardie où il fut cerné complètement sur les bords de la Somme ; là il devait inévitablement succomber, car tous les passages étaient gardés et les ponts détruits.

Le roi de France tenait enfin son ennemi : il lui était loisible de le détruire, soit en le combattant ou en l'affamant, à sa volonté royale ; attendu qu'il était refoulé sur une profonde rivière par le cercle de fer d'une armée de plus de cent mille hommes.

Très inquiet sur sa situation critique, Edouard entendit la messe au soleil levant, communia et, après avoir demandé à Dieu une bonne inspiration, il rassembla son conseil, y fit paraître tous les prisonniers faits dans le pays, et s'adressant à ces derniers, il leur dit très doucement:

— Je vous ai réunis tous ici, devant mon conseil, pour statuer sur votre sort. Les lois de la guerre sont inexorables et, sans avoir besoin de recourir à aucune forme de procès, le droit que nous tenons de Dieu nous autorise à prononcer votre arrêt de mort. Néanmoins, si parfois notre justice est sévère, il est des circonstances où nous savons user de clémence; et aujourd'hui même nous vous en donnerons une preuve, à la condition que vous saurez répondre à notre attente; sans quoi, nul de vous, ce soir, ne sera de ce monde.

Maintenant que mes clauses sont établies, vous n'hésiterez pas sans doute à vouloir bien sauver votre vie pour un simple renseignement qu'il doit vous être facile de me donner. — Voyons, quelqu'un d'entre vous connaît-il un endroit, au-dessous d'Abbeville, où la Somme soit guéable et où nous puissions sans danger passer nous et nos gens?

Nul ne répondit à cette question.

— Comment! dit le roi avec surprise, personne ne connaît de passage?

Puis, après un moment de réflexion, il continua:

— N'auriez-vous point confiance en notre parole royale de vous accorder la vie? Eh bien! nous vous dirons mieux: Que celui qui sait l'existence d'un gué se présente hors des rangs, qu'il nous l'indique et, pour prix de ce service, il aura non-seulement la vie sauve, mais encore nous lui accordons sa pleine liberté ainsi que celle de vingt de ses compagnons.

Admirable dévouement! le noble caractère français se révélait dans toute sa majesté en ce moment; tous ces cœurs loyaux battaient violemment sous ces poitrines fières; car chacun savait que chaque instant de mutisme était un pas fait vers la tombe : l'ombre de leurs parents passait devant leurs yeux ; ils allaient abandonner pour toujours les êtres chéris de leur cœur : leurs femmes, leurs enfants ; ils voyaient déjà à travers un voile lugubre leur place restée vide au foyer ; les larmes de leurs mères, les cris de leurs enfants, ils voyaient, ils entendaient tout cela ; mais, fidèles à leur pays et à leur souverain, ils préféraient marcher à la mort que d'aider, par leur avis, au salut du plus grand ennemi de la patrie !

Cependant, nous devons le dire à la honte de l'espèce humaine, il se trouva parmi tous ces héros un ignoble valet du nom de Gobin Agace, qui, dépourvu de tout noble sentiment, préféra son salut à celui de sa patrie. Au moment où il s'avança vers le roi, un murmure d'indignation s'éleva des rangs des prisonniers ; mais, sans se déconcerter, l'infâme Gobin continua à s'avancer vers Edouard auquel il dit :

— Sire, je vous promets sur ma tête que je vous mènerai à tel endroit où vous passerez la bonne rivière de Somme, sans péril et avec toute votre armée.

— Voyons, explique-toi, dit le roi tout joyeux de son succès.

— Quand le flot de la mer monte, reprit le valet, les eaux de la rivière sont tellement repoussées en amont, que nul ne pourrait passer d'une rive à l'autre, n'importe en quel endroit ; mais il y a certaines heures de passage, deux fois entre jour et nuit, où vous pourrez, sire, faire passer douze hommes de front qui n'auront l'eau que jusqu'aux genoux. Quand le flot descend, il existe, au Crotoy, un endroit nommé la Blanque-Taque, où la rivière reste si petite et si basse que l'on y peut passer à cheval ou à pied, sans nul danger, car il y a là un gravier de pierre blanche, forte et dure, sur quoi on peut fermement charrier : c'est pourquoi on l'appelle Blanque-Taque. Apprêtez-vous donc à être avant le soleil levant sur le bord de la rivière, et je vous servirai de guide moi-même.

Le roi, tout radieux de ce qu'il venait d'entendre et presque assuré dès lors du salut de son armée, se leva de son siège, et s'avançant vers le valet, lui dit d'un ton affectueux :

— Compagnon , si je trouve vrai ce que tu dis, non seulement je te donnerai la liberté ainsi qu'à tous tes compagnons, mais je te donnerai cent nobles en bonnes espèces sonnantes, et plus tard, lorsque je serai en mon royaume d'Angleterre, tu pourras me rappeler le souvenir de la Blanche-Tache et j'assurerai ton sort si tu me viens rejoindre.

Aussitôt il fit sonner ses trompettes et ses préparatifs de départ s'effectuèrent en toute hâte. Le lendemain toute l'armée anglaise, échappant au roi de France, avait passé la Somme et ne s'arrêtait qu'à Crécy, où elle s'installa en attendant les Français qui lui donnaient la poursuite.

Les conseillers d'Edouard, étonnés qu'il ne continuât pas sa fuite, et craignant qu'il ne compromît le sort de ses armes par quelque téméraire résistance , lui firent de pressantes observations auxquelles il répondit par ces paroles pleines de fermeté et d'audace en cette circonstance :

— Amis, nous prenons notre place ici, sur ce territoire que vous ne connaissez pas, et telle est notre irrévocable détermination ; car nous n'irons pas plus avant sans vouloir nous mesurer avec nos ennemis ; et cela à cause que je suis maintenant sur le droit d'héritage de Madame, ma mère, qui lui fut donné en mariage. Je veux le revendiquer et le défendre contre mon adversaire le roi Philippe de Valois.

Il prit des positions très avantageuses et le 26 août 1346 les Français s'avancèrent pour combattre ; mais malgré leur courage et leurs précédentes victoires, ils perdirent cette bataille si fatalement célèbre que nous ne pouvons résister au désir d'en raconter les principaux épisodes.

Ce récit est du reste une mosaïque toute historique, et pour l'intelligence des faits que nous nous proposons de reproduire, il est indispensable d'esquisser les événements qui les précédèrent.

IV.

BATAILLE DE CRÉCY.

Le vendredi, veille de la bataille, le roi d'Angleterre se logea en plein-champs, dans ce pays qu'il avait trouvé abondamment fourni de vins et de viandes pour les besoins de son armée qu'il pourvut, en cas de défaite, d'un grand nombre de chariots. Les troupes fourbirent leurs armes, et le soir le roi donna à ses comtes et barons, un dîner où ils firent bonne chère ; puis, quand il leur eut donné congé, il se retira en son oratoire et se mit en oraisons, à genoux devant son autel, priant Dieu qu'il le laissât vaincre le lendemain. Vers minuit il se coucha et le matin, de très bonne heure, entendit la messe avec son fils, le prince de Galles, et la plus grande partie de ses gens se confessa et communia. Après cette cérémonie religieuse, le roi fit armer ses soldats, prit ses positions et forma, près d'un grand bois, sur les derrières de son armée, un parc qui n'avait qu'une seule entrée et dans lequel il enferma ses bagages, ses chars, charrettes et tous les chevaux. Il divisa ensuite ses troupes en trois corps d'armées qui devaient combattre à pied. Le 1.er corps pouvait être d'environ 800 hommes d'armes, 2,000 archers et 1,000 brigands gallois ; le second se composait de 800 hommes d'armes et 1,200 archers ; le 3e, que commandait le roi, était fort de 800 hommes d'armes et 2,000 archers.

Le roi, monté sur un petit palefroi, un bâton blanc en main, ayant un de ses maréchaux à droite, l'autre à gauche, passa la revue générale et, allant au pas dans tous les rangs, pria si doucement les seigneurs, comtes et barons qu'ils voulussent bien défendre ses droits et son honneur, que les plus découragés retrouvèrent dans les paroles royales toute la force morale dont ils avaient besoin en semblable circonstance. Lorsqu'il eut terminé sa visite, il ordonna que tous les soldats mangeassent à leur aise et bussent une bonne rasade de vin. Les troupiers firent en effet un bon repas, et cette besogne terminée, ils ramassèrent toutes leurs provisions, se mirent en ordre de bataille, puis s'assirent à terre, leurs bassinets et leurs arcs devant eux, se reposant pour être plus frais quand les Français viendraient à eux.

De son côté le roi de France avait, de bon matin, assisté à la messe en son hôtel, à Abbeville, d'où il partit au soleil levant. Lorsqu'il fut à deux lieues de la ville, ses gens lui dirent, en voyant les Anglais :

— Sire, il serait bon que vous fissiez ordonner vos batailles et laissiez passer devant tous les gens de pied, pour qu'ils ne fussent pas foulés par les chevaux.

Aussitôt le roi dépêcha en éclaireurs quatre noble cavaliers, pour s'assurer du maintien de l'ennemi ; lesquels chevauchèrent si adroitement qu'ils purent bien juger des dispositions de l'armée d'Edouard. Ils revinrent ensemble vers le roi qui, les apercevant, leur demanda :

— Seigneurs, quelles nouvelles ?

Aucun d'eux ne voulait répondre le premier ; mais, sur un signe de Philippe, le plus ancien dit :

— Je parlerai, Sire, puisqu'il vous plaît de me l'ordonner, et sauf l'avis de mes compagnons : Nous avons chevauché et vu les dispositions de notre ennemi. Sachez que les Anglais sont arrêtés en trois corps de bataille et vous attendent. Je serais donc d'avis, sauf meilleur conseil, que vous fassiez arrêter ici, sur ces champs mêmes, toutes vos troupes pour les y faire reposer la journée entière ; car avant que les derniers soldats soient arrivés et que vos ordres puissent être exécutés et votre armée bien ordonnée, il sera fort tard. De plus vos gens fatigués seront sans ardeur pour aller combattre un ennemi qu'ils trouveront frais et dispos ; puis aussi vous pourrez prendre plus mûrement demain matin vos dispositions, et vous aurez au moins le loisir de décider le côté le plus favorable à l'attaque; car soyez convaincu qu'ils vous attendront.

Le roi commanda qu'il fut fait ainsi. Aussitôt les maréchaux s'élancèrent au galop de leurs chevaux en criant :

— Arrêtez ! arrêtez ! bannières, au nom de Dieu et de Saint-Denis!

La tête de la cavalerie s'arrêta, mais ceux qui étaient derrière continuèrent à marcher, en disant qu'ils ne s'arrêteraient, que lorsqu'ils seraient aussi avant que les premiers, et ils poussèrent ainsi forcément en avant ceux qui étaient aux premiers rangs ; et ni le roi, ni les maréchaux ne purent se faire obéir. Ils allèrent ainsi en désarroi, jusqu'à ce qu'ils virent l'ennemi ; et aussitôt ils reculèrent tous en désordre et restèrent cois. Quand les troupes de pied, dont tous les chemins étaient pleins et couverts, aperçurent les Anglais, ils tirèrent leurs épées, en criant à leur tour :

— A la mort! à la mort!

Chacun voulut alors montrer sa force et sa puissance ; tous s'avancèrent sans ordre ni discipline, malgré les efforts du roi et des seigneurs ; et la bataille s'engagea sous ces déplorables auspices.

Aussitôt que les Anglais virent approcher les Français, ils se levèrent avec calme et se rangèrent tranquillement en bataille.

Lorsque Philippe de Valois vit les Anglais et qu'il put comparer l'ordre et la discipline qui existait dans leur armée, contre l'insubordination et le désordre qui s'étaient emparés de ses soldats, il en fut très ému et il dit à ses maréchaux :

— Faites passer les Genevois d'avance et commencer la bataille, au nom de Dieu et de Saint-Denis.

Il y avait là quinze mille Genevois arbalétriers qui, fatigués d'avoir fait six lieues à pied, tout armés et portant leurs lourdes arbalètes, dirent à leur connétable.

— Nous sommes bien las, et nous ne sommes pas ordonnés pour faire grand exploit de bataille.

Ces paroles arrivèrent au comte d'Alençon qui leur répondit :

— On doit bien s'embarasser de telle ribaudaille qui faillit au plus fort de la besogne. Vous êtes tous des couards !

Aussitôt une pluie abondante tomba, le tonnerre gronda, et une immense volée de corbeaux obscurcit l'air, en volant au-dessus de l'armée à laquelle ils semblaient adresser leurs sinistres croassements. La tempête dura peu, mais cependant assez pour détremper le terrain, et quand la vue se dégagea, le soleil darda ses rayons brûlants en plein visage des Français qui s'en trouvèrent éblouis ; tandis que les Anglais ne le recevaient que par derrière.

Les Genevois, tous rassemblés, approchèrent l'ennemi en criant et en hurlant de toutes leurs forces, pour épouvanter les Anglais qui se tinrent immobiles en faisant comme s'ils n'entendaient rien. Ils crièrent une seconde fois en avançant un peu ; les Anglais, sans s'émouvoir, conservèrent encore leur calme. Enfin ils poussèrent un troisième et formidable hurlement et, voyant l'impassibilité anglaise, ils allèrent en avant, tendirent leurs arbalètes et commencèrent à tirer. Alors les archers anglais donnèrent signe de vie, ils avancèrent d'un seul pas et firent voler leurs sagettes de grand randou, avec tant de rapidité que ces traits formèrent une pluie épaisse comme neige. Les Genevois, sentant leurs armures, leurs bras et leurs têtes percées par ces piquants projectiles, brisèrent leurs armes, coupèrent les cordes de leurs arcs, les jetèrent à l'ennemi et abandonnèrent lâchement le combat.

En voyant retourner les Genevois le roi s'écria :

— Tuez cette ribaudaille qui nous obstrue la voie sans raison ; frappez, gens d'armes, sur ces marauds et taillez-les en pièces entre eux.

Pendant ce temps les Anglais tiraient toujours avec une vivacité soutenue et se servant pour la première fois de l'artillerie, dit Froissart, ils causaient de grands dommages parmi tous les gens d'armes très richement armés et montés, et qui, parmi cette foule de lâches, trébuchaient avec leurs chevaux sans pouvoir se relever. Les ennemis, voyant ce désordre, en profitèrent pour charger cette partie de l'armée française qu'elle défit sans beaucoup de peine.

Charles de Luxembourg, roi de Bohême qui combattait pour la France fut tué à ce moment; et son valeureux père, l'Empereur Henry de Luxembourg, qui, malgré sa complète cécité, avait voulu assister à la bataille, demandait justement alors à ses chevaliers :

— Où est donc monseigneur Charles, mon fils?

— Nous ne savons, répondirent-ils pour épargner sa douleur; nous pensons qu'il combat.

— Alors, seigneurs, reprit ce noble vieillard, vous êtes mes gens, mes compagnons et amis de la journée, je vous requiers donc de me mener si avant dans la mêlée que je puisse frapper un bon coup d'épée.

Aussitôt ses chevaliers, pour ne point le perdre dans la foule, lièrent leurs chevaux au sien, et menèrent le vieil Empereur aveugle à l'ennemi, pour accomplir son désir. Ils allèrent si avant que, malgré sa cécité, l'héroïque vieillard fit plusieurs beaux coups d'épée et combattit si vaillamment, ainsi que ses chevaliers, qu'on les trouva tous le lendemain rassemblés dans la mort, comme ils avaient été unis dans le combat : Leurs cadavres entouraient celui de leurs maîtres, et tous leurs chevaux couchés à terre étaient encore liés ensemble près d'eux.

La première journée fut désastreuse pour nos armes et, le soir ou pendant la nuit, plusieurs chevaliers, écuyers ou gens d'armes perdirent leurs maîtres; ils s'en allaient errant par les champs et tombaient à la merci des patrouilles anglaises qui les tuaient tous sans quartier; attendu que l'ordre du jour portait défense de faire un seul prisonnier.

La seconde journée fut aussi malheureuse que la première et toute notre belle chevalerie y trouva une mort glorieuse.

Le roi Philippe n'ayant plus à ses côtés qu'une soixantaine

d'hommes d'armes, voulait encore tenter d'arrêter l'armée ennemie ; son cheval avait été tué sous lui et Jean de Haynaut, qui l'avait remonté de son propre coursier, lui dit :

— Sire, retirez-vous, il est temps, ne vous exposez pas si simplement ; si vous avez perdu cette partie vous en regagnerez une autre.

Mais le roi ne l'écoutant pas voulait encore combattre. Alors ce seigneur prit le frein du coursier royal et emmena ainsi le roi, par force, hors du combat. Ils chevauchèrent au galop et atteignirent dans la nuit le château de Broye qui était fermé, car il faisait noir et obscur. Le roi fit appeler le châtelain qui vint aux guettes demander.

— Qui est là ? Qui appelle à cette heure ?

— Ouvrez ! ouvrez ! châtelain , *c'est l'infortuné roi de France.* — L'histoire écrit : *C'est la fortune de la France.*

Le châtelain ayant reconnu la voix de son souverain, Philippe de Valois, baissa le pont-levis et donna asile à son royal et infortuné maître , qui se contenta d'y prendre quelques instants de repos, s'y désaltéra et partit à minuit pour la cité d'Amiens où il arriva vers la pointe du jour.

Ainsi se termina cette funeste bataille de Crécy où la victoire délaissa la plus noble des causes, où la fleur de la vaillante chevalerie française mourut autour de l'oriflamme sacrée, pour ne point survivre à la honte de voir le drapeau de la France exposé comme trophée au milieu des étendards ennemis.

V.

SIÈGE DE CALAIS.

Glorieux de sa victoire, Edouard se sentit un instant piqué du désir de rebrousser chemin sur Paris; mais il en fut détourné par l'avis de son confident intime, Aimery de Pavie. Ce soldat de fortune, originaire de Lombardie, avait été dans son enfance page du prince Edouard et était devenu son ami le plus lié; aussi jamais le roi d'Angleterre ne guerroyait sans faire part de ses projets au Lombard. Lorsque Edouard lui manifesta son envie de reprendre la route de l'intérieur, il lui dit avec son franc parler habituel:

— Gentil sire, si je m'appelais le roi d'Angleterre, j'adviserais tout autrement que vous ne le faites.

— Que veux-tu dire? reprit le roi piqué au vif dans son amour-propre royal.

— Oh! une bien simple chose: Vous venez de gagner la plus belle partie que jamais tête couronnée ait risquée; la Fortune vous a souri au delà de tout espoir; mais vous devez savoir que ses faveurs ne sont pas quotidiennes. Ne vous laissez donc pas éblouir par le vif éclat de votre succès, pour tenter de perdre le fruit que vous a cueilli la main du destin: Vous avez mieux à faire sans rien risquer.

— En vérité, mon cher Aimery, tu parles un langage tout symbolique et que je ne comprends pas, malgré tous les efforts de mon esprit.

— Eh bien! sire, marchez droit devant vous, tranquillement, comme à travers votre royaume; car l'armée de Philippe est anéantie, personne ne peut vous disputer le chemin ou vous rompre le passage, et lorsque vous serez arrivé près de Calais, installez vos troupes dans le retranchement formé naturellement près de la ville, par les dunes ; puis quand vous y aurez assis votre armée, assez commodément pour y passer l'hiver, vous pourrez envisager tout à votre aise si cette jolie cité ne serait pas un beau joyau à ajouter à votre couronne. Vous ne risquez rien, je le répète, attendu que si l'entreprise ne vous sourit pas, ce que je suis loin de supposer, vous aurez mis votre armée à l'abri de tout danger, et vous n'aurez qu'un signe à faire vers Dower-Castel, pour que votre flotte vienne prendre vos troupes et les transporte en Angleterre.

— Ecoute, compère, dit le roi, je prise fort les avis, les bons avis surtout, et celui que me donne ta cervelle lombarde me paraît tel que sans plus tarder je le veux mettre à exécution. Si je réussis, j'aurai, grâce au destin, gagné à peu de frais ce que nos pères ont si longtemps convoité. Prends ces deux coupes, Aimery, emplis les de cervoise et bois avec moi à la réussite de ton projet.

Le Lombard trinqua familièrement avec son souverain, en ajoutant :

— Monseigneur Edouard, vous savez que nous, gens du midi, nous avons foi dans la destinée et que, sans être superstitieux, nous accordons créance aux pressentiments. Eh bien ! cette nuit même, pendant les courts instants de repos que j'ai pris, mon esprit a voyagé dans la sphère inconnue de l'avenir : Vous étiez maître de la bonne ville de Calais et, retournant en votre royaume, vous me donniez le gouvernement de cette ville où vous m'installiez avec ma femme et ma fille que je n'ai pas vues depuis si longtemps.

— Tu as rêvé cela, fidèle ami ? Mes intérêts t'occupent encore pendant ton sommeil ! C'est d'un loyal cœur, entends-tu Aimery.

Le roi lui tendit la main et en pressant fortement celle de son ami, il ajouta d'une voix émue :

— Si tes pressentiments ne sont point trompeurs, et que je devienne possesseur de Calais, je te jure que nul autre que toi n'en aura le gouvernement. Puis, plus tard, lorsque ta fille, la belle Ida, sera assez âgée pour être dame d'honneur de la reine, je la pourvoirai du plus riche parti de mon royaume.

À ces mots, les yeux d'Aimery brillèrent du plus vif éclat, car il aimait bien sa fille ; mais, avare comme tout lombard, il aimait par-dessus tout l'argent, et cette richesse promise à sa fille lui causait une joie extrême.

— Va, continua le roi, trouver de ma part mes maréchaux, et dis leur de faire des préparatifs pour quitter, dès demain, ce champ de carnage où mon esprit n'est pas en repos.

Aimery sortit de la tente royale et le lendemain, aux premiers rayons du soleil, l'armée anglaise se mettait en marche vers le nord ; une partie sous la conduite d'Edouard passa par Montreuil-sur-Mer et Boulogne ; l'autre, sous les ordres des maréchaux, se dirigea vers Hesdin et rejoignit le roi en la grosse ville de Wissant.

Quelques jours après, le roi d'Angleterre mettait le siège devant Calais, il faisait construire, entre la ville et la rivière, une grande quantité de baraques en bois, recouvertes de chaumes et de genêts, qui furent alignées par rues, et où il logea ses troupes. Des hôtels et des maisons y furent également charpentés pour lui et ses seigneurs. Tout fut si bien ordonné que le camp anglais ressembla à une ville et renfermait toutes les choses nécessaires à ce grand rassemblement de soldats qui devaient passer là leur hiver aussi tranquillement que chez eux. Une grande place y était réservée pour les marchés des mercredis et des samedis, et l'on y voyait se dresser ces jours-là, les échoppes des merciers ; les étals des bouchers, des boulangers ; des halles de draps, etc., et l'on avait là, pour son argent, toutes les choses qu'on pouvait trouver en ville

De plus, les Anglais couraient la campagne vers le comté de Guînes et jusqu'aux portes de Boulogne et de St-Omer, ramenant quotidiennement en leur camp le butin qu'ils faisaient dans leurs excursions.

Lorsque Jean de Vienne, gouverneur de Calais, vit l'aménagement du roi d'Angleterre, il fit sortir de la ville les bouches inutiles qui auraient fait diminuer le peu de provisions qu'il tenait à sa disposition et, par un mercredi, dix-sept cents vieillards, femmes et enfants sortirent de la ville et passèrent dans le camp anglais.

En voyant tous ces malheureux, Edouard demanda pourquoi ils quittaient ainsi la ville. Il lui fut répondu qu'ils n'avaient de quoi vivre, et le roi leur permit de traverser son camp, après les avoir fait dîner et avoir donné à chacun d'eux dix esterlins à titre d'aumône.

Cette circonstance affermit le roi dans sa résolution de réduire la ville par la famine, attendu qu'il supposait qu'elle ne devait résister longtemps, dans l'impossibilité où elle se trouvait de pouvoir recevoir le moindre ravitaillement. Pour intercepter le passage par mer, Edouard avait fait construire un formidable château de bois, assis droit en face de la ville, du côté de la mer; lequel bien pourvu de pringalles, bombardes, arcs et autres instruments, était habité par quarante hommes d'armes et deux cents archers qui gardaient le havre et le port de si près, que rien ne pouvait entrer ou sortir de la ville sans être foudroyé. La ville se trouvait de la sorte complètement investie.

De son côté Philippe de France cherchait à secourir sa bonne ville de Calais et, à cet effet, il convoqua tous les chevaliers et écuyers de son royaume, leur donnant rendez-vous à Amiens, pour le jour de la Pentecôte en 1347. Un grand nombre s'y trouva ponctuellement et la nouvelle armée se dirigea sur Calais.

Exhortés par le roi d'Angleterre, les Flamands refusèrent les traités d'alliance que leur proposait Philippe, et ils vinrent alors sournoisement mettre le siège devant Aire, brûlèrent et saccagèrent tout le pays environnant, jusqu'aux portes de St-Omer et de Thérouanne, puis se sauvèrent comme des couards, en leur pays, à l'approche de l'armée française composée de deux cent mille hommes, qui arriva bientôt sur les hauteurs de Sangatte. Malheureusement, Philippe ne pouvait atteindre le camp anglais qu'en passant par-dessus les dunes, où il y avait grand nombre de fossés et de marécages; ou par le rivage même de la mer qui n'offrait pas un chemin plus sûr. Le seul pont par lequel on pouvait avoir accès dans la ville ou au camp était parfaitement gardé et défendu par les troupes d'Edouard.

Voyant l'impossibilité d'aller au delà, le roi de France dépêcha vers son cousin d'Angleterre, Monseigneur Geoffroy de Charny, Eustache de Ribeaumont, messire Guy de Nesle et le sire de Beaulieu; lesquels entrèrent à cheval dans le camp anglais, et vinrent droit au roi qui était entouré d'une nombreuse escorte de chevaliers et écuyers. Ils mirent pied à terre et s'inclinèrent profondément devant Edouard. Eustache de Ribeaumont prenant alors la parole lui dit:

— Sire, le roi de France vous signifie par nous qu'il est venu sur le mont de Sangatte pour vous combattre; mais il ne peut trouver de chemin pour venir à vous, et il verrait volontiers que vous voulussiez bien assembler votre conseil, auquel il joindrait le sien, pour déterminer l'endroit où l'on pourrait se combattre.

Le roi leur répondit aussitôt:

— J'ai bien entendu, seigneurs, ce que vous me demandez de par mon adversaire, qui tient à tort mon héritage dont il me prive. Vous lui direz de ma part, s'il vous plaît, que je suis en cet endroit où j'ai demeuré depuis près d'un an, ce qu'il a bien su, et qu'il y fut venu bien plus vîte me trouver s'il l'eût voulu. Mais il m'a laissé longuement demeurer ici où j'ai dépensé beaucoup du mien, et je ne puis avoir tant fait pour que je ne sois bientôt seigneur de Calais. Je ne suis pas du tout d'avis de me rendre à la demande qu'il me fait tout à son aise, ni de risquer ce que j'ai conquis et tant désiré. Si donc lui et ses gens ne peuvent passer par là, qu'ils voient autour pour chercher le chemin.

Les seigneurs français portèrent cette réponse à Philippe

qui, convaincu de l'impossibilité de surprendre son ennemi et de lui faire lever le siège, reprit la route d'Amiens et congédia son armée.

Calais, abandonné à son malheureux sort, capitula après treize mois d'une héroïque résistance, car les habitants, réduits à l'extrémité par la famine, avaient mangé les chevaux, les chiens, les rats et, après avoir épuisé ce genre de ressources, se mouraient de faim, lorsque le gouverneur de la ville consentit enfin, par un sentiment généreux, à demander à capituler.

On connaît les rigoureuses exigences d'Edouard qui ne céda à cette proposition, qu'à la condition que six nobles habitants lui seraient livrés, la corde au cou, pour être aussitôt mis à mort. Et à côté de cet acte de cruauté, l'histoire a enregistré le sublime dévouement d'Eustache de Saint-Pierre et de ses cinq valeureux compagnons.

Quoique cette capitulation ait été relatée bien des fois déjà, les détails en sont si intéressants que nous pensons devoir les reproduire ici, d'après le célèbre chroniqueur du temps, Jehan Froissart.

VI.

REDDITION DE CALAIS.

Après le départ du roi de France et de son armée, les Calaisiens se voyant complètement abandonnés, en éprouvèrent une vive douleur qui vint ajouter à leur détresse déjà si grande. Leur misère était telle qu'ils avaient peine à se soutenir et ne pouvaient plus marcher. Ils supplièrent tant le gouverneur de mettre un terme à leurs maux, que la pitié ébranla la fermeté de ce courageux capitaine, résolu à mourir plutôt que de se rendre ; et, débordé par les pleurs et les lamentations, Jean de Vienne consentit à faire des ouvertures à l'ennemi. A cet effet, il monta sur les créneaux des murs de la ville et fit signe aux vedettes anglaises qu'il voulait parlementer.

Aussitôt que le roi d'Angleterre en fut informé, il dépêcha deux de ses gentilshommes, Gautier de Mauny et messire Basset, vers le gouverneur qui leur dit du haut des murailles :

— Chers seigneurs, vous êtes très vaillants chevaliers en fait d'armes, et vous n'ignorez pas que le roi de France que nous reconnaissons pour souverain, nous a envoyés en ces lieux, en nous ordonnant de garder et de défendre cette ville et son château, sans que nous puissions en avoir de blâme et lui nul dommage. Nous avons accompli notre devoir, en faisant tous nos efforts pour conserver à notre royal maître le bien dont il avait confié la garde à notre honneur ; nous sommes allés jusqu'au bout de nos forces, espérant toujours recevoir du secours, mais en vain ; et aujourd'hui nous sommes si malheureux, si réduits que nous n'avons pris aucune nourriture depuis plusieurs jours, qu'il ne nous reste rien pour vivre et que nous nous voyons tous condamnés à mourir de misère ou à enrager de famine, si le gentil roi, votre seigneur, n'a pitié de nous.

Gautier de Mauny lui répondit :

— Jehan, nous connaissons les intentions de monseigneur le Roi, qui nous en a fait la confidence. Sachez donc qu'il n'entend pas que vous puissiez vous en aller ainsi, et qu'il veut que vous vous rendiez tous à sa discrétion, pour rançonner ou faire mourir ceux qu'il lui plaira.

— Eh ! pourquoi donc tant de rigueur ? demanda le gouverneur en tremblant pour ses compagnons.

— Parce que les habitants de Calais lui ont fait tant de chagrin, causé tant de dépit ; lui ont fait dépenser un si grand bien et occasionné la mort d'un si grand nombre de ses gens, qu'il veut, à son plaisir, en avoir telle satisfaction qu'il lui plaira.

— Ce serait pour nous une trop horrible chose, répondit fièrement Jean de Vienne. Nous sommes céans un petit nombre de chevaliers et écuyers qui avons loyalement servi le roi de France, notre seigneur, comme vous pourriez le faire en semblable cas. Nous avons enduré tous les maux, toutes les privations, mais nous souffrirons plus encore et mourrons s'il le faut, plutôt que de consentir que le plus petit enfant de la ville soit maltraité pas plus qu'aucun de nous. Néanmoins nous vous prions d'aller porter notre demande au roi d'Angleterre, et d'intercéder près de lui pour qu'il ait pitié de nous. Car nous espérons trouver en lui de nobles sentiments qu'il ne saurait éprouver si ces propos étaient la véritable expression de sa volonté et, si malheureusement il en était ainsi, son cœur serait entaché d'une cruauté inouïe que par la grâce de Dieu nous ne lui croyons pas.

Les messagers retournèrent vers le roi et lui firent part des propositions du gouverneur.

— Je n'ai pas la volonté de faire autrement, dit Edouard en courroux, mes desseins sont irrévocablement fixés. Je veux qu'ils se rendent tous, simplement à discrétion ; autrement je les laisserai mourir de faim et de soif ; et quand les corbeaux voleront au-dessus de la ville pour se repaître de leur chair, nous enfoncerons les portes de leur tombeau....

— Monseigneur ! interrompit Mauny, vos paroles sont enfantées par un grand ressentiment, et dans tous les cas vous pourriez bien avoir tort, car vous nous donnez très mauvais exemple : Si un jour vous nous envoyez défendre une de vos forteresses, nous n'irions pas volontiers si vous faisiez mettre ces gens à mort, attendu qu'on pourrait parfaitement nous traiter de même en semblable cas.

Le roi, se tournant alors vers Aimery, sembla l'interroger du regard, et le Lombard dit ces quelques mots d'un ton calme :

— Messire de Mauny a dit sensément son opinion qui est la mienne et, j'en suis convaincu, celle de tous les barons et chevaliers présents au conseil.

Ces paroles, approuvées d'un signe affirmatif général, firent réfléchir le roi, qui reprit avec plus de modération :

— Seigneurs, je ne veux pas être seul de mon avis contre vous tous. Sire Gautier, allez dire au capitaine que la seule grâce qu'il puisse obtenir de moi, c'est qu'il me livre six des plus notables bourgeois, la tête nue, déchaussés, en chemise, la hart au cou et les clefs de la ville et du château en leurs mains ; je règlerai le sort de ces bourgeois à ma volonté ; et à ces conditions seules je prendrai pitié des autres habitants.

Gautier de Mauny revint alors vers Jean de Vienne qui l'attendait sur les murs, et lui communiqua les expresses volontés du Roi.

— Je vous prie, lui dit le gouverneur, de vouloir bien attendre ici, tant que j'aie soumis cette question à la communauté de la ville qui m'a envoyé parlementer. Je ne saurais du reste accepter seul la responsabilité d'un engagement pour telles conditions, et c'est à ceux qui m'ont député ici, d'y répondre selon leur avis.

Et messire Jean de Vienne quitta les murs, vint au marché et fit sonner les cloches. Quelques instants après, tout le peuple était rassemblé sur la place, et le deuil contrista les visages lorsque le gouverneur eut expliqué les conditions posées par

Edouard. Les femmes pleuraient et se lamentaient; les hommes eux-mêmes, affaiblis par la souffrance, ne pouvaient retenir leurs larmes. Tous, néanmoins, criaient qu'il fallait se rendre et la plus grande confusion régnait en cette assemblée.

Alors un des plus notables se levant, réclama l'attention de tous en élevant la main. — Le plus grand silence s'établit et Eustache de Saint-Pierre s'exprima en ces termes :

— Seigneurs, grands et petits, ce serait un irréparable malheur de laisser notre peuple mourir de faim et de misère. Puisqu'il ne nous est pas donné de choisir d'autre moyen que celui qu'on nous impose pour le sauver, nous trouverons, en l'acceptant, la suprême consolation d'être agréable à Dieu par notre dévouement, — s'il doit sauvegarder de leur mauvaise fortune, tous ceux qui nous ont aidés de leur courage à garder, jusqu'à ce jour, la ville que notre royal seigneur avait confiée à notre défense. Et j'ai si grande confiance d'avoir grâce et pardon près du Tout-Puissant, si je meurs pour sauver ce peuple, que je veux être le premier à me rendre, en chemise, la tête découverte, les pieds déchaussés et la hart au cou, aux mains du roi d'Angleterre.

La généreuse résolution de ce digne bourgeois fut acclamée par les cris de la plus vive reconnaissance et des démonstrations de toutes sortes. Aussitôt Jehan d'Aire, Jacques de Wissant, Pierre son frère et deux autres concitoyens honorables, se rangèrent près d'Eustache, en déclarant qu'ils voulaient mourir avec lui.

Ces six hommes de cœur se préparèrent au martyre, se dévêtant séance tenante ; puis ils se passèrent la corde au cou et reçurent les adieux de la foule qui les conduisit, en se lamentant, jusqu'aux portes de la ville.

Jean de Vienne était si affaibli, qu'il n'avait plus la force de se soutenir ; il monta sur une petite haquenée, sortit des murs avec les six bourgeois et fit fermer la porte derrière lui. S'adressant alors à Gautier de Mauny qui l'attendait, il lui dit avec grande émotion :

— Comme gouverneur de Calais, et par le consentement du pauvre peuple de cette ville, je vous livre ces six bourgeois qui, je le jure, étaient les plus honorables, les plus notables de corps, chevalerie et bourgeoisie de Calais. Je vous prie donc, gentil sire, d'intercéder pour eux, en suppliant le roi de ne pas les faire mourir.

— Je ne sais, repartit Mauny, ce qu'en voudra faire le roi ; mais je vous promets, sur l'honneur, d'agir de tout mon pouvoir pour les sauver ou adoucir leur sort.

— Merci, noble sire, dit de Vienne les larmes aux yeux.

Puis il embrassa ses six compagnons, et les barrières s'ouvrirent pour leur livrer passage vers le camp anglais.

Lorsqu'ils furent présentés au roi, ils s'agenouillèrent et lui dirent à mains jointes :

— Gentil sire roi, vous nous voyez, ici, six qui avons été bourgeois de Calais, notables et grands marchands ; et, en vous apportant les clefs de la ville et du château, nous nous mettons à votre discrétion, pour sauver le reste du peuple de cette cité qui a souffert de si grandes maux déjà. Daignez, sire, par votre haute noblesse, avoir pitié de nous.

Les comtes, barons et chevaliers, qui assistaient à cette lamentable scène, ne purent retenir leurs marques d'attendrissement en face d'un aussi grand malheur. Mais Edouard les regarda avec dépit, car il éprouvait une implacable haine pour le peuple de Calais qui, par le temps passé, lui avait causé de grands dommages sur mer, Elevant tout à coup la voix, il dit avec force :

— J'ordonne qu'on leur tranche la tête à l'instant ; et que nul d'entre vous ne soit assez osé pour essayer de fléchir ma volonté par de vaines supplications.

— Ah ! sire ! dit avec chaleur Gautier de Mauny, veuillez réprimer ce mouvement de colère......

— Mauny ! prenez garde !... gronda le roi.

Cette menace ne l'intimida pas, et se rappelant son serment de faire tout ce qu'il pourrait en faveur de ces malheureux, il continua avec fermeté :

— Vous avez, sire, la renommée de souveraine noblesse; or, ne commettez pas aujourd'hui une action qui pourrait l'amoindrir, imprimer une tache indélébile sur votre royal blason et autoriser le monde entier à vous taxer de féroce cruauté, si vous faisiez mourir ces honnêtes gens qui, de leur propre mouvement, se sont livrés à votre merci pour sauver leurs compatriotes. Et vous ne souffrirez pas, j'en suis sûr, qu'on puisse dire qu'un grand roi d'Angleterre eut des sentiments moins nobles, moins généreux que de simples citoyens.

— Soit, se contenta de répondre Edouard avec froideur, fais venir le bourreau : Ceux de Calais ont causé la mort d'un si grand nombre de mes hommes qu'il convient que ceux-ci meurent aussi.

Les malheureux furent aussitôt livrés à l'exécuteur qui déjà leur avait lié les mains, lorsque la reine, qui était enceinte, se jeta aux genoux du roi en implorant sa miséricorde :

— Ah ! gentil sire, dit-elle en noyant son tendre regard dans celui de son époux, depuis qu'au péril de ma vie j'ai repassé la mer pour venir auprès de vous, je ne vous ai rien demandé. Or, je vous prie humblement, au nom du fils de Sainte-Marie, au nom de notre amour et de l'enfant que je porte en mon sein, je vous prie d'avoir pitié de ces six hommes.

Le roi la regarda et, après un moment de silence, lui répondit :

— Madame, j'aimerais mieux que vous fussiez autre part qu'ici ; vous me priez si vivement et si tendrement que je ne puis vous éconduire ; et, quoique je le fasse à regret, je vous donne ces six hommes, faites en votre plaisir.

Les bourgeois furent aussitôt délivrés à la reine qui les conduisit dans ses appartements, leur fit ôter les liens du cou et des mains, les revêtit d'habits propres et, après avoir donné à chacun six nobles d'or, les fit conduire en sûreté hors du camp.

VII.

ANGLAIS ET FRANÇAIS.

Après cette scène attendrissante, le roi, demeuré seul avec Aimery de Pavie, resta quelques instants silencieux ; puis laissant échapper un profond soupir qui sembla le soulager puissamment, il murmura :

— Enfin, la partie est donc gagnée !

— Eh ! quoi, cher sire, vous le dites d'un ton qui pourrait laisser croire que vous avez quelques regrets.

— Hélas ! des regrets ! n'y en a-t-il pas partout, même au sein des jouissances ? Et la joie que je ressens de posséder cette ville n'est-elle pas amèrement troublée par le dépit que j'éprouve de ne pouvoir faire payer à ces maudits Calaisiens tout le mal qu'ils m'ont causé ? Mais toi, comme tous les autres, tu es venu dire ton mot en faveur de ces damnés, pour ébranler ma fermeté.

— Et je m'en félicite, sire ; car le sang versé inutilement tache si fortement, qu'il perfore le blason sur lequel il tombe. Et bientôt vous eussiez regretté vous-même d'avoir utilisé si impolitiquement la hache du bourreau en cette circonstance ; car en traitant ces hommes d'une manière aussi cruelle, c'était, comme vous l'a dit Mauny, les faire mourir pour avoir accompli leur devoir avec fidélité et dévouement.

— Allons, soit ! dit le roi, tu as raison ; et pourtant, tu le vois, ma contrariété est si vive qu'elle me fait oublier ce brillant succès auquel tu as une bonne part, car je n'oublie pas le conseil que tu m'as bénévolement donné le lendemain de Crécy, et je me rappellerai aussi ma promesse. Le jour où j'entrerai dans Calais, tu en seras le capitaine.

Ces paroles royales touchèrent si agréablement Aimery qu'il

ne put se défendre de jeter un regard de bonheur sur les clefs de la ville restées au milieu de la table.

Aussitôt Edouard fit appeler Gautier de Mauny et ses maréchaux; les comtes de Warwick et de Stanford ; il leur dit, en montrant les clefs du doigt :

— Seigneurs, prenez ces clefs que nous avons si bien gagnées et allez vous emparer du château et de la ville de Calais; ils sont bien à nous. Vous emprisonnerez tous les chevaliers que vous y trouverez et ferez sortir tous les soudoyers, qui y sont venus pour gagner simplement leur argent, ainsi que tous les hommes et les femmes du peuple. Faites place nette, car je veux repeupler la cité de purs Anglais.

Les trois gentilshommes, avec cent gens d'armes, prirent immédiatement possession de Calais , enfermèrent Jean de Vienne et tous les autres défenseurs de la ville ; puis, après avoir fait déposer dans la halle toutes les armes et armures, ils expulsèrent tout le monde hors des murs, sauf un prêtre et deux gens de loi qu'ils retinrent pour renseignements. Ils firent ensuite préparer le château et les hôtels pour loger le roi, la reine et la cour.

Lorsque les préparatifs furent achevés, Edouard, suivi de la reine, chevaucha vers Calais où il entra « au son joyeux des trompettes, des tambours, des naquaires et des buccines. »

Tristes conséquences de la guerre, pendant ce moment d'allégresse pour les vainqueurs, les vaincus voyaient avec désespoir leurs biens passer aux mains des Anglais et la demeure de leurs aïeux occupée désormais par la soldatesque ennemie, sans en recevoir le moindre dédommagement du roi de France. Aussi tous ces malheureux citoyens faisaient pitié dans leur malheur, et la majeure partie se retira à Saint-Omer où aux environs, dans de misérables réduits.

Quelques jours après cette entrée triomphale, la reine accoucha d'une fille qui fut appelée Marguerite et, aussitôt les relevailles faites, le roi et la cour prirent le chemin de l'Angleterre. Edouard rentrait enfin dans son royaume, et en quittant la cité qu'il venait de conquérir, il dit à Aimery:

— Je te confie ma ville de Calais et tu m'en réponds sur ton honneur, sur ta vie même. Les troupes que j'y laisse à tes ordres sont bonnes et nombreuses et les pouvoirs dont tu es investi sont très étendus. Tu as donc ici la force matérielle à ta disposition, une autorité royale, mon entière confiance; avec cela il faudrait avoir bien du malheur pour échouer dans une aussi facile mission que celle-là. Garde-moi donc cette cité comme mon plus cher trésor. Dans quelques jours ta femme et ta fille viendront te rejoindre et, aussitôt mon arrivée à Londres, j'enverrai trente-six bons bourgeois qui viendront former ici un noyau de population que j'accroîtrai autant qu'il me sera possible de fidèles Anglais, car ce sera notre principe de résistance sur ce riche territoire que nous gagnerons petit à petit et qui sera entièrement un jour sous la domination superbe de notre Lion.

— Je n'ai pas besoin, cher sire, répondit le Lombard, de vous exprimer de nouveaux mes sentiments de reconnaissance et d'attachement à votre personne; je me bornerai à vous dire que mon dévouement égalera votre généreuse confiance, et que je saurai défendre vos droits sur le sol qui vous est acquis et faire respecter, par nos fiers ennemis mêmes, la noble bannière d'Angleterre.

Le roi partit et envoya de Londres, à Calais, de bons bourgeois riches et expérimentés, avec leurs femmes et leurs enfants, et il eut bientôt fait de repeupler d'Anglais cette cité malheureuse.

Maîtres de la ville, les Anglais, ne se contentaient pas de jouir paisiblement de cette possession; ils couraient, maraudaient, pillaient et dévastaient le pays, de sorte que la culture des terres devenait impossible, car lorsque la moisson jaunissait dans les champs, les fourrageurs survenaient et la dépouillaient sans cérémonie. La misère s'abattit bientôt sur cette contrée où la famine montra ses dents et la peste la suivit de près pour compléter la désolation générale.

Les gens mouraient sur les chemins où leurs cadavres étaient dévorés par les bêtes fauves. Enfin la panique était telle que lorsqu'un laboureur ensemençait son champ pour substanter sa famille, un homme du village était désigné chaque jour, pour se mettre en sentinelle au haut du clocher, afin de guetter l'apparition des Anglais ; et, aussitôt qu'un soldat se montrait, les cloches sonnaient à toute volée et de suite les laboureurs se sauvaient avec leur famille, leurs effets et leurs bestiaux dans les châteaux et places fortes des environs où ils trouvaient un asile sûr.

Cet état de choses dura si longtemps que dans la suite, et pendant bien des années, les bestiaux, habitués à être conduits au son de la cloche, se sauvaient sans conducteur aussitôt que l'on sonnait.

Eh bien ! le croirait-on ? malgré toutes ces adversités, la gaîté du caractère français perçait encore et la jeunesse des campagnes s'assemblait le dimanche pour sautiller au son des trompettes, buccines et tambourins. Les cuisants souvenirs des années de souffrances publiques disparaissaient sous un rayon de gaîté et l'on dansait tout en maudissant l'Anglais.

Par un joli dimanche du mois de mai de l'an 1349, vers les quatre heures du soir, la place de Zutkerque était très animée : la danse échauffait les jeunes gens qui chantaient en cadence des refrains patriotiques ; les vieillards causaient et riaient en buvant la cervoise du dimanche, et les échos d'alentour répétaient le murmure qui résultait de cette riante assemblée où Pierre et Perrinette étaient heureux pour un instant.

Le soleil était radieux, la pousse du feuillage en reflétait les doux rayons sur son émeraude et le ciel bleu souriait à tous. Néanmoins le joyeux tapage cessa tout à coup et le plus profond silence s'établit instantanément, comme si le soleil se fût éclipsé. Pourtant son aspect était toujours le même, aucun nuage ne se montrait à l'horizon et rien n'était changé dans la nature ; seulement la réunion comptait un homme de plus et chacun avait répété à voix basse, avec une crainte respectueuse :

— Silence ! voilà Bruno !

Bruno ? qu'est-ce donc que ce personnage ?

Oh ! mon Dieu, c'était tout bonnement un pauvre homme qui n'avait jamais connu les grandeurs pour y dépraver son âme, et qui avait été à l'abri de la misère qui avilit le cœur. La suite de ce récit nous le fera connaître aussi amplement que le connaissaient alors tous les habitants du ban de Zutkerque, auxquels il inspirait tant de crainte et de respect.

C'était en effet l'apparition de cet homme au chef dénudé, au visage pâle respirant la douleur, au surcot brun dénotant quelque peu l'état de domesticité ; c'était, disons-nous, la venue de cet homme étrange qui causait une telle révolution. Il s'avança silencieusement au centre des groupes, la tête penchée dans l'attitude de la méditation et les bras croisés sur la poitrine ; puis fronçant légèrement le sourcil, il s'exprima en ces termes avec une douloureuse émotion, mais sans mouvement de colère :

— Ma présence trouble votre assemblée ; ma sévérité vous effraie à l'avance, et en me voyant arriver chacun de vous chuchotte : « Voilà Bruno le sermoneur ! » Pourtant, mes amis, y a-t-il lieu de me craindre ainsi ? Ai-je parfois cherché à léser vos intérêts ? Non ; n'est-ce pas ? Alors pourquoi me me regarder presqu'en ennemi ? C'est sans doute parce que je vous dis ouvertement ma façon de penser à votre endroit ! Sachez donc que si je me permets d'agir ainsi, c'est qu'appelé par mes humbles fonctions près de votre gouverneur, à vivre au milieu de l'animation de la ville ou des camps, je me crois à même d'acquérir la connaissance des choses que vous ignorez et d'y puiser une dose d'expérience qui me fait entrevoir l'avenir sous un point de vue tout autre que celui sous lequel vous semblez l'envisager avec tant de quiétude dans vos bruyants amusements. Et aujourd'hui encore, je ne vous dissimulerai pas le chagrin que j'éprouve en face de ces démonstrations joyeuses et insensées auxquelles vous vous livrez avec une indifférence coupable, pendant que vos frères souffrent. Que fêtez-vous donc ainsi, par vos danses et vos chants d'allégresse ?

Est-ce la gloire de nos ennemis qui occupent la cité de Calais après l'avoir dépeuplée? Et avez-vous donc oublié la cause des maux qui vous accablent depuis deux ans? Quoi! vous chantez et vos champs sont dépouillés! Vous dansez et la famine est à votre porte! On dirait, ma foi, que vous oubliez tout cela et que vous êtes tout disposés à tendre une main criminelle à ceux qui vous causent tant de désolation. Revenez donc à de plus nobles sentiments en songeant que celui-là est votre mortel ennemi qui a chassé de leur demeure vos compatriotes, porté le fer dans la ville et le feu dans la campagne ; qui a incendié vos moissons, arraché vos arbres, ravagé votre culture et apporté sur notre sol la ruine extrême derrière laquelle se traîne l'horrible spectre de la famine ; et maudissez toujours le nom de celui qui, profanant notre territoire, prive d'aliments les plus malheureux de nos frères, lesquels, n'ayant plus d'autre nourriture que des choses immondes, gagnant la peste, ce fléau terrible qui chaque jour couche le long des chemins les cadavres de ceux que vous avez connus!.... N'oubliez donc pas tous ces malheurs et le deuil général auquel vous semblez insulter par vos joyeux ébats ; et que chacun de vous renonce volontairement à ces puérils divertissements, jusqu'à la disparition complète de notre affliction.

— Écoutez, maître Bruno, répondit un des jeunes hommes de la réunion, la justesse de vos paroles nous pénètre et donne confiance à notre âme. Mais ne voyez pas en nous des ingrats ni des coupables. Pardonnez-nous notre légèreté, en cette circonstance, car nous n'avons ni votre expérience, ni votre jugement... Oh! si vous restiez toujours parmi nous, nous serions bien meilleurs!

— Je sais que vous êtes de braves gens et c'est pour cela que je me permets de vous enseigner franchement vos torts. Mais ce n'est point là le but qui me conduit ici. Je suis venu parmi vous pour vous annoncer une bonne nouvelle qui doit réjouir vos cœurs: On s'occupe en ce moment de suspendre les hostilités entre notre armée et celle des Anglais et, sans croire à une longue paix, je présume que nous aurons une trève de quelques années. Pendant ce temps, vous jouirez au moins des bienfaits d'une paix provisoire en rendant vos champs à la culture pour chasser la famine qui nous assiège.

— Oh! mon Dieu! s'écrièrent toutes les voix, aurions-nous ce bonheur?

— Vous l'aurez, je l'espère, mais sachez au moins vous en rendre dignes en laissant pour des temps meilleurs toutes ces réjouissances, et en conservant l'attitude humble et réservée d'un noble peuple qui aspire à la délivrance de son pays.

La foule s'écoula silencieusement sur ces paroles pleines de noblesse.

Quelques jours après, le 11 mai 1349, un grand mouvement se remarquait dans le pays : Toute la population était sur pied pour suivre les troupes de soldats sortis de St-Omer, d'Ardres, d'Audruicq, de la Montoire et de toutes les forteresses comprises entre ces dernières et Calais, pour se diriger en masses vers un point désigné entre Guines et Calais, où des tentes parées de riches draperies étaient dressées en l'honneur des plénipotentiaires désignés par les souverains Philippe et Edouard pour conclure une trève de paix.

Hugues, évêque de Laon, Jean de Nesle, Bertrand de Mareul et Oudart de Fontenay, pour la France; Guillaume, évêque de Norwich, Regnault de Cobhan, Guillaume d'Antington et Jean, prieur de Rochester, pour l'Angleterre, signèrent, en effet, ce jour-là, un armistice qui devait durer jusqu'au jour de la dé-collation de St-Jean, l'année suivante.

Geoffroy de Charny, gouverneur de St-Omer, assistait à cette entrevue avec les troupes de la garnison pour protéger les délégués français et rehausser l'éclat de l'assemblée; et de son côté, Aimery de Pavie avec la soldatesque anglaise veillait à la sûreté de ses compatriotes britanniques.

Bon nombre de curieux s'étaient transportés sur les lieux pour voir cette noble réunion; mais lorsqu'on se vit en pré-sence des soldats ennemis, les esprits s'animèrent et les paysans les plus timorés se sentaient quelque velléité belliqueuse, et peu s'en fallut que le feu de leurs regards ne se traduisît en démonstrations plus expressives sur l'échine anglaise.

Après la signature du traité chacun regagna sa demeure en devisant à son aise, et les deux chefs militaires ne se quittèrent pas sans se serrer cordialement la main, en s'invitant mutuellement à des visites réciproques. Leurs soldats se guignèrent d'un œil où l'on pouvait lire l'envie qui les démangeait de se frotter les côtes. Comme des lions captifs les Français grognaient dans leurs moustaches; de leur côté les Anglais, comme une troupe de bouledogues, montraient toute la longueur de leurs dents. Néanmoins tout se passa en silencieuses démonstrations et aucun horion ne fut administré pendant cette mémorable journée.

VIII.

PROFILS FÉMININS.

Huit jours après la conclusion de la trève, Charny se rendait à Calais, sur la gracieuse et pressante invitation d'Aimery qui réclamait sa présence à la fête qu'il donnait, en son hôtel, par ordre de son souverain, pour célébrer l'heureuse issue des négociations. Le gouverneur vint à sa rencontre et il fut reçu en grande cérémonie, comme le voulait son rang, puis accueilli avec grâce et cordialité par la brillante société d'officiers et de dames réunis à l'hôtel.

Depuis l'occupation de Calais par les insulaires, l'aspect de la ville était bien changé et un luxe royal l'avait complètement transformée : Edouard y avait envoyé de riches familles londonniennes auxquelles il avait fait don des plus beaux hôtels de la ville, et toutes les autres maisons avaient également été léguées aux officiers de son armée et aux divers commerçants que, dans sa politique adroite, il avait invités à résider dans cette cité qui bientôt allait devenir l'entrepôt le plus important du continent pour les marchandises étrangères.

Le palais du gouverneur était une demeure vraiment royale et elle se trouvait somptueusement décorée pour la solennité du jour, et ses jardins étaient ornés avec munificence pour la réjouissance qui devait suivre le festin offert par Aimery au nom de son royal maître.

Les marches de marbre disparaissaient sous les tapis moëlleux et leurs rampes étaient dissimulées sous des vases étrusques placés de distance en distance et où s'élevaient les plus belles fleurs de la saison qui embaumaient l'atmosphère de leurs délicieux parfums. Des jets d'eau lançaient leurs gerbes irisées à travers cette ascension de fleurs et de verdure, et des oiseaux aux mille couleurs voletaient sur la feuille toute fraîche des guirlandes qui conduisaient aux appartements. La salle d'honneur ruisselait de parfums et de lumière ; une table où tout le faste royal se déployait occupait le milieu de cette pièce et le service y était dressé pour les nobles invités ; on y remarquait des chefs-d'œuvre d'orfèvrerie ancienne de la plus grande beauté ; des aiguières d'or de la plus parfaite exécution ; des amphores ornées de topazes et de rubis ; des coupes garnies de perles et des pierres les plus précieuses et divers autres objets d'un travail fini et d'un prix inestimable. Au milieu de tout cela les fleurs parfumées, les fruits les plus rares et les mets les plus appétissants et les mieux choisis.

Les nombreux invités prirent place autour de cette merveille et le calme d'une royale étiquette régna pendant tout le repas. Néanmoins, les joues des jeunes seigneurs commençaient à s'empourprer sous les effets d'un vin généreux et leurs regards brillaient déjà lorsque l'amphitryon jugea prudent de donner le signal de la fête.

Aussitôt les avenues du jardin s'illuminèrent comme par enchantement et une douce harmonie s'éleva des massifs de verdure. Les carrefours flamboyaient de lumière jusqu'aux plus hautes branches et des sièges recouverts de velours et de soieries étaient disposés pour le repos des promeneurs. Bientôt les dames pénétrèrent dans l'enceinte, les unes portant leur animal favori, un oiseau sur le poignet ; un angora dans les bras ; un carlin ou une levrette à leur suite, tenus en laisse par un cordon d'or et le cou entouré de colliers incrustés de pierres précieuses. C'était le luxe de l'époque.

La blancheur des épaules nues de ces femmes ressortait divinement sous ce flot de lumière ou dans l'ombre des massifs ; des cassolettes brûlaient des parfums sous leurs pas, et dans cette vaporeuse atmosphère on eût dit des saintes ou des déesses dont les yeux étaient demi voilés par le plaisir ou par l'extase...

Les femmes, coquettes de leur nature, portaient alors comme aujourd'hui toutes sortes de falbalas et d'ornements assez ridicules ; leurs rêves dorés étaient tous pour le luxe et l'on ne se rappelait pas plus que de nos jours que « *la femme sage évite de se faire remarquer* ; » elles obéissaient à ce futile sentiment qui naît avec la plupart d'entre elles ; cette passion, ce délire qu'on appelle *coquetterie* : véritable gangrène, premier degré de la corruption du cœur chez la femme, qui détruit ce que cette frêle et délicieuse créature a de plus élevé : la délicatesse de l'âme.

L'existence de ce monstrueux défaut, nous dirons même de ce vice, est du reste en partie l'œuvre des hommes, surtout de ceux qui sont assez ridicules pour encenser les dames dans leurs toilettes par une imprudente admiration de colifichets et d'attifets. N'est-il pas, en effet, rien de plus pernicieux que de citer des noms sur lesquels on affiche le prix d'un châle, la valeur folle d'un chapeau, d'une coiffure, d'une ruche de dentelles, etc.

Hélas ! hélas ! quelle poésie trouver dans cela, sinon un aiguillon à la vanité des têtes légères ! Et puis la femme ne doit-elle pas être blessée dans sa dignité de voir ces appréciations de valeur cotée à la bourse de l'orgueil, qui ne peuvent que la rapprocher par une maladroite comparaison des marchandises de telle ou telle qualité ? Non, la femme ne peut souffrir cela, car ce serait nous conduire à ne l'aimer, à ne la voir belle que sous de brillants oripeaux et à oublier ses qualités morales et ses charmes naturels.

Malheureusement cette fièvre du luxe a gagné aujourd'hui toutes les classes de la société, riches comme pauvres. Et c'est une preuve évidente de la déchéance de la sagesse humaine. Cet envahissement déplorable tient à nos propres travers ; car tous, petits ou grands, nous oublions trop aisément notre position de la veille : Hier nous étions pauvres, nous nous sommes, par notre travail, élevés au-dessus de notre humble condition première : rien de plus noble assurément. Mais nous avons des enfants, et, par un sentiment naturel qui porte en lui sa faiblesse, nous voulons les soustraire à toutes les ri-

gueurs du travail et leur laisser ignorer le prix de nos labeurs !
Erreur très blâmable qui les empêchera de bien connaître
l'existence. Peu importe, nos fils ne fatigueront pas leur corps
en se pliant aux exigences du travail ; nos filles seront doucement élevées dans les pensionnats comme de petites maîtres-
ses.... Faiblesse, faiblesse que cette manière d'envisager le
bien-être. Nous dépensons ainsi notre avoir pour notre contentement personnel, ce qui est du pur égisme, et pour procurer à ceux que nous chérissons un bien-être factice. Vienne
la vieillesse, les infirmités ou la mort, tout croule avec nous !
Nos fils sont de grands paresseux exposés, par notre impré-
voyance, à connaître la misère ; nos filles, élevées comme de
petites duchesses, ayant effleuré toutes choses sans rien posséder à fond, ne pourront avec leurs doigts roses tirer aucun avantage sérieux de leur bagage de dessin, de musique, de tapis-
serie ou de crochet, et tous ces agréments superficiels dont on
les a dotées en pension, ne serviront qu'à les conduire plus
sûrement au malheur auquel elles sont vouées d'avance.

Plaie affreuse de notre siècle qu'il serait aisé de guérir en
préparant les enfants à toutes les éventualités par une solide
instruction, une bonne éducation et par-dessus tout un culte
réel pour le travail.

Les femmes du XIVe siècle ne le cédaient en rien à celles de
nos jours pour le luxe de toilette, et l'historien Bernard nous ra-
conte qu'elles portaient d'énormes huppes sur la tête, qui formaient un véritable édifice. Le caoutchouc, par son extumes-
cence végétale n'était pas encore employé pour accuser des
formes absentes de chair ; mais il y avait d'autres systèmes de
trompe-l'œil, et les clinquants, verroteries, pierreries, paraient
le cou du beau sexe, de même que les bracelets ornaient les
bras de leurs brillants métaux. Enfin le luxe des dames était si
effréné que les gens du clergé s'en effrayant, tentèrent une véritable campagne contre cet envahissement pernicieux.

Un religieux carme, nommé frère Thomas, fut dépêché dans
l'Artois et le Calaisis ; « il prêchait en plein champ contre ces

puériles vanités et se trouvait parfois écouté ou suivi par plus
de vingt mille personnes. » En débutant ce carme prêcha avec
assez de modération ; mais en présence d'un auditoire grossissant ainsi chaque jour, il se laissa piquer par un mouvement
d'amour-propre qui l'enhardit au point de tonner avec véhé-
mence contre le beau sexe. Les femmes d'Ardres, de Guines,
de Calais et d'Audruicq murmurèrent hautement contre le
zélé prédicateur , qui n'eut point chez elles grand succès et ne
sut ramener aucune âme à la pratique de l'humilité. Il s'achemina alors vers Thérouanne et là, recommença la lutte sans
plus de prudence ; mais les dames de cette grande ville, ayant
la tête près du bonnet, s'insurgèrent contre le ministre orateur
et s'emportèrent contre lui avec fureur, à tel point qu'un jour,
s'armant qui d'un balai pour lui rompre sur le dos, qui de cisailles
pour lui couper les oreilles ou d'un fer rouge pour lui trouer
la langue, toutes ces dames s'assemblèrent pour enlever d'assaut ce pauvre carme et lui faire le plus vilain parti. Fort heureusement quelques hommes charitables le protégèrent et as-
surèrent sa fuite ; il se dirigea sur St-Vallery où il se crut un
moment en sûreté ; mais la haine féminine l'y poursuivit et il
dut chercher une nouvelle retraite au fond de la Bretagne, et
l'on n'entendit plus parler de lui:

Le luxe, la coquetterie et la séduction ne sont donc pas nés
d'hier seulement, mais bien du jour où Dieu nous priva d'une
côte pour créer la femme !

IX.

OU M. CUPIDON MONTRE LE BOUT DE SON NEZ

La fête était très animée et un seul homme, parmi tous ces jeunes seigneurs, semblait profondément livré à la mélancolie. Son œil rêveur suivait tour à tour et à l'envi, deux sublimes figures se détachant du milieu de ce luxe, par leur extrême jeunesse et leur beauté éblouissante, comme deux têtes d'anges dans les célestes vapeurs. L'une d'elles, appuyée au bras de sa noble mère, semblait chercher un sourire dans le ciel, et ses regards inspirés interrogeaient les étoiles qui brillaient à la voûte azurée, d'où l'on eût dit qu'elles voulaient se détacher, pour former sur sa tête mignonne une riche couronne de diamants. La timidité était empreinte sur son doux visage et ses yeux brillaient d'un éclat si vif qu'ils reflétaient toute la délicatesse des sentiments qui animaient cette âme si pure. Une robe de soie verte recouvrait les formes exquises d'une poitrine éblouissante, dont on apercevait à peine la naissance cachée pudiquement sous une ruche de dentelles fermée par un nœud écarlate. Le bras, sans autre ornement qu'un bracelet de fines perles, sortait nu d'une touffe transparente de gaze ; la main était divine. Une large et riche étoffe violette enveloppait la taille de cette jeune personne, sans en dissimuler la souplesse et le charme. Un sourire angélique soulevait gracieusement les angles de sa bouche ; la courbure des sourcils, les ailes fines du nez, l'éclat doux de la prunelle en faisaient un visage délicieux, couronné par la jeunesse et le bonheur qui resplendissaient de toute leur magnificence sur ces traits spirituels, sur ces mignonnes épaules, sur ce front pur et blanc sans autre couronne qu'une seule rose ! Cette admirable jeune fille était Ida de Pavie, enfant unique d'Aimery, le gouverneur de Calais.

L'autre jeune femme, qui semblait occuper aussi la pensée du mélancolique chevalier, était d'une beauté irréprochable ; mais son assurance contrastait singulièrement avec la timidité de la belle Ida. Les diamants allaient mieux à ses cheveux que les fleurs, et les parures rehaussaient vivement l'éclat de ses charmes qu'elle étalait avec une séduisante hardiesse. Sa chevelure noire et abondante était arrangée avec tout le goût de la volupté et quelques boucles, égarées à dessein, flottaient en le caressant sur le sein demi-nu de cette ravissante Hébé, pendant que la masse de cette couronne tressée reflétait son noir d'ébène sur la blancheur immaculée de deux épaules de marbre. Son visage jeune et frais respirait l'indolente félicité des sens ; ses lèvres carminées, pleines des finesses et des séductions de la nature, laissaient voir une double rangée de perles fines, lorsqu'elles s'entr'ouvraient pour donner naissance au plus gracieux, au plus agaçant sourire ; ses yeux, noyés dans le fluide passionné du bonheur, avaient un clignement perfide qui conduisait droit à tous les adorables pièges de l'amour. Un tissu transparent laissait paraître la teinte délicate d'un sein pétri de neige et de roses. Sa taille souple et de formes idéales, son corps ondoyant, sa pose langoureuse en faisaient une déesse accomplie.

En la voyant apparaître, il semblait revoir, à la suite d'un rêve divin, cette créature vaporeuse qui flotte dans l'azur, entre ciel et terre ; en un mot, sa vue donnait le vertige, et elle devait assurément être faite, cette créature, pour aimer, tromper, accrocher les cœurs et détraquer les cervelles.

Il manquait cependant à cette délicieuse nymphe, cette couleur de l'âme ; cette douce mélancolie qui fait de la femme le chef-d'œuvre de la création.

C'était Madeleine avant le repentir !

C'était, en un mot, Lesby, la belle insulaire, suivie d'un murmure d'extase partout où elle passait, et ne paraissant pas faire attention à la fête non plus qu'aux témoignages de l'admiration universelle dont elle était l'objet.

En ce moment même elle murmurait à l'oreille de sa compagne :

— Morsy, chère Morsy, combien les fêtes m'ennuient ! combien les hommages me pèsent !

— Et pourquoi donc, chère maîtresse ?

— Pourquoi ? Ah ! c'est vrai, tu ignores cela, toi ; tu ne sais pas quelle lassitude on éprouve de marcher de plaisir en plaisir ; de voir tous ses désirs accomplis avec cette monotone et mathématique régularité qui efface aux yeux tous les évènements du monde !...

— Chassez ces ennuis, chère maîtresse, ces chagrins qui ne peuvent qu'altérer vos traits et votre fraîcheur ; car demain l'ablution d'eau fraîche et de parfums serait peut-être impuissante à ramener cette blancheur carminée qui sied si bien à votre gracieux visage.

— Tais-toi, Morsy, ne me parles pas ainsi de toutes ces puérilités qui font le malheur de ma vie...

Sa poitrine se souleva sous un profond soupir et elle continua avec amertume :

— Hier des fêtes !... aujourd'hui des fêtes !... demain des fêtes encore !... et jamais un moment de cette douce tranquillié où mon âme se complaît... pas un de ces attachements sincères que désire mon cœur... l'amant de la veille comme celui du lendemain... Oh ! je voudrais être laide..., je voudrais pleurer et mes yeux sont secs..., je voudrais haïr et mon cœur s'y refuse... Mais non, marquée du sceau de la malédiction, je suis condamnée à voir éternellement des esclaves à mes genoux, devant mes caprices..., à échanger chacun de mes sourires contre un mensonge.... Oh ! c'est affreux !... Tiens, Morsy, partons, je suis fatiguée...

Et aussitôt on vit disparaître cette beauté de courtisanne que la volonté royale avait exilée à Calais pour la distraction des jeunes seigneurs.

A peine Lesby avait-elle quitté la fête que l'on remarqua l'absence du gouverneur qui ne reparut qu'à une heure fort avancée dans la nuit.

Pendant toute la durée de la fête, le jeune rêveur que nous avons vu si vivement impressionné par les charmes des deux jeunes filles, se sentait de plus en plus instinctivement rapproché de la belle Ida qui, de son côté, avait été frappée de l'air de noblesse, de franchise et de bonté, empreint sur le visage de son admirateur ; et lorsque ses yeux rencontrèrent ses regards éloquents, une légère rougeur couvrit ses joues du vermillon de l'amour, son cœur battit plus vivement sous cette impression subite que produit à sa naissance le plus doux des sentiments, et elle serra involontairement le bras de sa mère, comme si elle eût ressenti qu'à dater de ce moment, elle avait besoin plus que jamais de ce puissant appui que les jeunes personnes trouvent toujours dans le cœur de leur mère, surtout aux grandes circonstances de la vie qui doivent décider de leur bonheur constant ou de leur éternel malheur.

Geoffroy de Charny, car c'était lui-même, était du reste digne d'inspirer les plus vifs sentiments d'affection et d'amour. Brave et loyal gentilhomme, d'une belle stature et de manières les plus gracieuses, il possédait une de ces belles physionomies exprimant la plus douce bonté; le calme souverain de ses traits corrects indiquait une force morale supérieure qui, avec l'honnêteté, était caractérisée nettement sur sa rayonnante beauté.

Il se retira dans ses appartements pour essayer de prendre quelque repos dans l'isolement dont il sentait avoir besoin, mais il ne put dormir un seul instant ; l'image de la charmante Ida passait et repassait devant ses yeux et toutes ses pensées étaient pour celle qui était désormais la maîtresse de son esprit et de son cœur.

Rappelé à St-Omer par son devoir, Charny tenta d'effacer de son esprit la douce vision qui troublait agréablement tous ses instants, et ne pouvant y réussir, il se laissa entraîner par le courant des plus vives illusions, et bientôt les nuages irisés qui flottent autour de Cythère, l'enveloppaient complaisamment de leurs miroitantes vapeurs. En un mot, c'était un homme à la mer dans l'océan de l'amour !

La semaine suivante Aimery visita son voisin à St-Omer, et leurs visites se continuèrent avec régularité. Cela donnait prétexte à de grandes parties de plaisir que ces messieurs ne dédaignaient point : on chassait, on pêchait, on dînait, on festoyait, on dansait ; et dans tous ces exercices Charny était remarqué des dames, par sa grâce naturelle et son adresse en toutes choses. Il leur plaisait et plus d'une regrettait intérieurement d'avoir engagé sa liberté. Une seule d'entre-elles semblait la moins attentive aux charmes du séduisant cavalier, et peut-être était-ce celle qui en était éprise le plus sincèrement, car alors, comme de nos jours, les jeunes personnes savaient très bien dissimuler leurs tendres émotions. Cette jeune demoiselle, si indifférente en apparence à ce qui faisait tourner toutes les têtes féminines, était la belle Ida.

Pendant une de ces réunions hebdomadaires qui réunissaient les deux gouverneurs, Aimery, prenant le bras de son nouvel ami, l'entraîna dans le jardin de l'hôtel.

C'était un singulier contraste que ces deux physionomies errant, en causant, à travers les allées fleuries et les bosquets au verdoyant feuillage. La loyauté, la douceur et le désintéressement qui rayonnaient sur la noble figure de Charny, semblaient effacer dans leur lumière ce qu'il y avait d'égoïsme, de rapacité et de sordide avarice empreints sur le front luisant et jaune, dans le regard pénétrant qui passait à travers deux petites ouvertures vrillées, et sur les lèvres minces et ramassées qui ornaient le visage blême du gouverneur de Calais, en le caractérisant nettement. Ces petites lèvres, après avoir énuméré mathématiquement les beautés locales, sifflottaient en ce moment :

— Tout ceci est bien beau, malheureusement cela coûte fort cher, et avec les maigres émoluments que nous accorde notre souverain, nous sommes parfois obligé de compter avec nousmême ; car la largesse de S. M. Edouard est en raison inverse de sa gloire ; néanmoins il nous faut le représenter avec un luxe coûteux.

Connaissant le défaut de la cuirasse de son collègue, Charny dit avec une surprise jouée :

— Comment ! le roi d'Angleterre dont on vante tant la générosité, s'amuse à liarder avec les hommes dévoués à sa fortune, à sa personne ? Cela ne peut se comprendre.

— Par sentiments généreux, reprit Aimery, si vous entendez le désintéressement métallique, vous vous trompez grandement ; car notre royal maître a les cordons de sa bourse si bien serrés, que lorsqu'il faut payer quelque dépense, il met tant de temps à les dénouer que nous sommes obligé de faire l'avance des fonds, et parfois cela me gêne très fort.

— Ah ! par exemple ! vous êtes ainsi tenu en laisse, comme un petit commis drapier, vous l'ami du roi, qui êtes son confident intime ou tout au moins qui possédez son entière confiance, puisqu'il laisse à votre garde le château de Calais auquel il tient autant qu'à la moitié de son royaume.

— Oh ! de la confiance, dites-vous, pour cela il n'en manque pas, il me l'accorde entièrement ; mais entre nous n'est-ce pas là un peu la monnaie de singe ? Et je vous avouerai pour mon propre compte que je préférerais en avoir un peu moins, et voir mes services mieux rétribués en espèces sonnantes. La famille.....

Un nouveau venu fit irruption dans le jardin et sa présence coupa court le dialogue si bien commencé. Aimery accueillit avec courtoisie ce personnage et le présentant à son ami :

— Lord d'Adingthon, pair d'Angleterre.

— Son Excellence Geoffroy de Charny, gouverneur de St-Omer.

Les saluts courtois s'échangèrent entre les deux gentilshommes, et la conversation reprit son cours, mais sur un autre sujet :

— Je suis heureux, dit le gentleman, que la suspension des hostilités me procure le plaisir de faire la connaissance d'un des plus aimables et des plus vaillants chevaliers français.

— Je vous rends mille grâces, Milord, répondit Charny en

s'inclinant courtoisement, et vous prie de croire que rien ne me touche plus agréablement que l'heureuse circonstance qui me rapproche de votre seigneurie.

— Allons, Messieurs, dit à son tour Aimery, je suis enchanté de notre réunion, et je compte bien que nous saurons employer le plus agréablement possible les dix ou onze mois que la trève nous permettra de dépenser ensemble; et dès demain nous pourrons, en l'honneur de Milord, cet ardent disciple de l'art cynégétique, dont le nom se place chez nous à côté de celui d'Actéon, nous pourrons, dis-je, faire une grande chasse dans la forêt; ces dames nous accompagneront et la fête sera complète, car pour la passion de la chasse, plus d'une d'entre elles ne l'auraient cédé en rien à la belle Attalante.

— Votre délicate attention me comble de joie, reprit d'Adingthon. Depuis près d'un mois que j'ai quitté l'épaisseur de nos massifs anglais, il me manque un élément; car lorsque je suis dans mon domaine, le soleil ne se couche jamais sans que j'aie caressé la hure d'un sanglier dans mes halliers, ou accroché à la porte de ma demeure le bois velu d'un dix-cors.

Charny, tout pensif, ne disait plus rien; il songeait déjà au bonheur de se trouver sous le branchage en compagnie des nobles dames, parmi lesquelles serait sans doute Ida, l'ange de ses rêves. Et peut-être bien espérait-il aussi que quelque circonstance imprévue le mettrait à même de se rencontrer seul avec elle pendant quelques instants. Il ne dormit pas de la nuit, tant sa passion le troublait, et comme un enfant il comptait les heures qui le séparaient encore du moment où la chasse devait s'ouvrir.

X.

LA CHASSE.

Aussitôt que le soleil eut dissipé les légères vapeurs du brouillard matinal, un nombreux cortège faisait ses apprêts de départ dans la cour de l'hôtel du gouverneur. Lorsque les dames furent installées sur leurs gentilles haquenées, Aimery passa, d'un rapide coup d'œil, la revue du groupe féminin et, après s'être assuré que tout était en ordre, il invita les chasseurs au départ en leur disant :

— A cheval, messieurs, prenez vos épieux et n'oubliez point vos dagues, car les piqueurs m'ont annoncé avoir trouvé le pied d'un vieux solitaire et de quelques ragots qui pourront donner de la besogne à nos chiens et mettre à l'épreuve la valeur des hommes les plus expérimentés dans la chose.

Puis, se rapprochant des dames, il donna le signal de la marche en s'écriant :

— Allons, messieurs, à la forêt ! en route !

Les cavaliers entourèrent le groupe des chasseresses et la cavalcade se mit en marche.

Naturellement, le hasard fit que le cheval de Charny se trouva placé à côté de la haquenée isabelle d'Ida qui ne put se défendre d'une rougeur empourprant subitement son gracieux visage.

Ah ! elle était habituellement gracieuse, cette chère enfant, mais sous son costume moitié guerrier moitié divin, elle était aussi belle que la chaste Diane.

Comme tous les jeunes amoureux, Charny était aveuglé de bonheur à l'aspect de ces charmes divins et les battements de son cœur redoublaient d'intensité chaque fois que sa vue se reposait sur ce chef-d'œuvre de la nature ; et son cerveau en

ébullition crépitait comme sous l'action du feu lorsque son regard rencontrait celui d'Ida.

La troupe chevauchait si joyeusement que nul ne remarqua
le trouble des deux jeunes amants. Bientôt on atteignit la bor-
dure de la forêt ; les dames furent placées au milieu d'un vaste
carrefour et, après leur avoir donné pour garde un peloton de
gens de pied, les meutes furent mises sous bois et les chasseurs suivirent au galop de leurs chevaux, le vieux gouverneur
qui donnait du cor à tue-tête. Deux des plus hardies parmi les
dames ne purent résister à l'envie de suivre les chasseurs, et
bientôt elles les eurent rejoints pour faire merveille à la poursuite.

Emporté par l'ardeur de la chasse, d'Adingthon dépassa tout
le monde et disparut dans les massifs : on l'entendait sonner
au loin, bien au loin, et une heure après il rejoignait la chasse,
avec deux hures saignantes pendues aux côtés de sa selle ;
résultat qui lui valut les félicitations générales.

Tout à coup la meute déboucha des broussailles poursuivant
ardemment un vieux sanglier qui courait furieux, en soufflant
à travers ses énormes défenses les flocons d'écume que sa rage
produisait. Ce formidable animal renversait tout sur son passage et, en rusé profond, se comporta si adroitement qu'il dé-
pista la meute qui suivit bientôt une autre trace, et la chasse
fut égarée. Mais le terrible solitaire, cherchant sans doute au
loin une sûre retraite, se dirigea sur la lisière et donna en
plein dans le groupe des dames, au milieu duquel il renversa
plusieurs piqueurs et cinq ou six autres gens de pied.

A cette apparition soudaine, les cheveux prirent frayeur et
s'emportèrent dans la plus épouvantable confusion. Les dames
jetaient des cris d'effroi ; les hommes lançaient de terribles
imprécations qui augmentèrent le désordre et la confusion et
tout le groupe dispersé dans une complète débandade courait
en divers sens au milieu des cris de colère et d'épouvante qui
ne firent qu'exciter la fureur du sanglier qui, se croyant
encore poursuivi de la meute, se sauvait à travers taillis, en

pourchassant la pauvre petite haquenée isabelle montée par la courageuse Ida.

En se voyant ainsi dangereusement suivie, la jeune fille ne perdit pas l'esprit ; elle anima davantage encore de la voix et de la houssine sa monture qu'elle espérait soustraire, par une vitesse soutenue, à l'atteinte mortelle du terrible agresseur qui la menaçait ; elle put la maintenir en main et la guider dans les avenues ; mais l'herbe touffue du sol et les ronces s'étendant çà et là, amollissaient et obstruaient la marche du coursier rapide dont l'élan se ralentissait visiblement à chaque instant ; bientôt ses jarrets fléchirent, ses oreilles se mouillèrent de la sueur qui annonce l'épuisement des forces, les trébuchements se manifestèrent en se succédant, au point que la course n'était plus soutenable, et le sanglier gagnant du terrain atteignit le flanc du cheval d'un énorme coup de boutoir qui le laboura profondément d'une large blessure par où sortirent immédiatement les intestins. La pauvre haquenée s'arrêta tout court, tremblant sur ses jambes qu'elle raidissait d'instinct pour ne pas se laisser choir. Deux ou trois secondes s'étaient à peine écoulées que le solitaire rebroussait chemin et, revenant à l'attaque, l'abattait d'un dernier coup de défense.

Ida, recommandant son âme à Dieu, s'élança de côté au moment de la chûte de sa monture et se trouva sur pied au milieu des ronces et des broussailles. Mais quel fut son effroi en voyant se précipiter sur elle le monstrueux quadrupède dont la furie sembla redoubler à sa vue. Elle jeta un cri de désespoir en pressentant une mortelle atteinte ; mais, par une inspiration divine, un mouvement de côté lui fit éviter le coup de l'animal et elle se déroba derrière un gros arbre ; espérant encore pouvoir, par une évolution rapide, échapper à l'imminent danger qu'elle combattait. Bien lui prit de cette détermination, car le sanglier revenait à la charge tête baissée, lorsqu'un épieu lui enferra l'épaule avec tant de violence qu'il s'arrêta brusquement, poussa un grognement sourd et regarda d'où lui venait cette agression, en tournant la tête du côté où l'épieu était parti.

Un chasseur, que le hasard portait de ce côté, arrivait en toute hâte en voyant le péril qui menaçait la jeune fille et, bondissant avec l'agilité d'un faon, il se plaça entre Ida et le sanglier.

Apercevant ce nouvel ennemi, la bête quitta son attaque primitive pour se ruer sur lui; et tandis que le chasseur se mettait en garde, la courte dague au poing pour l'enfoncer dans la gorge du furieux quadrupède, celui-ci, irrité par sa blessure, fondit impétueusement sur son adversaire qui s'effaça à demi au moment où il était chargé, et d'un coup de dague lui abattit le bout de la hure. Le sanglier passa comme la foudre et se retournant en hurlant, bondit de nouveau sur l'homme qui, le pied mal appuyé sur le sol argileux, glissa à l'instant même où il croyait enfoncer son arme en pleine gorge de l'animal; la pointe de la dague glissa sur la cuirasse de soies hérissées et s'enfonça dans l'épaule gauche du solitaire, et le chasseur tomba à la renverse sous un terrible coup de boutoir.

Actrice impuissante dans ce terrible drame auquel elle assistait avec une muette terreur, la pauvre Ida croyant son défenseur blessé à mort, poussa un cri de désespoir que l'écho répéta comme un lugubre ricanement. Mais à peine cette exclamation avait-elle retenti dans l'espace que déjà le jeune libérateur se trouvait debout.

Cette chûte l'avait sauvé; car grâce à elle le sanglier avait manqué son coup et le coup de boutoir qui eût inévitablement déchiré la cuisse ou défoncé le ventre du chasseur, n'avait endommagé que les vêtements.

L'animal revenait encore à la charge; car lorsque ces bêtes sauvages sont blessées, l'action devient un combat à mort entre elles et leur adversaire. Il revenait impétueusement sur l'homme qui, ayant perdu son épieu et sa dague, s'arma de sa petite hachette de chasse et lui lança au passage un coup qui trancha un des jarrets de derrière et le fit rouler comme une boule au milieu des épais buissons. Malgré cette terrible blessure, perdant son sang par la hure, par la plaie béante de l'épaule, par celle plus affreuse encore du jarret; traînant sa patte presque entièrement détachée et ne se soutenant plus que sur trois membres, le sanglier se précipita plus furieusement encore sur le courageux chasseur, qui cette fois l'attendit de pied ferme, et prenant sa hache à deux mains la fit tournoyer en l'air et la lança avec une violence telle, qu'elle se greffa au milieu du crâne de la bête qui tomba lourdement sur le sol comme frappée de la foudre.

C'en était fait; la lutte était terminée. Et aussitôt Ida, folle de terreur et bouleversée par une joie subite et immense, tomba aux genoux de son bienfaiteur, qu'elle arrosait de ses larmes, sans avoir pu reconnaître celui auquel elle devait la vie, tant sa frayeur était grande.

— De grâce, mademoiselle, relevez-vous, je vous en prie, lui dit une voix tendre qui la fit tressaillir.

Et levant les yeux vers le visage du noble chasseur, elle reconnut en lui le gouverneur de St-Omer.

— Ciel!... exclama-t-elle, c'est vous, M. de Charny, qui avez ainsi exposé votre existence pour moi!... mon Dieu!...

Et l'émotion étouffa ses paroles.

— Oui, moi-même, mademoiselle, répondit-il d'un ton qu'il s'efforça de rendre joyeux, et tout en regrettant la fâcheuse circonstance qui vous a causé de si cruelles émotions, permettez-moi de remercier le ciel de m'avoir conduit vers vous en ce moment solennel que je regarde comme le plus précieux de ma vie puisqu'il vous a été entièrement consacré.

— Ah! M. de Charny, reprit Ida, avec cet abandon généreux d'un cœur ému et sous l'influence du bienfait récent, ce que vous avez fait pour moi, je m'en souviendrai toujours; et je voudrais être à même de vous prouver, mieux que par des paroles, la vive reconnaissance que m'inspire votre belle action.

— Je n'ai rien fait d'extraordinaire, mademoiselle, j'ai accompli un devoir très naturel. Vous étiez en danger...

— Et vous avez voulu le partager sans calculer le péril qui

vous menaçait, interrompit chaleureusement Ida. Oh! ceci est noble, monsieur!

— De grâce, reprit Charny qui voulait se soustraire à ces félicitations, veuillez ne voir en tout ceci qu'un fait purement... mais qu'avez-vous?... grand Dieu!... votre main se glace..., la sueur inonde votre front!....

Et avant d'avoir eu le temps d'achever sa phrase, il recevait entre ses bras la jeune fille qui, aussitôt la fièvre de l'émotion un peu calmée, s'était évanouie sous l'influence de ces révolutions morales dont la commotion tue sinon le corps, souvent l'esprit.

XI.

AMOUR DE COEUR.

L'arrivée si propice de Charny au secours de la pauvre enfant, était tout bonnement l'œuvre du hasard, ce capricieux maître qui joue un rôle immense dans l'existence humaine. Presque au début de la chasse, son cheval s'emportant, il s'était trouvé séparé des chasseurs qu'il voulut rejoindre ; mais trompé par l'écho qui répétait les sons de trompe, il s'égara si bien qu'il dut renoncer à retrouver son chemin. Guidant alors son destrier à l'aventure, certain d'atteindre les limites de la forêt où il espérait s'orienter, son attention fut éveillée par un piétinement inexplicable qui se faisait entendre dans le fourré voisin. Au même instant sa monture fit un écart effrayant qui lui fit presque vider l'arçon ; il aperçut alors gisant à terre, à quelques pas de là, la haquenée isabelle qui expirait dans les flots de sang que vomissait son affreuse blessure. Se doutant qu'un tragique évènement se déroulait en ces lieux, il mit lestement pied à terre et se dirigea en toute hâte vers le fourré où il accomplit cette lutte courageuse qui eut pour résultat la délivrance de celle qui, depuis quelque temps, occupait toutes ses pensées et régnait en maîtresse souveraine dans son cœur.

En recevant dans ses bras cette belle enfant évanouie, son sang-froid commença à l'abandonner et l'inquiétude le dominant, il se dit :

— Mon Dieu ! que vais-je faire, que vais-je devenir ?.... Elle se meurt ! Du secours ! du secours ! s'écria-t-il.

Mais l'écho répéta vingt fois ses paroles comme une moqueuse parodie ; et le silence ténébreux qui plane autour du malheur, étendit son voile de deuil sur ce charmant groupe qui eût fait les délices de quelque Raphaël ou Michel-Ange. La tête du chasseur, inclinée à droite, ressortait en doux relief sur la teinte nuancée de l'églantier fleuri dont les jets, enlacés par les pampres du chèvre-feuille, se mariaient à la feuillée brune des pousses de chêne et aux tons plus clairs du branchage de la fontelaie. Ses traits étaient noyés dans l'harmonieuse mélancolie de la tristesse, de la crainte, de l'espoir qui tour à tour illuminaient ou assombrissaient son visage expressif, pendant qu'il contemplait avec amour Ida appuyée contre un arbre séculaire.

Elle était belle ainsi ; son front d'ivoire semblait couronné d'un nimbe céleste, remplaçant la lumineuse étincelle de son divin regard momentanément voilé par une mort apparente ; sa longue chevelure se répandait en flots soyeux sur ses épaules de marbre et cachait chastement des formes qui eussent pu causer la chûte d'un ange.

— Que vais-je faire ? se lamentait Charny ; pas de secours possible ! éloigné de plusieurs lieues de toute habitation, je ne puis abandonner un seul instant cette chère enfant, sans l'exposer à devenir la proie des bêtes fauves. Mon Dieu, inspirez-moi !

Après s'être abîmé dans les plus noires réflexions, il saisit tout à coup sa trompe de chasse et sonna à corps perdu, allant de tous côtés, vers toutes les voies. Mais, comme à son premier appel, l'écho seul ricana encore. Un silence désespérant se rétablit et Charny baissa la tête avec tristesse en se disant :

— Décidément personne ne peut m'entendre de ces lieux isolés ; un miracle du ciel peut seul me tirer d'embarras.

Se retournant alors vers Ida, quel fut son étonnement de la voir debout. En reprenant ses sens, elle avait eu la force de se redresser et appuyée sur le fût du vieil arbre, elle s'y tenait cramponnée de ses deux jolies petites mains roses dont les doigts frêles se meurtrissaient sur les rugueuses cavités de l'écorce. Elle s'y maintenait avec la force que donne la surexcitation causée par la frayeur, pensant à chaque instant que le sol fuyait sous ses pieds ; ses oreilles bourdonnaient et ses idées confuses dansaient en fantastiques hallucinations, devant ses yeux à peine entr'ouverts , aux sons donnés par la trompe du chasseur et dont elle ne pouvait s'expliquer le sens. Il lui semblait se réveiller d'un long sommeil.

— Où suis-je donc? murmura-t-elle. Ah ! oui....., je me souviens...

Et à mesure que ses idées reprenaient quelque lucidité, elle tremblait de plus en plus.

— Comme c'est étrange ! tout tourne ! j'ai le vertige !... Ah ! c'est vous, M. de Charny, tant mieux ; votre présence me fait bien... approchez, approchez encore, car j'ai besoin de votre appui, et je suis heureuse de me confier à votre loyauté. Je vous dois déjà la vie ; et vous ne m'abandonnerez pas. N'est-ce pas ? fit-elle en tremblant et en pressant fortement le bras de Charny sur lequel elle s'était reposée.

Agité par la pensée de sa position, troublé de bonheur, Charny sentait sa langue clouée à son palais, et ce ne fut qu'au bout de quelques instants qu'il put maîtriser son émotion et dire tout doucement à l'oreille de la jeune fille qui noyait son regard dans le sien :

— Combien je vous remercie de ces tendres paroles qui inondent mon cœur de joie dans leur doux parfum... mais quoi ! vous tremblez.... Oh ! n'ayez pas peur de moi, car vous n'avez devant vous qu'un enfant soumis à votre volonté. Non, non, Ida, n'ayez pas peur, et pour dissiper votre crainte appuyez votre main sur mon cœur... voyez comme il bat !... c'est votre âme qui descend en lui par votre divin regard, c'est votre pensée qui l'agite... Mon Dieu ! que je suis heureux de me trouver ainsi près de vous, car c'est la première fois que le ciel m'accorde cette grâce... O Ida, béni soit le jour où votre doux regard glissa dans mon âme sur un rayon de céleste lumière ! Que vous étiez belle !... Je me rappellerai toujours avec transport cet instant précieux où j'ai tremblé pour la première fois dans le ravissement du pur bonheur de la vie que vous me révéliez , vous mon bon ange, vous Ida que j'aime de

toutes les forces de mon cœur !... Dieu !... qu'avez-vous ?...
vous pâlissez... vous ne me répondez pas...

Ida murmura quelques mots qui furent droit au cœur de
Charny ; elle chancela et se serait encore une fois affaissée s'il
ne l'avait retenue entre ses bras.

En sentant se reposer sur sa poitrine les formes de ce corps
souple, ce ravissant visage effleurer le sien, il fut pris de ce
vertige que l'homme ressent au premier contact de l'objet qu'il
aime. Les arbres semblèrent s'animer pour danser autour de
lui une infernale sarabande et abaisser leurs panaches flottants
pour cingler sa pauvre tête roulant sur la vague de l'amour
comme elle est, après un joyeux festin, ballotée par l'ivresse
du vin.

Heureux et désespéré, anéanti par l'immensité de son
amour, foudroyé par la violence de sa passion, il s'effrayait
lui-même et osait à peine jeter les yeux sur cet admirable
chef-d'œuvre de la nature qui attirait instinctivement à lui
tout son être. La contemplation, la fièvre, le délire débordaient
son cœur, son esprit battait la campagne et son âme errait
dans les régions éthérées. Mais à cette révolution puissante
succéda bientôt un moment de calme et la poésie la plus pure
éteignit toute trace de cette affreuse tempête intérieure : sa
tête se pencha vers la jeune fille ; leurs lèvres se rencontrèrent dans le chaste baiser qui scellait à jamais leurs
destinées.

Ah ! qui de nous ne se rappelle pas avec émotion ce premier
embrassement pur qui, semblable à un sourire des anges, fait
jaillir une source de félicité pour celui qui le donne, pour celle
qui le reçoit ! En recréant dans notre esprit ces heureux moments du passé, n'avons-nous pas encore la conviction que la
nature entière prenait part à notre bonheur, que l'air était plus
pur, le ciel plus riant et celle qui nous rendait notre baiser
plus belle !

Précieux souvenirs, délicieuses illusions qui formez les plus
beaux fleurons de notre fragile existence, vous nous rappelez

que Dieu dans sa sagesse n'a point voulu prodiguer les bonnes choses ; et qu'il n'y a pour l'homme qu'un moment de résurrection dans sa jeunesse, qu'un amour et qu'une femme pour son cœur.

Les deux amants restèrent enveloppés longtemps dans cette douce rêverie où les sens anéantis laissent à l'esprit toute sa liberté de vie. Déjà le voile de la nuit, en tombant sur la terre, découvrait l'écrin céleste dont les diamants commençaient à refléter leur splendide éclat dans l'espace, lorsqu'un doux murmure erra sur les lèvres roses et frémissantes d'Ida ; puis se succédèrent les paroles qui tombèrent sur leurs cœurs brûlants comme les perles de la rosée matinale ; et ils continuèrent leur extase par le bercement des délicieuses confidences et des riens mystérieux qui multiplient les illusions et accroissent l'idéal.

Heureux moments de la vie ! où l'on dort éveillé ; où l'on se dit tout en ne se disant rien ; où l'on oublie tout : devoir, affection, parents, amis ; où l'on efface dans un mouvement de folle indépendance toute son existence passée : joies pures, religieux souvenirs, pieuses douleurs, pour vivre toute une éternité dans un regard, dans un soupir, dans un baiser. On veut voler de ses propres ailes pour escalader l'inconnu, l'infini ! On est deux ! et l'on tient l'univers dans sa main ; rien n'existe plus autour de soi. On domine tout des hauteurs de la passion. On s'élèverait même au-dessus de Dieu, si l'on pensait à Dieu en ces moments de délicieuse ivresse.

Et cependant que sommes-nous donc réellement dans ce sublime néant que crée la passion humaine ? Hélas ! il faut bien le dire, nous ne sommes que de grands enfants : Un papillon, une fleur, une herbe, un atôme, un sourire, une larme ; n'est-ce pas là l'image et les occupations de l'amour, de ce sentiment délicat qui naît de tout et qui meurt de rien, de cette merveilleuse sensation où l'homme s'endort dans l'éblouissement des chimères, pour se réveiller plus tard avec calme dans l'accablement de la réalité !

L'heure de la nuit avançait toujours et le froid d'un brouillard humide commença à pénétrer les vêtements des deux jeunes gens.

— J'ai froid, murmura Ida, en grelottant de tous ses membres et en se blottissant d'instinct dans l'enlacement qui la pressait sur la poitrine de Charny.

Celui-ci proposa alors de marcher un peu à la lueur incertaine des astres qui pâlissaient; mais les jambes de la pauvre enfant fléchirent aux premiers pas, et il fallut se rasseoir sur la mousse humide. Une pluie vint augmenter la détresse des égarés, et Charny embouchant de nouveau sa trompe pour appeler du secours, fit encore retentir les échos du bois.

XII

DÉNOUEMENT DE LA CHASSE.

La chasse avait duré jusqu'à la fin du jour et la curée devait être belle, car le nombre des bêtes abattues était considérable. Les chasseurs en se ralliant manifestaient leur contentement. Tout allait pour le mieux, et l'on se disposait à rejoindre les dames pour regagner la ville, lorsqu'on vit apparaître au bout de la grande allée, un cavalier qui courait à bride-abattue.

— Tiens, dit Aimery, c'est mon vieux Tim !

C'était, en effet, le vieil intendant qui, le visage couvert d'une profonde tristesse, s'écria du plus loin qu'il put se faire entendre :

— Monseigneur ! monseigneur ! depuis ce matin je cours après vous... ces dames... Ah ! il leur est arrivé grand malheur !

— Ciel ! qu'y a-t-il ? parle donc plus vite, Tim !

— Hélas ! pendant que vous étiez en pleine course, un monstrueux sanglier a donné au milieu du groupe formé par ces dames dans le grand carrefour, et leurs haquenées s'effrayant, ont pris le mors aux dents à travers pousses et buissons.... Quatre de ces dames sont rentrées, contre leur désir, à Calais...

— Et les autres ? interrompit impatiemment le gouverneur.

— Par nos soins, les autres dames ont pu être rapatriées au lieu du rendez-vous....

— Alors rien de fâcheux n'est à déplorer, reprit Aimery en se calmant.

— Pardon ! monseigneur, répondit le bon serviteur en laissant échapper une larme.

— Quoi donc, grand Dieu ? tu hésites !

— Enfin, il faut toujours que vous le sachiez ; votre chère

enfant, mademoiselle Ida, n'a pas encore été vue et nul de nous n'a pu découvrir la trace de son passage.

— Jour de Dieu ! s'écria le gouverneur en pâlissant, serait-il arrivé quelque malheur à notre bien-aimée fille !

Puis s'adressant à l'intendant :

— Que ces dames soient reconduites à notre hôtel. Et vous, messieurs, ajouta-t-il, en se retournant vers les cavaliers, j'ai confiance en votre dévouement pour m'aider à retrouver l'enfant si chère à mon cœur ; et dussions-nous passer la nuit entière dans nos recherches, il nous faut retrouver ma fille, morte ou vive ! accentua-t-il d'une voix stridente qui glaça d'effroi ceux qui l'entouraient.

— Comptons-nous, messieurs, mais, quoi !.... Geoffroy de Charny ne se trouve pas parmi nous ?... Oh ! alors, mes craintes sont moins vives, pensa-t-il tout haut, car si ce brave cœur est absent, c'est qu'il a trouvé une bonne œuvre à faire et Dieu, sans doute, lui aura permis de porter secours à ma fille en temps opportun. Allons, messieurs, divisons-nous, prenons toutes les voies, battons chemins et sentiers, et bouleversons la broussaille.

Et tous partirent comme des ombres dans le crépuscule du soir.

Les bois étaient, à cette époque, d'une immense étendue, et il fallait du temps pour les parcourir en tous sens. Chacun fit de son mieux et l'on chevauchait depuis plusieurs heures déjà, sans avoir encore rien découvert, lorsque le cheval d'Aimery dressa tout à coup les oreilles et fit entendre un hennissement long et bruyant.

Le gouverneur ayant aussitôt fait halte, crut percevoir le faible son d'une trompe qui donnait au loin, bien au loin. Il s'orienta du mieux qu'il put et, après une heure de chemin, sa monture s'arrêta subitement et refusa net de passer. Aimery s'arrêta, frappa de l'éperon, de la gaîne, de tout ce qui était à portée de sa main, mais le coursier se cabra, fit volte-face, pirouetta et ne passa pas. Le cavalier dut mettre pied à terre pour reconnaître la cause qui effrayait ainsi son cheval. Quelle fut sa stupéfaction en voyant étendue, dans une large flaque de sang, la monture qu'affectionnait Ida et qu'elle montait encore le matin. Son esprit se mit alors à trotter l'aventure et le dé-désespoir s'emparait déjà de son âme, lorsqu'il entendit de nouveau un appel de trompe qui semblait partir d'un fourré assez rapproché. Embouchant alors son cor, il lui répondit immédiatement.

Après avoir attaché son cheval au branchage, il s'achemina sous la futaie, à travers ronces et buissons, et dix minutes après il embrassait Ida, en la pressant joyeusement sur son cœur, et serrait cordialement la main du libérateur qui, en quelques mots, lui expliqua l'étrange aventure et la circonstance toute éventuelle qui l'avait mis à même de secourir sa fille.

On donna longtemps l'appel aux cavaliers qui parvinrent enfin à gagner le lieu de l'événement.

Ida fut placée sur une monture docile et l'on prit le chemin de Calais sous une pluie battante.

XIII.

AMOUR MATERNEL.

La joie fut grande au palais du gouverneur, en voyant arriver au milieu de la nuit, le cortège qui ramenait Ida. Sa pauvre mère tout-à-l'heure folle de douleur, était en ce moment radieuse de bonheur ; elle pressa sa chère enfant sur son sein avec toute l'effusion maternelle, et ses regards humides élancèrent vers le ciel une muette et éloquente prière qui monta jusqu'à l'Être-Suprême, sur les ailes de cette foi ardente que renferme le cœur des mères.

Sa fille lui était rendue ! Que lui importait le reste de l'univers ! Heureuse, bienheureuse, elle éprouvait cette entière félicité que ressentent les âmes délicates qui savent placer leur pure joie dans ces doux rêves, dans ces chers petits êtres que Dieu nous donne et que, si petits qu'ils soient, nous aimons plus que nous-mêmes.

C'est que tout ce qui a été fait par le Grand-Maître est bien fait : en tout le remède est à côté du mal, la joie placée près de la douleur. Et si parfois nous éprouvons des soucis à élever nos enfants, n'en trouvons nous pas le complet oubli dans une de ces délicieuses caresses qui rendent ces petites créatures si intéressantes ?

Et quel est celui d'entre-nous qui, dans ses caresses paternelles, en baisant la main mignonne de son enfant n'a pas senti éclore sous ses lèvres une douce pensée tombant du ciel !

Tout le monde se réjouissait au château, et chacun vint donner ses chaleureuses félicitations au loyal Charny pour son héroïque et chevaleresque conduite. Néanmoins parmi les chasseurs, un seul s'abstint de donner aucune marque de satisfaction, nul témoignage d'amitié ou de bon goût ; ce fut l'an-

glais d'Adingthon qui, après avoir appris les détails de l'évènement s'était tenu à l'écart et avait pris congé du gouverneur
avant son entrée à l'hôtel.

Le lendemain on vint s'enquérir avec empressement des
nouvelles de la belle et infortunée chasseresse ; malheureusement elles n'étaient de nature à rassurer personne, car la fièvre
et le délire s'emparaient tour-à-tour de la pauvre Ida qui, à la
suite des graves émotions de la veille, subissait une terrible
réaction et éprouvait la première crise d'une terrible maladie.

Charny, la mort dans l'âme, partit pour Saint-Omer d'où il
envoya chaque jour un courrier pour prendre les nouvelles de
la santé de celle qui lui avait donné son cœur et à laquelle il
voulait désormais consacrer sa vie.

La maladie suivit son cours, et au bout de quelques semaines
l'amélioration était telle qu'on vit bientôt la malade entrer en
pleine convalescence, et il lui fut permis de descendre au jardin. Elle venait à peine de faire quelques pas chancelants sur
le sable fin de la grande allée, qu'elle aperçut venant courtoisement à elle, lord d'Adingthon qui prenant délicatement le
bout de ses doigts diaphanes y déposa un baiser demi respectueux, demi chaleureux, en lui disant avec transport :

— Que je suis donc heureux, miss Ida, de vous savoir en si
bonne voie de guérison ; et je bénis le ciel de pouvoir vous en
exprimer ici ma joie, car votre maladie me causait un tourment qui était encore augmenté par la privation de votre présence.

Le baiser déposé sur la main de la jeune fille l'avait fait
involontairement tressaillir, comme au contact du froid visqueux que donnent les reptiles ; et l'apparition soudaine du
lord avait fait aussi une impression fâcheuse sur l'esprit d'Ida ;
car ce n'était pas celui-là qu'attendait son cœur. Elle répondit
néanmoins avec le calme d'une politesse froide :

— Je vous rends grâce, milord, de votre généreuse sollicitude et je suis vivement touchée de votre bonté.

Puis elle ajouta d'une voix lente et suffoquée :

— Veuillez m'excuser, milord, d'interrompre déjà une conversation qui me serait très agréable.... mais je ne me sens pas bien... je ne suis pas encore aussi forte... que je le pensais... et j'éprouve le besoin de rentrer dans mes appartements.

Et après une légère inclination, elle se fit reconduire par sa suivante près de sa mère.

L'anglais resta passablement désappointé d'en être pour ses frais d'éloquence et d'empressement. Son front se rembrunit en voyant s'éloigner la jeune fille, et lorsqu'elle eut disparu, il crispa ses doigts dans la paume de ses mains et grommela entre ses dents :

— Petite péronnelle, va ! Si c'eût été ton beau Charny, tu aurais eu assez de force, assez de complaisance pour écouter ses propos, et sa conversation t'aurait sans doute été très agréable, comme tu le dis si bien, petite mijaurée ! Mais attends un peu, et nous t'en donnerons de l'agrément !

Puis il s'éloigna en lançant, comme une muette menace, son regard haineux vers les fenêtres de l'hôtel.

En voyant rentrer Ida, sa mère toute inquiète vint à elle et, déposant un doux baiser sur son front, lui dit :

— Qu'as-tu donc, chère ange, pour rentrer aussi promptement, la douce chaleur de la température et l'air libre te seraient pourtant bien salutaires.

— C'est vrai, bonne mère ; mais j'ai fait une fâcheuse rencontre dans le jardin, et voilà pourquoi je suis rentrée aussitôt.

— Qui donc as-tu vu ?

— Lord d'Adingthon qui, sans que je me l'explique, me produit un singulier effet, une étrange sensation. Je dirai même que sa vue me fait mal.

— Oh ! chère enfant, qu'y a-t-il donc chez ce jeune seigneur, pour te causer une aussi désagréable impression ?

— Rien ; je ne sais, mère, il me serait impossible de le dire... C'est un tressaillement, un serrement de cœur que j'éprouve à la vue de cet homme.

— Ah ! soupira la tendre mère, c'est bien malheureux !

— Mon Dieu, reprit la jeune fille, il y a un remède bien facile, bien simple à cela ; c'est à moi d'éviter autant que possible des rencontres...

— Qui se reproduiront à chaque instant et malgré toi, interrompit-elle en laissant échapper un nouveau soupir.

— Quel chagrin secret te tourmente donc, mère, pour soupirer ainsi ?

Et pour toute réponse elle attira Ida sur son sein, laissa tomber sur son front une grosse larme qu'elle essuya bientôt dans un profond et silencieux baiser. Puis, après un instant de silence, elle dit avec un accent touchant de grande résignation :

— Dieu ne le veut pas !

Tenant toujours sa fille enlacée dans cette douce chaîne maternelle que forment autour de notre cou, les bras qui nous ont portés, soutenus et guidés dans les premiers temps de notre enfance, elle la contempla de ce regard si poétique, si plein d'amour et d'éloquence que ces mères pures savent nous donner pour faire germer et cueillir tout à la fois dans notre cœur, cette tendresse qu'elles réclament pour récompense des soins constants que nous leur avons coûtés.

— Ida, ma fille bien-aimée, dit-elle, tu es si belle que je demande souvent à Dieu si ce n'est pas un ange qu'il m'a donné pour enfant. Je ne suis heureuse que lorsque je te possède à mes côtés ; et je tremble à la seule pensée que, pour ton bonheur, je devrai un jour être séparée de toi.

— Pourquoi craindre une séparation impossible, inutile, à laquelle je ne consentirais jamais, tu le sais, mère, je t'aime trop pour cela.

— Tu m'aimes autant que je le désire, chère enfant ; mais il est une loi commune à laquelle nous ne devons ni ne pouvons nous soustraire. Je disais comme toi à ma bonne mère, lorsque j'avais dix-huit ans et qu'elle me parlait mariage, je disais non, je refusais d'entendre tout raisonnement, car je l'aimais tendrement comme tu m'aimes ; et, en définitive, j'ai vu depuis que je refusais mon bonheur, car toi seule, chère ange de mon cœur, m'a appris qu'il y avait un ciel ici-bas.

— Tu me rends heureuse en me parlant ainsi de ton propre bonheur ; mais tu atténues un peu ma douce joie, en m'en attribuant une aussi large part.

— Non, chérie, tu mérites les louanges que je te donne, et je veux qu'un jour aussi tu puisses connaître comme moi la félicité en pressant sur ta poitrine, comme je le fais aujourd'hui, une angélique créature que Dieu enverra du ciel près de toi pour orner ton existence des plus douces réalités de la vie. Ceci m'engage à te faire une confidence ; mais je crains de trop te fatiguer aujourd'hui ; nous causerons de cela demain, si tu le veux bien. N'est-ce pas ?

— Ah ! tu seras assez gentille, mère chérie, pour tout me dire aujourd'hui, fit-elle avec ce grain de curiosité qui aiguillonne même la femme la plus parfaite.

— Eh bien ! écoute-moi, voici ce grand secret que je nourris dans mon cœur depuis quelque temps pour te le confier : Tu as dix-huit ans, Ida ; tu es belle ; tu es bonne et tu possèdes des qualités... oh ! ne rougis pas... oui, ma fille, tu dois faire une femme accomplie, et notre devoir est de songer à ton établissement. Nous avons déjà, ton père et moi, causé intimement de cette sérieuse affaire et notre choix désignait, ou plutôt nos vœux étaient d'accorder ta main à ce jeune seigneur qui, par son empressement auprès de ta personne, nous semblait manifester assez clairement un vif désir d'unir ton sort au sien.

— De qui veux-tu donc parler, mère, dit la belle enfant avec une joie infinie.

— Hélas ! pauvre enfant, de celui-là même qui te cause un si grand éloignement ; de M. d'Adingthon.

Ida courba la tête et devint livide en entendant proférer ce nom ; car elle s'attendait plutôt à entendre sa mère prononcer celui de son sauveur. Mais voyant l'effet produit par ses paroles, Mme Aimery reprit vivement :

— Rassure-toi, Ida, mon intention n'est pas de vouloir contrarier ta volonté, et si ton cœur a quelque secrète inclination, confie-la à ta mère qui l'approuvera en t'aidant de ses con-

seils, ou la désapprouvera sans te blâmer. Parle, mon enfant,
ta meilleure amie t'écoute.

— O mère chérie ! pourrais-je résister à ton désir et rien
te cacher quand la douce confiance que tu m'accordes me
fait tant de bien…. Oui, ma mère, ce cœur que tu as formé,
nourri de ta tendresse, caressé de ta plus douce affection, ce
cœur n'est plus à moi ; je ne m'appartiens plus ! et si j'ai disposé de ma liberté sans ton consentement, pardonne-le moi,
mère, car c'est Dieu qui l'a voulu.

Et en disant ces mots elle tomba à genoux aux pieds de sa
mère émue qui lui dit avec douceur :

— Continue, mon enfant.

— Je me suis engagée pour toujours à mon libérateur ; je lui
ai donné ma foi, sans calcul, sans réflexion, au moment même
où il m'arrachait à un horrible trépas, à une mort certaine,
affreuse… Je ne songeai même pas alors que je ne faisais en
cela qu'acquitter tout simplement une dette solennelle pour
laquelle il ne doit pas exister d'autre monnaie….

— Enfant chérie, reprit la mère attendrie jusqu'aux larmes,
les sentiments auxquels tu as obéi en cette circonstance sont
trop nobles, pour que je veuille m'arrêter un seul instant à la
pensée de blâmer ta résolution ; et, sans chercher à écarter le
mystérieux voile dont s'est enveloppé ton cœur depuis ce moment, je te bénis, Ida, dans ton action qui est marquée du
doigt de la providence ; et je dis avec toi : « Dieu l'a voulu ! »
Tu trouveras donc en moi une auxiliaire toute disposée à favoriser tes desseins que ton père accueillera, sans aucun doute,
avec la bonté qu'il montre toujours pour toi. Du reste, M.
de Charny m'inspire une entière confiance ; ses sentiments
doivent être sincères, car la loyauté est peinte sur son visage,
et la douceur de son regard accuse une bonté d'âme qu'aucun
de ses actes n'a démentie jusqu'à ce jour.

— Ah ! que tu es bonne, mère aimée ! répondit Ida, en
jetant son regard noyé de bonheur, sur sa mère qui l'inondait
des rayons de sa tendresse.

— Cependant, ma fille, continua-t-elle, permets à mon expérience des choses de la vie d'attiédir un peu ton cœur, peut-être même de déflorer un peu la poësie si pure de tes illusions, en te donnant le conseil de prévoir ! Oh ! prévoir est une si précieuse chose, qui tempère si souvent la fièvre de l'esprit et fait éviter parfois de cruelles déceptions !

— Tu m'effraies, mère.

— Non, mon enfant, car je n'entrevois qu'une seule chose qui pourrait entraver cette union que je désire de tout mon cœur.

— Que serait-ce donc ? demanda Ida toute tremblante.

— Ce serait la position même de M. de Charny qui est officier du roi de France, quand ton père représente les intérêts et soutient la bannière du souverain d'Angleterre. Placés dans deux camps opposés, amis aujourd'hui, demain peut-être ennemis, ou tout au moins adversaires, lorsque le roi des hérauts viendra annoncer le terme de cette trève qui ne finira que trop tôt. Néanmoins, ne te désespère pas, nous aviserons à cela, et si nous sommes assez heureux pour jouir entièrement de toute la durée de cette suspension d'armes, nous vous unirons chers enfants.

Et la bonne mère continua ses conseils et ses sages avis à sa fille qui ne cessait de l'écouter en lui baisant les mains. Le soleil baissait déjà à l'horizon que la conversation intime durait toujours, et l'on entendit longtemps encore le doux murmure de cette poésie maternelle qui forme les plus doux instants de la vie et que nous ne pouvons réellement apprécier que lorsqu'il est trop tard : quand nos pauvres mères ne sont plus ! et alors que nos pieux souvenirs remontent vers elles sur les ailes de nos muettes aspirations : alors que nous reportant vers notre enfance, à notre jeunesse, nous nous recréons ces rêves délicieux qui se sont envolés sous leurs baisers ou noyés dans leurs larmes !

6

XIV.

FROC, NOBLESSE ET ROTURE.

Par une blonde journée de l'été de 1349, deux cavaliers aux armes du roi de France, quittant le château d'Audruicq, se dirigeaient vers celui de la Montoire en chevauchant le long du sentier de Zutkerque.

Le plus jeune des deux compagnons était un superbe officier dont le cheval bardé d'une belle armure d'acier poli, dressait fièrement sa tête panachée sous la main ferme et exercée qui le guidait. La cuirasse brunie de ce beau guerrier était éblouissante sous les rayons du soleil levant, qu'elle reflétait dans l'espace comme la puissante lentille du phare le plus lumineux. Son visage exprimait une joie intérieure que ne démentait pas la pose mélancolique qu'il avait prise sur son coursier.

Il était heureux, car il songeait à la dame de ses pensées, comme on disait alors, et peut-être bien aussi allait-il la voir.

Heureux ! oui, en effet, et s'il eût été possible de sonder les profondeurs de son cœur, comme le regard pénètre dans le roc cristallin, on aurait pu juger de quelle douce poésie il se berçait dans ce moment fortuné.

Le temps et les lieux prêtaient aussi à l'harmonie de son rêve et il était en contemplation ou plutôt en extase dans sa brûlante pensée. Pour lui la nature ruisselait ses parfums dans une atmosphère de fraîcheur veloutée ; les champs, les jardins, les prairies lui marquetaient le sol d'un échiquier de fleurs et de verdure, dont les mille couleurs s'étalaient en une divine mosaïque sous les tièdes rayons du soleil matinal. La tête des arbres se découpait à jour, comme la plus légère dentelle, sur le fond bleu du ciel. L'alouette voletait amoureusement en gazouillant dans la nue ; le pinson sifflait sur la branche, la fauvette au milieu du buisson faisait son tintamarre ; le roitelet comme un atôme glissait de ronce en ronce, la mésange becquetait l'arbre fruitier, l'hirondelle commençait sa chasse aérienne, et le soleil empourprait tout cela.

Tout riait à sa vue ; tout parlait à son cœur, de cette sublime poésie qui efface parfois à nos yeux les misères de la vie, en nous transportant à cette radieuse hauteur d'où l'on perd de vue pour un instant la réalité de la matière avec ses infirmités innées.

Au milieu de cet encens, le jeune cavalier rêvait délicieusement à l'infini, en contemplation dans l'immensité, et sa pensée portée sur les ailes de l'amour, reposait sur la douce image que son esprit se recréait au sein de ces merveilles.

Le calme était parfait et l'on n'entendait que le pas cadencé des deux chevaux, car le second écuyer chevauchait tout pensif et absorbé dans d'amères réflexions.

Ce dernier était un homme d'une cinquantaine d'années, sans armure et simplement vêtu d'un surcot brun qui dénotait clairement sa condition inférieure. C'était, en effet, un homme d'armes, remplissant à demi les fonctions de valet, et appartenant à cette race dévouée dont la vie de servitude était un acte de profond attachement et de fidélité à toute épreuve ; à cette souche d'hommes qui, élevés par la famille, étaient des amis servants et parfois des confidents intimes : type précieux, effacé de la société, depuis que *le bon goût* veut que les valets soient traités comme des chiens et les maîtres servis comme des domestiques.

Au détour du sentier, à environ cent pas des cavaliers se dessina la silhouette d'un froc monacal. Cette subite apparition arracha à l'homme d'armes une imprécation sourde qui réveilla de sa profonde rêverie le chevalier à l'armure éblouissante, lequel dit aussitôt à son compagnon, d'un ton de doux reproche :

— Ton exclamation, mon bon Bruno, vient bien mal à propos troubler la douce quiétude où je noyais mon âme. Mais pourquoi donc jures-tu ainsi ?

— Ah ! noble maître, parce que notre voyage ne sera pas heureux !

— Et pourquoi cela?

— Ne voyez-vous donc pas cette ombre de mauvais augure qui s'avance vers nous ?

Et son doigt désigna le moine qui approchait toujours.

— N'as-tu donc pas peur que le bailly abbatial ne te fasse trouer la langue d'un fer rouge pour parler aussi irrévérencieusement des saints fils de Dieu?

La colère empourpra la face du vieux serviteur qui répondit avec une respectueuse liberté :

— Par pitié! monseigneur, ne me rappelez jamais cette infamie qu'on appelle juridiction monacale ou de l'Eglise ; car les abbés et religieux devraient s'occuper tout simplement du salut de l'âme, sans chercher de plus en plus à s'emparer de nos biens et à mutiler notre corps, en rendant d'iniques jugements ou des condamnations dérisoires.

— Allons, allons, mon ami, tu exagères, tu vas trop loin.

— Hélas! seigneur de Charny, vous chercherez en vain à me convaincre, en improuvant hautement devant votre serviteur ce que vous savez être une vérité; car votre cœur gémit comme le mien, de voir l'épée de la guerre dans la main pastorale et le glaive de la justice manié par d'inhabiles mains qui frappent de son tranchant bêtes et gens, sans distinction. N'avons-nous pas vu l'an dernier la pendaison du taureau au poil roux à Luc Coquerez, condamné à mort, par le sérieux tribunal de l'abbaye de Licques, pour crime d'homicide sur le bouvier du monastère, tué d'un coup de corne? Et le mois dernier, le bailly de la dite abbaye n'a-t-il pas condamné à mort une truie qui avait mangé la main d'un enfant? L'évêque de Laon lui-même n'a-t-il pas gravement excommunié les chenilles et les mulots qui nuisent aux récoltes dans son diocèse. Tout cela, au fond, n'est que risible ; mais ce qui attriste profondément l'âme, c'est de voir la rigueur de leur justice en ce qui concerne les actes de l'homme. Voyez ce pauvre diable de Jehan Autraine, condamné à mort pour avoir volé un fromage dans un monastère ! Lucas Dupont, condamné à faire le voyage de Rome *pieds-nus*, et à jeuner pendant quatorze années pour avoir refusé l'impôt du blé à l'abbaye ! et tant d'autres, et tant d'autres !...

— Mais, Bruno, calme-toi, fit Charny, le sang t'injecte les yeux. Que peux-tu avoir pour t'échauffer ainsi la bile contre ces bons moines ?

— Bons, avec les forts, sans doute ? mais tyrans pour les faibles. Vous me demandez ce que j'ai contre ces gens ? Eh bien ! veuillez écouter cette lamentable histoire, et ensuite vous jugerez si mes griefs sont fondés. Mais je crains d'abuser de votre patience, car ce sera un peu long, pour tout dire.

— Ne crains pas de m'ennuyer, bon Bruno, je suis de belle humeur aujourd'hui ; ma visite au château d'Audruicq ne me laisse rien à désirer et j'espère que le capitaine de la Montoire tient ses troupes et son castel en bonnes dispositions de guerre; car avec messieurs les Anglais il faut avoir l'œil ouvert et la main sur la garde de l'épée. Mais parle, Bruno, je t'écoute :

— Eh bien ! noble maître, cette histoire est celle de ma famille ; car, quoique réduit à une condition servile, je n'en possède pas moins une généalogie et, je le dis humblement, j'ai des ancêtres, comme nos plus illustres seigneurs, et ils furent tous attachés, par fidélité et dévouement, aux comtes de Guines, jusqu'au jour où un tragique évènement nous rendit taillables et corvéables à merci : ce qui me serait d'autant plus pénible, si j'étais un peu moins éclectique, que mon sang est aussi noble d'origine que celui des plus grands personnages du royaume.

— Tu ne m'avais jamais parlé de cela, interrompit Charny; continue, je t'écoute avec intérêt.

— Lorsque Rollon, chef des brigands normands, eut dicté sa volonté à Charles-le-Simple, en se faisant reconnaître souverain de la Neustrie, deux de ses capitaines aventuriers le quittèrent, pour chercher fortune ailleurs, avec les troupes qu'ils commandaient, et se sauvèrent dans le pays de Guines où ils bâtirent une forteresse. L'un de ces chefs se nommait Sifrid, l'autre Fiscord. Celui-ci mourut en laissant sa femme et ses deux fils sous la protection de son ami qui bientôt prit le titre de seigneur ou comte de Guines, et forma ainsi la souche des châtelains de ce beau comté. — Fiscord est notre premier ancêtre connu.

— Oui, Bruno, je te comprends, fit le noble écuyer ; la naissance de ce guerrier d'aventures était tout aussi illustre que celle du premier comte de Guines, dont les descendants appartiennent aujourd'hui par leurs alliances aux plus puissantes maisons de France ; tandis que toi, issu de semblable origine, tu es voué à la servitude. Ce qui prouve que la noblesse de sang est un non-sens, j'en demande pardon à mes aïeux qui en frémiront peut-être dans leurs cendres, mais c'est incontestable. Et je dirai franchement que je crois comme toi qu'il n'y a qu'une seule et vraie noblesse : celle du cœur, de l'intelligence ; celle-là au moins est une vérité, car elle vient de Dieu.

— Vos paroles, seigneur, me font bien et m'énorgueillissent dans mon humble condition ; car je sens mon cœur battre comme le vôtre ; mais revenons à notre histoire, si vous voulez bien me le permettre.

— Certainement, mon ami, j'attends impatiemment la suite de ton récit qui m'intéresse au plus haut point.

— Sifrid rencontra, dans son établissement, une grande résistance de la part des seigneurs voisins qui, jaloux de le voir prendre un titre qui le faisait leur égal, voulurent s'opposer à cette prise de possession. Mais le suzerain Arnoult, comte de Flandre, pour augmenter le nombre de ses vassaux, confirma le nouveau venu dans ses titres, pouvoirs et possessions, et en reçut hommage. Bientôt Sifrid fit de son comté un petit royaume ; il sut, par sa bienveillance et ses encouragements, fonder d'utiles établissements qui firent progresser le pays ; il parvint ainsi à gagner l'estime et l'amitié du comte de Flandre qui se plaisait à rendre hautement témoignage de ses précieuses qualités. Il sut aussi se faire aimer de la noble fille du comte qu'il séduisit et dont il eut un fils nommé Ardolf. A la suite de cet évènement, ce prince tomba dans la disgrâce d'Arnoult qui le poursuivit jusqu'en son château de Guines où il se pendit de désespoir. Le jeune Ardolf, qui naquit quelques jours avant la mort de son père, fut élevé avec amour et sollicitude par Ethrude, sa mère, et le comte de Flandre en prit soin jusqu'à ce qu'il fût en âge de porter les armes. L'ayant alors fait chevalier, il le mit en possession de la terre de Guines et lui donna tout le pays de Brédenarde. En mémoire de son malheureux père, ce jeune seigneur dota les enfants de ceux qui avaient suivi sa fortune, et mes ancêtres eurent ainsi en jouissance la belle terre du Langerdreck que l'on voit d'ici, près de Ruminghem. Ils n'étaient pas seigneurs, mais ils n'étaient point esclaves, puisqu'ils possédaient un territoire exempt de toute redevance et qui leur permettait de vivre aisément. Leurs conseils étaient même reçus et suivis des comtes, ainsi que le prouve le fait suivant. Le successeur d'Ardolf, homme superbe, mais cruel à ses sujets et abusant de son autorité dont il faisait peser tout le fardeau sur ses vassaux, établit de grands impôts dans le pays de Guines et du Brédenarde, en faisant payer un droit d'argent par tête de paysan ; et, pour les reconnaître, il les força à porter des bâtons ferrés d'un énorme clou ; ce qui les fit appeler *Colue-Kerle* : *colue*, clou ; *kerle*, paysan. Ce droit de colue-kerle affligea tellement les paysans que, malgré leur entière et respectueuse soumission, ils osèrent murmurer tout haut. Ce fut alors qu'un de mes aïeux alla trouver le beau Raoult ; le prévint que s'il ne revenait pas sur ses dispositions, trop humiliantes pour le peuple, il serait bientôt maudit de tous et encourrait les plus grands dangers. Pour mieux le convaincre de l'état d'exaspération des esprits, il le fit déguiser en paysan et l'accompagna à Audruicq, près le château où se tenait un rassemblement considérable. Se mêlant à la foule, il demanda à un groupe de bergers ce qu'ils pensaient de leur comte ; ils répondirent par les plus vives imprécations ; les uns souhaitaient qu'il perdît la vue, les autres qu'il fût noyé, etc. Reconnaissant envers celui de mes aïeux qui l'avait si charitablement averti, il lui promit qu'il le ferait ennoblir en reconnaissant et faisant reconnaître sa noble origine. Mais peu de temps après il partit pour Paris, afin de faire ressortir sa valeur dans un tournoi où, en combattant, il reçut une flèche qui lui creva les yeux ; puis, sans le reconnaître, les combattants le jetèrent à la Seine. Ainsi se trouvèrent accomplis les vœux prophétiques d'une population irritée.

— La voix du peuple, c'est la voix de Dieu ! murmura Charny.

— Puis vinrent ces temps de frayeurs et de terribles paniques causées par les ardentes prédications des prêtres qui annonçaient la fin du monde. Les populations effrayées se dépouillèrent de leurs biens en les portant aux pieds des prélats ou en laissant leurs héritages aux églises. Par ce moyen, tous les monastères détruits ou ruinés par les Normands furent rétablis et grand nombre de nouveaux furent créés avec ces immenses ressources. Mais lorsque la panique fut calmée, il se trouva, parmi les dépouillés, quelques gens intelligents qui reconnurent avec amertume la duperie dont ils avaient été victimes par ces fausses prophéties : mes ancêtres étaient du nombre de ceux-là, et ils refusèrent aux moines la jouissance des biens dont ils avaient abandonné la propriété dans un moment d'effroi. Alors l'abbaye de St-Bertin revendiqua les droits qu'elle prétendait avoir sur le terre du Langerdreck, et l'affaire fut portée devant l'évêque choisi pour juge qui, ne pouvant mettre les parties d'accord, déclara s'en rapporter à la *justice de Dieu* et ordonna le combat entre l'occupeur et le prétendant. On procéda avec cérémonie à cette lutte homicide, et le pauvre paysan fut obligé de comparaître, un mercredi matin, sur la grande place d'Audruicq, devant une foule immense, pour y combattre, non pas un moine, mais un homme du métier des armes payé par les religieux de St-Bertin. Naturelle-

ment le malheureux paysan fut occis, et la terre demeura ac-
quise à l'abbaye. La famille du vaincu, ignominieusement dé-
pouillée du sol qui lui appartenait, fut chassée de sa demeure,
persécutée et forcée de chercher dans l'esclavage l'asile qu'il
ne lui était plus permis de demander à la liberté. C'est ainsi
que depuis lors nous sommes, de père en fils, voués à la servitude : condition que nous supportons avec résignation, en
attendant la venue de la vraie justice de Dieu !

Et la tête du vieux serviteur retomba mélancoliquement sur
sa poitrine.

Après quelques instants d'un profond silence, Charny reprit
la parole :

— Cette histoire que j'ignorais complètement, mon cher
Bruno, m'impressionne vivement, car tu sais l'intérêt que je te
porte, l'amitié sincère que je te voue. Aussi je veux être franc
avec toi : Ton bon sens te permet de comprendre que rien
n'est parfait ici-bas : la société a établi des règles auxquelles
nous ne pouvons déroger, des conditions qu'il nous faut subir
et, quoique je trouve parfaitement ridicule qu'on puisse naître
supérieur à un autre, par la raison que la fortune a favorisé le
père ou lui a donné un titre, je dois sagement reconnaître que
mon opinion jointe à la tienne n'aura jamais assez de force
pour renverser un tel ordre de choses établi; en définitive, il
faut bien qu'il y ait des échelons dans la société...

— Je le reconnais avec vous, monseigneur, mais le mérite
seul devrait les marquer; et la preuve que la nature répudie
elle-même la transmission de la noblesse dans le sang, c'est
qu'elle ne dispense pas ces castes privilégiées des infirmités
communes; l'idiotisme, la folie, l'inintelligence, l'imperfection
organique, physique ou morale, s'y remarquent comme dans
le commun des martyrs.

— Ce que tu dis là est exact; mais dans cette vie tout n'est
que préjugés, tu n'ignores pas cela; et, avec ton heureux
bagage de philosophie, tu dois te réjouir en songeant que plus
on s'élève à ces fières hauteurs dont on ne jouit qu'un mo-

ment, plus il faut descendre pour atteindre le rang égalitaire que nous assigne la mort. Car, que l'hermine décore de sa richesse les colonnes de notre catafalque, que ce soient des armures brillantes qui étincellent sur notre luxueux cercueil, ou que la modeste bure recouvre les parois nues de notre bière mal jointe, nous n'emportons tous dans la tombe que le grain de poussière dont nous sommes formés. Laisse donc à ceux qui veulent s'en servir le hochet des vanités. Quant à ton ressentiment contre les moines, je le comprends sans l'approuver ; car, quoique revêtus du caractère d'une autorité presque souveraine, ce sont des hommes comme d'autres ; et tu dois pardonner leurs errements. Surtout sois sobre de paroles acerbes à leur égard ; les murs ont des oreilles et les buissons aussi ; or, si tes devises arrivaient à l'ouïe d'un béat personnage, je ne pourrais, malgré toute mon influence, te ravir à leurs poursuites ; car ce sont puissantes et vigoureuses gens.

Le pont-levis du château de la Montoire s'abaissait en ce moment devant les cavaliers qui le franchirent et le repassèrent quelques moments après pour se diriger sur Calais.

XV.

ESPOIR ET CHIMÈRES.

Quoique sous la domination des comtes de Guines, les châteaux d'Audruicq et de la Montoire étaient, en ce moment de guerre et d'escarmouches, sous la surveillance militaire du gouverneur de St-Omer ; car Raoul, seigneur de ce comté et connétable de France, se trouvait retenu à Londres comme prisonnier de guerre au siège de Caen. Sa captivité se prolongeant indéfiniment, vu le taux trop élevé fixé pour sa rançon, il manifesta le désir de faire recevoir son fils chevalier, avant la reprise des hostilités, et il chargea de ce soin les seigneurs de Charny et de Ribaumont qui, d'après l'avis royal, fixèrent la réception du jeune noble au mois de septembre.

Charny se rendait donc à Calais pour inviter Aimery et les nobles seigneurs anglais à assister à la fête donnée pour la cérémonie et au tournoi qui devait la terminer.

Personne n'était prévenu de son arrivée, et la joie n'en fut que plus grande, attendu que l'on se disposait à fêter, le soir même, le jour anniversaire de la naissance de la belle Ida.

Au moment où le pas de chevaux retentit sur les dalles de la cour d'honneur, la jeune fille se trouvait dans les appartements de sa mère ; elle courut aussitôt à la fenêtre soulever un coin du rideau et ne put s'empêcher d'exclamer sa joie :

— Enfin ! c'est donc lui ! mon Dieu, ma mère, comme mon cœur bat ; je crains de me trouver mal.

— Non, ma fille, le bonheur ne fait point mal ainsi ; calme un peu ton émotion et viens te faire belle.

Elle se rapprocha toute joyeuse et souriante vers sa mère qu'elle embrassa tendrement en disant :

— Oui, bonne mère, je veux être belle aujourd'hui,

— Tu l'es toujours, chère enfant, mais il est certaine coiffure qui sied mieux ; certains corsages qui vont avec plus de grâce....

Et en continuant ainsi elle déroula entre ses doigts amaigris, les lourdes tresses de sa fille, qui se transformèrent habilement en bandeaux ondulés du plus charmant effet, et sa taille élégante s'assouplit bientôt sous un délicieux corsage.

— Vois, Ida, que tu es belle maintenant.

Donnant un coup d'œil dans le miroir, la belle enfant sauta au cou de sa mère et la remercia par mille baisers ; puis elle descendit à la salle de réception.

Aussitôt informé de l'arrivée du gouverneur de St-Omer, Aimery se rendit au bas du perron pour le recevoir, et lui serrant chaleureusement la main, il lui dit :

— Quel miracle du ciel de vous voir, cher ami ! Que vous est-il donc advenu pour nous imposer une telle privation ?

— Rien de fâcheux, messire Aimery, un petit voyage.

— Ah ! fit-il, mais entrez je vous prie. Et vous êtes allé loin ?

— A Amiens.

— En la cour du roi Philippe ! Y aurait-il du nouveau par hasard !

— Mais non, rien que je sache du moins. Je suis allé présenter mes respectueux hommages à mon souverain qui m'a chargé du soin de préparer la réception du fils du seigneur de Guines, lequel, attaché comme écuyer au service du roi, doit être reçu prochainement dans le noble corps de chevalerie. La cérémonie, suivant le désir de son père, s'accomplira au château de Guines ; et j'ose espérer, messire, que nous aurons l'honneur de votre présence à cette fête et au tournoi qui la suivra, et que nous possèderons également les seigneurs de votre gouvernement, que nous invitons, au nom de la chevalerie française, à prendre part à la joûte.

— Très bien, très bien, cher ami, nous ferons publier cela demain et vous ne manquerez pas de vaillants champions. Et vous disiez donc, très cher, que vous avez vu le roi ?

— Oui, je me suis longuement entretenu avec sa majesté. Mais avant de vous répondre plus amplement à mon endroit, veuillez me permettre de m'enquérir de la santé de vos toutes gracieuses dames.

— Ces dames vont très bien, elle seront heureuses de vous revoir, car nous avons souvent parlé de vous depuis ce fâcheux accident qui aurait pu avoir de déplorables suites ; mais Dieu merci, Ida est aujourd'hui parfaitement guérie.

Ces propos intimes décidaient Charny à risquer une ouverture, lorsque la porte de l'appartement s'ouvrit pour donner passage à la femme du gouverneur et à sa fille. S'avançant aussitôt vers elles, il déposa un baiser respectueux sur les doigts roses qui lui furent tendus, en disant avec sa grâce habituelle :

— Veuillez, nobles dames, me permettre de déposer à vos pieds mes respectueux hommages.

— Charmant à vous, seigneur de Charny, reprit la mère, de venir aujourd'hui nous faire cette heureuse et agréable surprise. Nous serions très flattés que vos occupations vous permissent de plus longs loisirs, afin de pouvoir plus souvent prendre le chemin de notre demeure.

Une toute aimable conversation succéda à ce gracieux accueil, mais une visite, que l'on eût pu qualifier de fâcheuse, vint rompre l'harmonie du groupe intime qui fut obligé de se diviser.

Resté seul avec Ida, Charny avait le cœur trop plein pour pouvoir parler ; pourtant il avait tant à dire ! Ces deux cœurs jeunes et purs, se contemplaient dans un silence où leurs âmes se confondaient. Enfin, dans un élan d'admiration, il prit la main de sa compagne, y imprima un baiser brûlant en lui disant :

— O que vous êtes belle, Ida ! et combien je vous aime.

— Ne me parlez pas ainsi, Geoffroy, répondit-elle en frémissant, vous troublez mon bonheur. Et il y a si longtemps que je n'ai été heureuse !... votre absence a été de si longue durée.

— Merci, chère ange, mille fois merci, dit passionnément Charny en se précipitant à ses genoux ; vous me comblez de joie en m'assurant ainsi que vous pensez à moi lorsque vous ne me voyez pas.

— S'il en était autrement, interrompit Ida, ne serais-je pas coupable de noire ingratitude ? Ne vous dois-je pas la vie et, de plus, le bonheur, puisqu'il m'est permis de vous aimer et de vous le dire.

— Ne continuez pas, ne continuez pas, adorable Ida, vous m'enivrez ; vous me rendez fou de joie.

Et passant son bras autour de la gracieuse taille de son amante, il l'attira sur son cœur en lui disant à voix basse, bien basse :

— Ida, ange de ma vie, toi dont le suave souvenir remplit mon cœur des plus douces émotions , reçois ce pur baiser comme le nouveau témoignage de ma foi jurée, comme un resserrement du lien mystérieux qui nous unit devant Dieu. Oh ! dis-moi, chère ange, dis-moi encore que tu m'aimes…. Mais que dis-je ! est-ce que les battements de ton cœur ne disent pas à mon âme l'immensité, la puissance de ton amour !

Et les lèvres de la jeune fille s'entr'ouvrirent pour laisser errer sur leur corail ce doux murmure : « Je t'aime ! » étouffé dans un long baiser.

A ce moment de transport succéda le silence : l'heure d'allégresse où les âmes se confessent leur félicité dans le doux sourire du regard, dans l'harmonie du plus tendre entretien du cœur, dans ce rayonnement de céleste lumière qui nous fait pour un instant les élus du ciel.

Puis Ida murmura :

— Quand donc, ô mon Dieu ! serons-nous unis pour ne plus nous séparer, et je crains que ce temps n'arrive jamais, tant je souffre loin de vous, Geoffroy.

— Pourquoi ces craintes, Ida, ne suis-je pas moi-même inquiet lorsque vous n'êtes plus près de moi. Mais pour cela je ne redoute rien du sort. Votre douce image ferait du reste évanouir toute sombre pensée naissant dans mon esprit. Ah ! chère bien-aimée, si la brise du soir pouvait vous apporter avec mes baisers d'amour les expressions de tendresse que vous m'inspirez, vous seriez heureuse et rassurée ; car vous pourriez alors juger combien sont grands les sentiments que vous faites naître en moi ; combien je vous chéris en mon âme ; et l'écho répèterait fidèlement à vos oreilles, les deux mots divins que vous adresse sans cesse mon cœur et que j'ai lus dans les feux de votre regard.

— Je vous crois, Geoffroy, comme je vous aime, et ma foi en vous est si vive que je croirais en profaner la sainteté par le moindre doute. Oui, vous m'aimez ardemment comme je vous aime moi-même. Néanmoins, j'obéis involontairement à un entraînement que je ne m'explique pas : je frissonne au moindre bruit ; je tremble au plus léger mouvement ; et si mes yeux cherchent à pénétrer le voile de l'avenir, tout y est sombre et ténébreux. Je suis heureuse près de vous, mais en votre absence mon cœur dépérit comme la fleur se flétrit quand on lui refuse l'air et la lumière ; il se penche alors vers vous pour retrouver la vie et s'épanouir.

— Chère enfant, chassez de votre esprit des chimères qui n'ont aucune raison d'être, et que votre cœur s'élance vers le mien, non plus avec des larmes et des plaintes, mais avec le sourire du bonheur qui naît de la sainte espérance que donne le plus pur amour. Rassurez-vous ; voyez dans l'avenir ce riant horizon où s'entr'ouvent pour nous les portes du ciel, et n'envisagez la vie que comme le calice d'une fleur où doivent se confondre nos deux cœurs, tels que deux gouttes de la rosée céleste.

— Hélas ! que ne puis-je maîtriser les mouvements de mon âme ! et pourquoi la puissance de mon amour n'arrête-t-elle pas sur mes lèvres les plaintes qui débordent mon cœur lorsque la joie seule y devrait trouver place. Ecoutez-moi, noble ami, et ne me traitez pas d'enfant. De l'instant où nos cœurs se sont pour la première fois compris, depuis ce moment solennel où vous m'arrachâtes à la mort au péril de vos jours, mon existence n'est qu'un délire, et j'envie ses ailes à l'hirondelle libre, pour aller vous raconter mes angoisses ; car s'il est doux d'aimer, il est bien cruel d'être séparée de celui qui remplit toute votre vie...... Une apathique langueur s'empare de mes sens, l'ennui me gagne ; tout ce qui m'entoure n'existe plus pour moi ; je marche, j'agis, mais comme la planète qui a perdu son soleil, je me perds dans le vide de la solitude... Le jour je veux contempler la nature riante, et il me semble qu'elle pleure sur mon amour et que les rayons du soleil le flétrissent... Lorsque la nuit est close, je veux emprunter au calme du soir sa poésie, et ne peux contempler le silence de la voûte céleste, les yeux suspendus aux myriades de diamants parsemés sur ma tête et qui me paraissent ramasser l'éclat de leurs feux sous un voile de deuil.... Je veux aussi écouter la mélodie qui part de tous les horizons, espérant que Dieu m'apportera, dans un de ces murmures veloutés, les doux accents de votre voix ; mais je ne perçois que plaintes et gémissements !.... L'air tiède qui m'environne me donne la fièvre au lieu de m'enivrer de bonheur ; mon cœur se serre et, lorsque mon œil éteint est enfermé sous la paupière, d'affreux rêves viennent encore saper la fragilité de mes illusions et détruire de plus en plus mes chères espérances. O Geoffroy, épargnez-moi le récit de ces tristes visions qui épouvantent mon âme et réveillent toutes mes douleurs ; qui nourrissent tout mon chagrin et abreuvent de fiel mes lèvres ; qui effacent la moindre lueur d'espérance lorsqu'elle vient effleurer mon cœur, et me font croire que, condamnée au malheur éternel, il ne doit rester de tant d'amour qu'un cœur meurtri, qu'une âme brisée !...

Et comme la fleur dont la tige est brisée par la tempête, elle se pencha pleurant, anéantie, dans les bras de son amant interdit devant un aussi profond attachement.

— Vos craintes m'attristent, dit-il, elles me désolent ; non pas que j'y voie le moindre fondement, mais seulement parce

que vous ne savez trouver assez de confiance en mon amour
pour combattre des rêves chimériques qui ne sont enfantés
que par l'ardeur de votre imagination. Mais séchez vos pleurs,
Ida, je veux toujours vous rendre heureuse ; et si quelque jour
je dois être témoin de vos pleurs, je veux que ce soit le bonheur qui les fasse naître.

— Une parole, un regard de vous, Geoffroy, et me voilà
radieuse. C'est votre volonté ! Eh bien ! regardez : la joie brille
dans mes yeux, le bonheur chasse la tristesse, et me voilà
souriante. N'est-ce pas ainsi que vous me voulez ? Je vous
obéis ; mais à mon tour de vous dicter mes conditions.

— Je ne veux pas vous donner cette peine, interrompit
Charny ; je vous devine, je lis dans votre regard tous vos désirs
et veux m'engager, de mon propre mouvement, à faire ce que
je désire aussi ardemment que vous-même ; et aujourd'hui je
demanderai à votre père qu'il veuille bien m'accorder votre
main et faire bénir prochainement notre union.

XVI.

PRESSENTIMENT EST AVERTISSEMENT.

Charny avait à peine formulé sa promesse que la porte de la salle s'ouvrit. Aimery de Pavie entra :

— Veuillez, cher ami, m'excuser de vous avoir quitté aussi longuement, mais j'avais un satané visiteur dont je ne pouvais me débarrasser.

— Vous êtes excusé d'avance, messire, d'autant plus que j'avais l'honneur d'être en très charmante compagnie.

Et il s'inclina vers Ida qui prit aussitôt congé de ces messieurs. Charny profita de la chaleureuse impression sous l'influence de laquelle il était encore pour dire sans périphrase :

— Messire Aimery, j'ai à vous entretenir d'une chose sérieuse et si vous trouvez quelque teinte de brusquerie dans ma manière d'aborder la question, vous me le pardonnerez en raison même de l'émotion que me cause la gravité du sujet. Vous êtes soldat, je le suis aussi, bannissons donc entre nous les lois de l'étiquette et permettez-moi de vous dire carrément, avec franchise, que j'aime Mlle Ida votre adorable fille, que je crois mes sentiments bien accueillis d'elle et, qu'en un mot, je vous la demande en mariage.

— Vous me prenez bien au dépourvu, cher ami, mais ma réponse ne vous en paraîtra que plus franche et sincère. Je ne saurais être plus heureux que de voir ma fille entrer dans la noble maison de Charny, et votre demande m'honore assurément au delà du possible, car, quelles que soient mes vues, je n'aurais jamais osé prétendre pour ma fille à une alliance qui un jour la ferait dame d'un des plus illustres seigneurs de Bourgogne. Je n'hésiterais donc pas un seul instant à accéder à vos vœux, si je n'étais arrêté par une sérieuse considération : Nous appartenons l'un et l'autre à deux camps opposés; et nos souverains respectifs approuveraient-ils ce projet d'union ? D'un autre côté, lors même que leur aveu serait acquis, une fois le terme de la trève expiré, ne deviendrons-nous pas adversaires, malgré les liens de parenté qui nous uniraient moralement, et ne serait-ce pas nous créer là une position difficile, terrible même ?

— Permettez-moi, dit Charny, de lever au moins une partie de vos scrupules : En ce qui regarde le consentement royal vous n'avez rien à craindre; j'ai celui de mon royal maître, Philippe de Valois et, de plus, Sa Majesté a daigné me faire promesse d'apanage princier.

— Très bien, mais vous comptez sans la volonté du roi Edouard. Croyez-vous qu'il sera d'aussi bonne composition ?

— Rien ne me fait craindre qu'il rejette une telle demande faite par vous; puis dans le cas où il ne l'approuverait pas, nous pourrions nous passer de son consentement.

— Que dites-vous là ? fit Aimery en écarquillant les yeux. Et ma tête, la comptez-vous pour rien ?

— J'en fais au contraire le plus grand cas; car si nous étions forcés de passer outre la volonté de votre souverain, je me fais fort de vous obtenir la protection du roi Philippe, et de vous faire octroyer en France des provisions et dignités tout au moins égales, voire même supérieures à celles que vous tenez de sa majesté Edouard.

La corde sensible de l'avare vibrait en ce moment sous la touche habile de Charny. Malheureusement, cette fois encore, un fâcheux vint interrompre l'entretien qui allait prendre une tournure si favorable ! et un valet annonça l'arrivée de lord d'Adingthon.

— Que le diable emporte l'importun, dit Aimery à Charny. Nous causerons, du reste, plus tard de tout cela... Mais, en vérité, c'est fort désagréable de recevoir des gens qui semblent avoir pour mission de vous déranger.

Puis se retournant vers le valet :

— Faites entrer, dit-il.

En entrant l'Anglais ne put réprimer un léger mouvement de surprise causé par la présence du gouverneur de St-Omer.

— Soyez le bienvenu, milord, lui dit Aimery, vous arrivez on ne peut plus à point : Notre ami, M. de Charny, convoque et défie courtoisement nos chevaliers, au tournoi qui aura lieu à la fin du mois de septembre, à l'occasion de la réception dans le noble corps de la chevalerie française, du jeune Raoult, fils du connétable de France.

—Votre pensée est toute grâcieuse, seigneur de Charny, répondit d'Adingthon ; nous vous en remercions, en vous assurant que si nous sommes heureux d'assister à la prise d'éperons du jeune héritier de Guines, nous tenons à honneur de mesurer nos armes à la joûte, avec celles de vos vaillants compagnons.

— Vous me comblez de joie, repartit Charny en s'inclinant, d'apporter un tel empressement à répondre à notre défi, et nous reconnaissons bien là cette franchise de courage et de loyauté qui animera toujours votre nation et la nôtre : ces deux sœurs de sang et d'intérêt.

Puis la conversation prit une couleur générale.

Le jour commençant à baisser d'Adingthon, avant de se retirer, demanda d'un air d'intérêt à Charny :

— Vous êtes probablement ici pour quelques jours, et j'aurai sans doute le plaisir de vous revoir avant votre départ ?

— Mes occupations ne me permettent pas en ce moment de consacrer beaucoup de temps aux plaisirs, et je dois rentrer immédiatement à mon gouvernement.

— Ah ! vous partez ce soir ?

— Mon intention est telle, milord ; pourtant je ne sortirai pas de la ville avant minuit, car j'ai l'honneur de passer la soirée avec la famille de votre estimable gouverneur.

— Que Dieu vous garde donc, dit l'Anglais, et jusqu'au plaisir de vous rencontrer..

Il lui présenta la main et ils se séparèrent les meilleurs amis du monde.

On se mit bientôt à table; la petite fête de famille commença. Charny, placé près d'Ida, était le plus heureux des hommes ; et la pauvre jeune fille , malgré les quelques rares éclairs de joie qui brillaient dans ses yeux, semblait triste et soucieuse. Néanmoins la réunion fut joyeuse et l'on se sépara le cœur content en se promettant de se revoir deux jours plus tard.

Charny héla Bruno qui monta à sa chambre pour lui aider à revêtir son armure.

— Il fait bien lourd cette nuit pour se charger de pareil vêtement; j'ai bien envie de ne point l'endosser. Qu'en penses-tu, Bruno ?

— Il m'est avis, monseigneur, que vous n'agiriez pas prudemment; car en ce temps de guerre et méfaits, les chemins sont à peine sûrs le jour ; à plus forte raison, lorsqu'on voyage la nuit, ne doit-on négliger aucune mesure propre à sauvegarder son existence.

— Tu vieillis ! tu vieillis, Bruno ! Aurais-tu peur, par hasard ? toi jadis si brave !

— Ce n'est pas dans la famille de votre humble serviteur que l'on connut jamais la peur, répondit fermement Bruno, vous ne l'ignorez pas, seigneur, quand par jour ou par nuit, par monts et par vaux , vous me voyez chevaucher à vos côtés, sans autre armure pour défendre ma poitrine que mon surcot de laine brune.

— Allons, mon ami, vas-tu prendre la mouche pour une une plaisante parole qui m'est échappée ? Et ne sais-je pas depuis longtemps apprécier ta valeur ! Mais ce que je ne veux pas dans ta bouche, ce sont des expressions craintives que je ne suis pas accoutumé d'y entendre.

— Ce n'est pas de la crainte, mais tout simplement un pressentiment qui me taquine. Notre retour ne doit pas être très agréable. Vous rappelez-vous de la rencontre que nous avons eue ce matin ? Mauvais augure , mauvais augure. Tenez, croyez-moi, mettez votre armure, je vous en prie.

— Eh ! puisque tu tiens tant à ce que mon armure se promène, tu t'en revêtiras. S'il y a danger comme tu le pressens, l'humanité veut que tu sois garanti comme moi. Dans tous les cas, j'aurais encore une défense suffisante dans ma fine cotte de mailles. Allons, arme-toi en chevalier et hâtons notre départ.

— Mais, seigneur, permettez...

— Pas un mot de plus, interrompit Charny, qu'il soit fait ainsi que j'ai dit, et mettons-nous en route.

Dix minutes après ce colloque, les deux cavaliers chevauchaient silencieusement sur la route de St-Omer. Charny rompit le premier la monotonie de ce mutisme qui l'ennuyait singulièrement :

— Qu'est-ce à dire donc, maître Bruno, tu sembles tout soucieux ? Pourquoi ne parles-tu pas ?

— Pour de sérieuses raisons ; la première parce que je ne suis pas content ; ensuite parce que je ne me sens pas du tout à l'aise sous votre chemise de fer.

— On est habituellement puni par où l'on a péché. Pourquoi voir aussi du danger partout ?

— Hélas ! maître, mon expérience se trouve rarement en défaut ; et, par ces temps de malédiction, le malheur est partout autour de nous ; il est dans l'atmosphère que nous respirons ; il plane sur nos têtes et il vient à nous lorsque nous n'allons pas à lui.

— Je trouve dans tes paroles une couleur métaphorique qui me plaît. Voyons, explique-moi cela ; ce sera égayer notre voyage.

— N'avez-vous donc pas, de par le temps présent, oui dire le brigandage qui court en tout pays de France ?

— Parfaitement bien, sans toutefois en connaître aucun détail particulier.

— Cependant vous n'avez pas été sans entendre raconter les hauts faits du scélérat Bacon, dont la renommée date d'hier ; de même que celle du page Croquart devenu, lui aussi, brigand de grand chemin et dont la malheureuse célébrité grandit encore chaque jour.

— Bah ! fit Charny, d'un air d'incrédulité, quelque histoire de corps de garde, quelque conte de garnison !

— Non, non, de véritables faits historiques qui seront très certainement enregistrés par notre savant chroniqueur Jehan Froissart, pour édifier nos descendants.

— Continue, Bruno, et fais en sorte de me convaincre.

— Ces brigands n'ont pas peur ; ils ont le courage du loup affamé et la hardiesse du tigre alléché par le sang flairé ; car s'ils attaquent le voyageur isolé, ils détroussent tout aussi bien les compagnies de braves et valeureux chevaliers.

— Ceci me paraît fort !

— Tant qu'il vous plaira, monseigneur, mais malheureusement cela est exact : Ils s'assemblent, par voies couvertes, en troupes de trente ou quarante hommes ; houspillent tout sur leur chemin, tant de jour que de nuit ; entrent, dès le point du jour, dans les villes et châteaux qu'ils ont épiés et mettent le feu à la première maison ; les citadins, croyant avoir affaire à un nombre considérable de gens d'armes qui veulent brûler la ville, se sauvent en abandonnant leurs gîtes que les brigands pillent et détruisent tout à leur aise, brisant les meubles et emportant, dans leurs repaires, les valeurs et tout le riche butin qu'ils s'y partagent ; puis, lorsqu'ils se sont emparés de quelques châteaux ou places fortes, ils les revendent à leur profit.

— Et a-t-on déjà connaissance de quelque fait de ce genre ? demanda l'incrédule chevalier.

— Malheureusement on en connaît un trop grand nombre : Et ledit Bacon avec sa bande ne vient-il pas encore de surprendre le fameux château-fort de Coubourne en Limousin, où il a pris et emprisonné le seigneur de Coubourne qu'il a rançonné pour la somme de vingt-quatre mille écus ; ce qui ne l'a pas empêché de tuer tout le personnel du château et de conserver cette place où il s'est installé pour toujours. Et je ne serais pas étonné qu'un jour les services de ce brigand fussent achetés par le roi de France ; qu'il eût une charge à la cour et qu'il y figurât très richement armé comme un noble comte.

— Ne parle pas ainsi, Bruno, les sentiments de notre souverain sont trop élevés pour cela.

— Hélas ! aujourd'hui il se passe des faits étranges qui vous donnent peut-être tort, monseigneur.

— Comment cela, s'il te plaît?

— Mon Dieu, il ne faut pas aller chercher bien loin. N'avons-nous pas un exemple récent dans l'histoire de ce Croquart, dont je vous parlais, qui, pauvre petit garçon de Bretagne et ensuite assez longtemps page du seigneur d'Ercle, en Hollande, reçut un jour son congé et se mit au service d'un de ces hommes d'armes d'aventures dont le nombre est malheureusement si considérable. Son nouveau maître, en une rencontre, se trouve pris et tué ; aussitôt ses camarades, qui avaient remarqué ses prouesses, l'élurent capitaine ; et il est si puissant aujourd'hui, qu'il possède pour sa part plus de quarante mille écus et au moins trente bons coursiers et doubles roussins.

De plus, son grand renom d'homme-d'armes très appert est tel aujourd'hui, qu'on dit hautement que le roi de France a tenté de la détacher du service des anglais, en lui promettant que, s'il voulait devenir français, il serait fait chevalier, marié très-richement et, de plus, recevrait du trésor royal un revenu de deux mille livres.

— Et de telles conditions ont dû le tenter ?

— Non, il a nettement refusé l'offre royale, et c'est justice; car un tel homme doit plutôt mourir au bout de la hart ou se casser le cou dans ses étranges chevauchées, que de finir ses jours comme un loyal seigneur, à l'ombre d'un castel, et entouré d'une famille qui, quoique noble de fait, n'en aurait pas moins eu son origine dans le crime.

XVII.

GUET-APENS.

Les dernières paroles du vieux Bruno avaient impressionné le gouverneur de St-Omer qui était devenu rêveur.

En ce moment quelques larges gouttes de pluie tombèrent, un faible éclair sillonna l'horizon et le tonnerre gronda dans le lointain.

— Pressons l'allure, dit aussitôt Charny, le temps menace et nous aurons peine à gagner Ardres avant la venue de l'orage.

Et l'écho répéta la cadence du pas accéléré des deux coursiers marchant à toute vitesse. Les cavaliers gagnèrent Ardres sans être mouillés ; ils traversèrent rapidement la ville, ne s'arrêtant que pour se faire ouvrir les portes et donner le mot d'ordre aux sentinelles.

Aussitôt qu'ils furent hors des murs, le ciel se couvrit tout-à-coup de gros nuages noirs qui voilèrent l'espace des plus épaisses ténèbres, et la nue se déchira pour laisser passer ses torrents de pluie et ses gerbes de feu qui se croisaient avec une rapidité effrayante dans l'obscurité, et se reflétaient d'une façon sinistre sur l'armure polie que portait Bruno.

L'éclat du tonnerre, le clapotage d'une pluie diluvienne et le galop des chevaux formaient un trible bruit qui se multipliait à l'infini ; et ces deux cavaliers fuyant dans l'ombre ressemblaient aux êtres fantastiques des ballades allemandes, portés sur les ailes de la nuit. Il fallait que les chevaux fussent doués d'un instinct tout particulier, pour se conduire ainsi dans les ténèbres ; car les cavaliers ne distinguaient plus la route : l'obscurité était complète.

La pluie diminua d'intensité, et arrivés au bas d'une côte,

près du village de la Recousse, Charny put enfin articuler quelques paroles encore entrecoupées par la violence de la tempête et la vivacité de la course.

— Quel affreux temps ! Quelle nuit désolante !

A peine avait-il prononcé ces mots que les deux chevaux s'abattirent sous l'action d'un obstacle invisible, et, dans leur chûte, lancèrent violemment les cavaliers désarçonnés à plusieurs mètres de là.

Les pauvres animaux s'étaient brisé les jambes contre une corde fortement tendue en travers de la route.

La lune se dégageant des nuages qui la voilaient, répandit alors sa lumière argentée qui éclaira la gorge étroite où se trouvaient culbutés hommes et chevaux.

— Qu'est-ce à dire ? s'écria Charny en se relevant tout meurtri. Sommes-nous donc tombés entre les griffes du diable?

Et il vit aussitôt sortir du fourré voisin, six hommes armés et bardés de fer qui s'avancèrent vers lui l'épée haute et la dague au poing.

— Ah ! reprit-il, ceci a tout l'air d'être une belle embûche. Allons ! Bruno, mon cher compagnon, flamberge au vent ! et bonne contenance ! car il m'est avis que nous aurons dure besogne. Recevons ces mécréants comme ils le méritent.

Bruno, à moitié étourdi, se serra auprès de son maître en tirant sa longue rapière. Comme six ombres lugubres, les agresseurs approchaient dans le silence de la nuit, et bientôt leurs armes frappèrent celles des deux cavaliers. Un des assaillants s'affaissa aussitôt sur lui-même en prononçant un formidable juron: la lame de Charny lui avait perforé la poitrine. Bruno, de son côté, en occit un autre et au bout de quelques minutes il n'en restait que trois sur pied. Deux des assassins s'acharnèrent sur le pauvre Bruno en l'isolant du gouverneur de St-Omer, qui lui-même avait fort à faire avec son adversaire, tant il se montrait habile au maniement des armes. Quelques instants plus tard le second groupe disparaissait ; et Bruno expirait étendu sur le sol parmi les cadavres de ceux qu'il avait vaincus.

En voyant chanceler son bon serviteur qu'il aimait bien sincèrement, Charny s'écria :

— Au nom de Dieu, il faut au moins que je sache à qui j'ai affaire !

Et, par un coup des plus adroits, la pointe de son épée décrocha si habilement la visière du casque de son adversaire, que la lune éclaira en plein ses traits. Il poussa alors un cri de surprise et d'indignation, en reconnaissant dans son agresseur déloyal, l'anglais d'Adingthon en personne.

Furieux d'être ainsi découvert, l'Anglais redoubla son attaque avec folie ; et, ne pouvant maîtriser sa colère, ses coups mal assurés le mettaient à la merci de Charny qui, parant avec le plus grand sang-froid, voulut se donner le plaisir de dire tout haut sa façon de penser :

— Maintenant que je sais combattre un gentilhomme, la partie change de face...... Mais calmez un peu votre exaspération, milord, serrez votre jeu ; car, vous le voyez bien, je ne puis réellement profiter de l'avantage que vous me donnez involontairement, vous une des premières lames d'Angleterre... Quelle belle partie ! et le bel endroit pour se couper la gorge ! Je vous remercie, noble et loyal lord, de m'avoir ménagé cette agréable surprise et d'avoir si bien choisi la place : Ce sera une volupté d'empereur de se mesurer ici. Il faut reconnaître qu'il n'y a que les gens de votre pays pour comprendre de telles courtoisies.

L'Anglais rugissait et ne pouvait répondre à ces railleries qui le mordaient plus durement que ne l'aurait fait la lame tranchante d'une rapière. Charny s'échauffant au cliquetis des armes, reprit avec force :

— Allons ! vil assommeur, lâche assassin, gagnez au moins mon existence par quelque passe savante, par quelque bon coup ; car, si vous parvenez à m'arracher le dernier souffle, ce ne sera pas pour rien.... Tenez, voici d'abord un léger à-compte sur le coût de votre exploit.

Et sa lame passant dans la jointure du brassard de son

adversaire, en ressortit légèrement teinte d'une vapeur rougeâtre.

D'Adingthon se sentant blessé, bondit comme un tigre en poussant un hurlement qui fit trembler les échos, et ses yeux lancèrent du feu.

Comme des éclairs dans un nuage, le scintillement des épées s'entrechoquant, sillonnait l'obscurité de lueurs sinistres. Les lames brillaient en déchargeant des étincelles sous les pâles rayons de la lune qui apparaissait par instants, à travers les éclaircies de la nue qui se chargeait de nouveau; les passes habiles se succédaient et le cliquetis du fer babillait, dans le calme de la nuit, comme une voix moqueuse, et parfois aussi comme le rire infernal et saccadé de quelque démon caché dans le buisson voisin. La chouette ou l'orfraie lançaient de de temps en temps leur sombre cri de mort et le fer-de-lance, ce monstrueux oiseau de nuit, venait voleter autour des combattants et leur froisser le visage de son aile visqueuse.

Les paroles devinrent plus rares, et l'on n'entendait plus que le ferraillement des deux armes et la respiration haletante des adversaires.

C'étaient de rudes champions! ils avaient le poignet d'acier; leurs coups, habilement portés, étaient parés de même et l'engagement se serrait avec une égale vigilance. Mais, fatigué de toutes ces manœuvres savantes, l'Anglais se jetant tout à coup de côté, fit tournoyer son épée au-dessus de sa tête avec la rapidité de la foudre, et l'abattit si violemment sur la nuque de Charny, que celui-ci tomba le front contre terre aux pieds de son assaillant qui déjà s'apprêtait à l'achever d'un dernier coup lorsque, par un effort suprême et aussi prompt que la pensée, Charny se redressa et, posé sur un genou, il put en s'élançant vivement de côté, éviter le coup mortel qui lui était destiné.

Néanmoins, n'ayant plus la force de se relever complètement, il combattit dans cette position désavantageuse, mais avec le courage du désespoir, et son épée pénétrant au défaut de la cuirasse de d'Adingthon, lui perça la poitrine.

L'Anglais tourna sur lui-même, chancela et tomba de tout son poids sur Charny qui, ayant peine à se soutenir, fut entraîné par cette chûte et s'évanouit.

Quoique mortellement blessé d'Adingthon, en sentant le corps de son adversaire, l'étreignit de toute la force que donne la fièvre de l'agonie et, dans ce moment de puissance surhumaine, il saisit sa courte dague et frappa aveuglément de cette arme meurtrière le corps inanimé de Charny. Fort heureusement ses coups mal dirigés n'atteignirent que la cotte de mailles du gouverneur, qui répétait le son mat des chocs en donnant des étincelles ; mais par une fatalité étrange, un de ces coups, frappés au hasard, glissa sous le support du casque pour traverser de part en part la gorge de Charny.

Aussitôt que l'Anglais sentit sa dague pénétrer dans un corps sans résistance, il comprit que son but était atteint, et il lança un affreux ricanement bientôt interrompu par des flots de sang inondant sa bouche, et auquel succéda immédiatement le râle de la mort, et quelques minutes après il expirait.

La lune, qui avait éclairé cette scène dramatique, disparut aussitôt derrière un nuage noir, comme si elle eut voulu se voiler tristement d'un crêpe funèbre, et les ténèbres couvrirent de leurs ombres les plus épaisses ces lieux de sanglante désolation. Puis l'orage s'éleva de nouveau, avec plus de violence encore qu'auparavant cette singulière rencontre.

A ce moment, le pas de deux chevaux lancés au galop résonnait sourdement au loin sur le sol détrempé de la route. C'étaient deux cavaliers qui, fuyant devant l'orage, se rendaient à toute vitesse de St-Omer à Ardres. Mais lorsque leurs chevaux approchèrent du lieu du combat, ils firent un écart effrayant qui causa une si vive secousse aux écuyers, qu'ils furent sur le point de vider les arçons. Cette commotion arracha un terrible juron à l'un d'eux qui, remettant sa monture en bride-serrée, dit à son compagnon :

— Tonnerre d'enfer ! qu'ont donc ces damnés roussins pour refuser ainsi la marche ? Belzébuth aurait-il, par hasard, semé sa graine diabolique sur notre voie !

— Parbleu ! cher Ribaumont, dit l'autre, nous sommes ensorcelés, et mon entêté de Jupin ne passera pas ; il tourne sur lui-même comme une toupie.

— Je commence décidément à croire que monseigneur le diable se met de la partie, répondit Ribaumont en enfonçant deux pouces d'acier dans les flancs fumants de son coursier qui se cabra à le renverser.

— Quand on est pressé il en est presque toujours ainsi, continua-t-il : plus on veut se dépêcher moins en avance. Et pourtant, il faut passer, car Charny doit avoir la lettre du roi avant demain : cela peut être un ordre pressé et important.

— Ma foi ! j'y perds mon latin, dit le compagnon ; et je pense que le seul moyen d'arriver à nos fins est de mettre pied à terre.

Les cavaliers quittèrent aussitôt la selle et prirent leurs montures en main. Un éclair vint tout à coup éclairer le sol et leur expliquer l'enigme.

En apercevant les hommes étendus à terre, Ribaumont s'écria :

— Ignobles pourceaux d'Anglais ! qui ne peuvent aller ailleurs cuver leur vin et nous exposent à avoir le cou cassé. Voyez-vous, ces ivrognes n'auront pu continuer leur chemin, après leurs ripailles et, sans doute, ils se sont crus ici dans leurs logements et ont pris le gazon pour la plume de leur lit.

Puis caressant l'encolure de son cheval il ajouta :

— C'est bien, cela, ma bonne bête, vous avez bon flair et vous nous annoncerez toujours le voisinage du loup ; car ces bêtes fauves n'ont d'humain que la peau et sont plus à craindre que la féroce panthère.

Et sans s'occuper d'avantage de ces corps inanimés qu'ils supposaient pleins de vie, les cavaliers se remirent en selle à quelques pas de là, et s'acheminèrent vers Ardres où ils pensaient rencontrer Charny.

XVIII.

L'ABSOLUTION ANGLAISE.

A la première lueur de l'aube, deux hommes, qui habitaient une maison située à sept ou huit cents pas de là, sortaient de leur demeure pour se rendre aux travaux des champs, lorsque l'un d'eux, apercevant de loin les chevaux étendus à terre et des hommes bardés d'armures, couchés sur la pelouse, pensa hautement :

— Tiens ! y aurait-il eu ici quelque rixe pendant cette nuit de tempête ? nous n'avons rien entendu pourtant. Vois-tu, Pierre, ces hommes d'armes couchés là-bas ?

— Bah ! tu crains toujours le malheur, toi, et je suis sûr que si tu voyais un chat sans queue, tu crierais à la fin du monde.

— Mais ces hommes ?

— Eh bien ! ces hommes, ces hommes, ce sont des hommes ; voilà tout. Je les vois aussi bien que toi, pardine. V'la t'y pas d'quoi s'alarmer parce qu'on voit de loin des soldats fatigués de leurs chevauchées nocturnes, qui se reposent à la fraîcheur du matin ?

Les deux paysans continuèrent à se disputer fraternellement en approchant de l'objet de leur discussion et plus ils avançaient vers le lieu où s'était déroulé le drame, plus ils subissaient une secrète impression qu'ils ne pouvaient s'expliquer. Et celui qui paraissait si incrédule et si grincheux s'écria tout à coup en pâlissant :

— Ciel ! mes yeux ne me trompent-ils point ? Tu pourrais bien avoir raison, Joachim, la terre me semble teinte de sang !

— En effet, c'est tout rouge. Oh ! oui, horreur ! voilà un de ces malheureux couvert de sang. Ah ! quelle blessure !... c'est affreux !... mais c'est un Anglais.

— Belle affaire que ce soit un Anglais, grommela Pierre, ce n'en est pas moins un homme, et un homme tué, qui laisse sans doute une famille en deuil ! Ah ! la mort est aussi triste pour nos méchants voisins que pour nous, va, Joachim ; et si mauvais qu'on soit il y a toujours quelque sentiment d'affection chez l'être vivant : Vois les animaux les plus sauvages, ne pleurent-ils pas l'absence des leurs au fond de leur repaire !

— Hélas ! Pierre, le cœur me manque ; regarde celui-là, on dirait que dans la fureur de son désespoir il a voulu manger l'épée de son adversaire, il la tient encore entre ses dents !... miséricorde !... la pointe ressort derrière la nuque... mais, grâce à Dieu, c'est encore un Anglais.

— Un Anglais ! un Anglais ! maugréa le grognon de Pierre. Ne t'ai-je pas dit déjà...

Et, sans écouter son frère, Joachim continua :

— Celui-ci aussi est un insulaire affreusement écharpé, et ce quatrième également. Mais tous sont morts, bien morts ; et ce qui me console, c'est que ces pauvres gens n'ont pas dû souffrir beaucoup ou plutôt n'ont pas langui longtemps pour rendre leur âme à Dieu.

— Ceci est jugé assez témérairement, ce me semble, contesta le frère ; au fait, que nous importe qu'ils aient souffert ou non. Et puis, je serais bien curieux, en définitive, de connaître ta science. A quoi vois-tu qu'ils ont ou non langui ?

— Rien de plus aisé à résoudre : leurs blessures ont été données de main de maître et sont marquées au cachet de quelques vaillants chevaliers français.

— Tu aurais dû te faire sorcier, mon cher frère ; mais, en vérité, tu me donnes envie de rire avec ta seconde vue. D'abord qui te dit que tous ces Anglais ne se sont pas égorgés entre-eux ; et où diable vois-tu l'indice du passage d'un français en ces lieux !

— Regarde, Pierre, si mes prévisions sont justes : voici malheureusement un de nos compatriotes, il porte les armes de France ; et, de plus, c'est un homme d'armes de St-Omer.

— En effet, je connais ces traits là, moi. Mais aide-moi donc, Joachim, aide mes souvenirs. Eh! mais c'est ce bon Bruno de Ruminghem, le brave serviteur de notre gouverneur de St-Omer.

— Ma foi, oui! que le ciel ait son âme, pauvre cher homme! il aura sans doute été assailli par ces brigands, en faisant le service commandé par son maître. Mais dis donc, Pierre, là-bas, plus loin, n'est-ce pas encore un groupe d'hommes?

— Pauvres gens!...

Les deux paysans, se dirigeant de ce côté, poussèrent une exclamation presque joyeuse, en voyant qu'un des corps qu'ils apercevaient remuait et essayait même de se soulever; ils coururent à lui et le débarrassèrent de son casque: mais la parole leur manqua lorsqu'ils reconnurent, dans ce pâle et noble visage qui semblait implorer leur secours, le gouverneur de St-Omer, dont la voix faible et mourante disait:

— Du secours... j'étouffe... un... peu... d'eau..., au... nom du... ciel...

Et sa tête retomba lourdement sur le sol.

— Portons-le vite à la maison, Pierre, nos femmes s'entendront mieux que nous aux soins que réclame son état.

Ils le transportèrent, aussi doucement qu'ils purent, à leur demeure; on lui ôta sa cotte de mailles et on le coucha sur un lit. Puis les femmes baignèrent d'eau fraîche son visage, pansèrent ses blessures toutes saignantes encore et, peu à peu, le ramenèrent à la vie.

Pendant cela, un homme de haute stature, vêtu d'un long manteau noir, explorait le champ de cette bataille nocturne: et son front soucieux s'assombrissait encore, à mesure que ses recherches lui faisaient reconnaître l'origine des victimes; arrivant au dernier, il recula d'effroi et risqua de tomber à la renverse en le reconnaissant.

— Malédiction! s'écria-t-il, qui donc pourra m'expliquer ce mystère? Ah! Edouard d'Angleterre, que direz-vous en apprenant la mort de lord d'Adingthon, votre fidèle serviteur sur le sol du continent, et mon seul ami ; mon savant maître en politique occulte ?

Apercevant alors à terre une courte dague ensanglantée, il la ramassa en murmurant :

— Ceci a dû lui appartenir ; oui, ses armes y sont gravées. Ce sera du moins un triste souvenir de lui.

Il mit l'arme sous ses vêtements ; puis se retournant à droite et à gauche, il reprit :

— Mais, mon Dieu, personne ici, personne, sans doute, n'aura été témoin de cette horrible lutte de laquelle je le supposais bien sorti vainqueur, puisque je venais tout joyeux au-devant de lui. Mais, comment cela a-t-il pu se faire qu'il ait succombé, quand toutes les chances plus une étaient pour lui ? Le nombre, la valeur, l'obscurité de la nuit, la tempête, tout, enfin, devait le servir et il est resté sur le carreau !... mystère ! mystère !... Ah ! là-bas, dans cette maison, peut-être a-t-on appris quelque chose et il y a probablement de bons renseignements à y glaner.

Il se dirigea d'un pas rapide vers la maison où était déposé Charny.

Une des femmes de cette habitation tenait en ce moment, soulevée entre ses bras, la tête du blessé ; car le sang de la plaie béante qu'il avait à la gorge lui causait une oppression terrible.

— Eprouvez-vous un peu de soulagement, monseigneur ? lui demandait-elle.

— Un peu... oui... mais je... un... pr... être....

— Un prêtre, vite Jeanne, cours chercher un prêtre, monseigneur le désire. Et dépêche-toi, ajouta-t-elle tout bas ; car il va mourir entre mes bras.

Jeanne perdit la tête, en entendant ces dernières paroles, et se précipitant au dehors comme une folle, elle heurta violemment, à la porte, un homme qui se présentait alors sur le seuil.

— Pardon ! ma brave femme, dit l'inconnu, je vous ai fait mal sans le vouloir. Mais où courez-vous donc ainsi ?

— Ah ! monsieur ! monsieur ! ne faites nulle attention à moi ; laissez-moi passer ; je vais chercher un prêtre pour le seigneur de Charny, blessé à mort dans un combat étrange qui a eu lieu ici... là... tout près..., dit-elle en désignant l'endroit du doigt.

Ces derniers mots frappèrent vivement l'inconnu, et une lueur de joie ténébreuse jaillit de ses yeux ; il dit alors à Jeanne :

— Cela se présente à merveille et je vais vous éviter une grande peine, chère femme; je suis prêtre ; conduisez-moi vers vers le blessé.

— Que le ciel vous bénisse, vénérable pasteur ; veuillez me suivre.

Et enchantée d'avoir rencontré si à propos celui qu'elle eût peut-être été cherché bien loin, elle l'introduisit dans la chambre où était Charny.

L'inconnu s'approcha lentement du lit où reposait le blessé ; ses yeux étaient fermés et il murmurait, involontairement sans doute, des paroles d'amour et des propos de guerre entremêlés. Lorsque tout le monde eut discrètement quitté la chambre, le prêtre s'agenouilla un instant, comme pour invoquer l'inspiration divine ; puis il s'assit au chevet du lit du malade et commença ainsi ses questions :

— Vous avez demandé le saint ministère d'un prêtre ?

— Oui, répondit faiblement Charny, qui essaya péniblement d'ouvrir ses yeux recouverts d'un voile épais et ne distinguant qu'imparfaitement les objets.

— Le ciel a exaucé votre prière en dirigeant mes pas vers vous. Commencez votre confession, mon fils.

— Oh !... c'est affreux !... mon père... Je n'en... aurai pas la force... je souffre trop.

— Avez-vous, mon fils, cherché volontairement l'occasion du combat où vous avez été si cruellement blessé ?

— Non, mon père..., lâchement attaqué par des assassins... dont les coups étaient... payés et dirigés par lord d'Ading- thon... en personne..., je me suis défendu avec mon... valet, contre ces... lâches agresseurs... et, après une... lutte terrible..., je suis tombé... sous les coups... de ce vil An... glais qui lui... même... est mort... près de moi....

— Et c'est votre main qui lui a donné le coup mortel ?

— Oui, mon père..., mais Dieu... me le pardonne... ; car cette main... n'est pas... criminelle.

— Vous paraissez moins souffrir maintenant ; vous sentez-vous mieux ?

— Un peu moins... d'oppression et il me semble... que votre présence... console... et soulage...

— Mais pensez-vous être mortellement frappé ?

— Hélas ! mon père..., tant que l'homme sent en lui le souffle de la vie, il a toujours... l'espoir d'une guérison...; et je pense qu'avec des soins entendus... j'en pourrai revenir... Dans tous les cas... et en prévision de tout malheur... puisque vous êtes ecclésiastique ; veuillez me... donner l'absolution de mes péchés...

— Eh bien ! seigneur de Charny, écoutez-moi à votre tour. Je suis sir Peacker, l'ennemi juré de tout ce qui porte un nom français, et l'ami le plus intime de lord d'Adingthon que vous avez tué ; et, comme cette action mérite ici-bas son salaire, avant celui qui lui est réservé dans l'autre monde, recevez mon absolution.

Et tirant aussitôt sa dague de son sein, il la dirigea de toute sa force vers la poitrine du gouverneur de St-Omer, dont il voulait percer le cœur.

XIX.

OU L'OISEAU PRIS S'ENVOLE.

Au moment où l'arme meurtrière de Peacker allait pénétrer dans les chairs de sa victime sans défense, une main de fer lui saisit le poignet et le serra à le briser, puis en même temps une voix frémissante lui siffla à l'oreille :

— Est-ce ainsi que votre royal maître vous enseigne à combattre, lâche brigand ?

— Quoi ! M. de Ribeaumont ! fit avec une surprise indicible le meurtrier, qui laissa tomber sa dague en essayant de fuir.

— Oui ! maudit suppôt d'enfer ! moi-même, Eustache de Ribeaumont qui te crache à la face comme au plus vil criminel. Oh ! essaie de fuir tant que tu voudras, je te tiens, oiseau de malheur, et tu n'es pas près de reprendre ton vol pour regagner ton aire. Ah ! Dieu soit loué ! J'ai au moins la satisfaction d'avoir empêché ta noire conscience de se charger d'un crime de plus ; mais là ne s'arrêtera pas ma satisfaction, je l'espère, j'aurai encore celle de te faire boire ta honte, en dévoilant ta conduite hideuse et en te faisant subir le juste châtiment de tes crimes.

— Peacker fit alors un brusque mouvement et, par un violent effort, tenta de se dégager de la rude étreinte qui le serrait comme dans un étau.

— Tu veux te sauver, vipère ! lui dit le noble gentilhomme, non, non ; je te tiens bien, je le répète, et si je n'écrase pas, sous le fer de mon talon, ta tête plate d'insulaire, c'est que je veux lui faire l'honneur d'un supplice digne de tes forfaits.

— Par pitié ! s'écria le spadassin, en se prosternant à ses pieds.

— La sainteté de ce mot doit elle être polluée par ta bouche impure, gronda Ribeaumont. De la pitié ! En avais-tu donc tant tout-à-l'heure, quand la providence m'a rendu témoin de ton exécrable tentative, et de la jouissance féroce que tu éprouvais en disant à l'oreille de ce pauvre blessé, incapable de se défendre, ces tyranniques propos que tu lui enfonçais au cœur comme autant de piqûres venimeuses, avant de lui donner le coup mortel. De la pitié ! de la pitié ! Entendis-tu jamais dire que le reptile fut épargné et que l'homme eut donné son sein pour demeure à l'aspic ? Et ne sais-tu pas toi-même, que c'est purger l'humanité d'un fléau réel, que de te retrancher d'une société où tu apparais comme la plus hideuse plaie ! Ah ! tu veux de la pitié ! Eh bien ! tu en demanderas au peuple de Saint-Omer assemblé pour jouir de ta dernière heure. Et pour que tu ne fatigues pas trop ses oreilles, je suis certain que lui-même demandera que ta langue de vipère soit percée d'un fer rouge ; et que ta main homicide lui soit délivrée pour être exposée au pilori, afin que ceux de tes compagnons qui auraient la velléité de vouloir t'imiter, aient comme leçon l'exemple de ton châtiment.

Puis se tournant vers la porte il cria :

— Holà ! archers, à moi.

En un instant la chambre fut envahie de soldats.

Mais, avant de continuer, il est nécessaire d'expliquer la présence de Ribeaumont et de ses soldats, dans un moment aussi propice.

Lorsque Ribeaumont et son compagnon étaient arrivés à Ardres, ils y avaient appris, avec étonnement, que Charny ne s'y trouvait plus et n'avait fait que traverser la ville pendant la nuit. A cette nouvelle, une sombre pensée traversa l'esprit de Ribeaumont qui, pressentant déjà qu'un malheur était arrivé à son ami, s'écria :

— Grand Dieu ! les hommes que nous avons aperçus vers la Recousse, couchés sur notre chemin, étaient peut-être des cadavres ; et celui de Charny pouvait être là.... Mais, non, c'est impossible, je suis fou..... Cependant nous ne l'avons pas rencontré sur notre route.....; et je ne sais quel triste pressentiment me porte à croire qu'un grand malheur est arrivé. Ah ! pauvre ami.

Puis prenant une soudaine détermination, il dit au capitaine d'Ardres :

— Il nous faut de suite éclaircir cette affaire ; veuillez donc mettre à mes ordres un certain nombre de gens d'armes qui m'accompagneront jusqu'à l'endroit où nous avons vu ces hommes couchés sur le sol.

Une troupe de quarante archers fut aussitôt mise à sa dispotion, et l'on reprit immédiatement la route de Saint-Omer.

En arrivant sur le terrain où gisaient les corps, Ribeaumont vit s'éloigner l'homme au manteau noir et il se dit mentalement :

— Cet individu pourra sans doute nous renseigner, ne le perdons pas de vue.

Il le vit, en effet, entrer dans la maison blanche ; mais sa première occupation fut de chercher parmi les hommes étendus sur la route, s'il n'y trouverait pas quelque visage de connaissance.

Les soldats se mirent en devoir de lever la visière du premier cadavre qu'ils rencontrèrent, et ils s'écrièrent avec une sorte de joie contenue :

— Inconnu ! mais, d'après son poil roux, ça doit être un anglais.

Ils allèrent un peu plus loin :

— Tiens ! tiens ! tiens ! du roux, toujours du roux ! Un anglais, deux, trois, quatre anglais.... cinq anglais ! C'est drôle tout de même, dit le loustic qui comptait ainsi, ce poil roux d'anglais, ça me blesse le rayon visuel, ça me fait loucher ; et puis cette peau qui le porte si bien, ça sent l'hyène, que j'en frissonne...

— Cesse tes propos intempestifs, Briquet, ordonna un vieux sergent, voici je pense une figure de connaissance.

— Hélas ! seigneur, voyez donc sous cette cuirasse !

Ribeaumont s'étant approché, pâlit subitement en reconnaissant l'armure du gouverneur de Saint-Omer.

— Ciel ! s'écria-t-il en sautant prestement de son cheval : mes yeux ne me trompent-ils point !

Et levant la visière du casque, avec une fièvreuse inquiétude, il laissa échapper un profond soupir qui sembla soulager sa poitrine d'un énorme poids :

— Non, dit-il, ce n'est pas lui, merci, mon Dieu ! Mais hélas ! c'est le pauvre Bruno, son fidèle serviteur. Oh ! il y a eu lutte, voyez-vous : lutte terrible, et il se sera sans doute tiré du guépier, mais non sans y laisser quelques lambeaux de sa peau ; car ce premier corps que nous avons vu là-bas, est celui de lord d'Adingthon, une des premières lames d'Angleterre. Enfin, Charny n'est pas là, que peut-il être devenu ? Emportons toujours ce pauvre Bruno à cette maison voisine ; là nous recueillerons sans doute quelque indice révélateur sur le sort de celui qui nous manque.

Ils prirent sur leurs épaules le corps du vieux serviteur et se dirigèrent vers la demeure indiquée.

Les femmes, se trouvant dehors en ce moment, virent avec inquiétude le groupe armé s'avancer vers leur habitation, et elles se disposaient à rentrer quand Ribeaumont leur fit signe de l'attendre. Lorsqu'il se fut approché, il leur demanda si elles n'avaient rien entendu dire de la rencontre qui avait eu lieu.

— Pardon, monseigneur, répondit Jeanne, nos hommes viennent de rapporter ici le corps d'un vaillant et bien aimé chevalier : le seigneur de Charny, gouv....

— Que dites-vous ? où est-il ? interrompit-il vivement. Où est-il que je le voie ? mais parlez-donc ; menez-moi près de lui à l'instant même. Est-il blessé ? Vit-il encore ? L'ont-il tué ? Mais où est-il donc ?

Toutes ces questions se succédaient avec la rapidité de la pensée, et Jeanne, toute interdite, put enfin lui répondre :

— Il est vivant encore, mais cruellement blessé ; et vous ne pouvez le voir en ce moment, car un prêtre est près de lui et le confesse.

— Eh ! que m'importe le prêtre et la confession ! mon ami n'a pas de secrets pour moi ; et il continuera, sans être gêné par ma présence, le récit de ses actions dont aucune n'est coupable, je vous assure ; car sa conscience est aussi pure que celle de la jeune fille qui n'a point quitté l'œil de sa mère. Montrez-moi toujours où il est, sans vous inquiéter du reste.

— Là, fit Jeanne, en lui montrant du doigt la porte de la seconde chambre ; entrez, mais surtout avancez bien doucement pour ne pas le troubler.

— C'est bien, c'est bien, brave femme.

Il avança alors sur la pointe des pieds et, arrivé à l'embrasure de la porte indiquée, il s'arrêta prudemment, en considérant le faux prêtre qui confessait Charny.

— Étrange tournure ecclésiastique, murmura-t-il ; mais, c'est une silhouette que je connais, ça ; écoutons un moment.

Ce fut alors qu'il entendit les propos haineux de Peacker et qu'en le voyant plonger sa main sous ses vêtements, puis briller l'arme homicide, il se précipita sur lui pour arrêter le bras criminel qui allait frapper Charny.

Toute la suite de Ribeaumont était accourue à sa voix et les soldats s'emparèrent du coupable en le poussant comme un chien hors la chambre du blessé.

— Liez fortement ce misérable, dit-il à ses gens, les mains derrière le dos, et chassez-le devant vous, comme un vil animal, jusqu'à la prison de St-Omer.

Mais, au moment où un des archers s'avançait vers lui pour le saisir, Peacker se baissa subitement et, d'un violent coup de tête, le renversa sur le dos, s'élança au dehors avec l'agilité du chevreuil, et se sauva à travers champs.

Trente gens d'armes se mirent à la poursuite du fuyard qui, prenant une direction oblique, gagna la voie qui conduisait à Audruicq. Poursuivi de près, il parvint à se dérober à leur vue dans les bois qui bordaient la paroisse de Zutkerque. Cependant on retrouva sa trace, puis on le suivit bientôt d'arbre en arbre, de massif en massif, et force lui fut de reprendre sa course échevelée en quittant les fourrés où il avait pensé pouvoir trouver un abri et dépister ses chasseurs. On le vit de nouveau arpenter le terrain nu de la plaine pour atteindre la bourgade d'Audruicq. Il traversa rapidement l'espace qui le séparait de ce lieu, puis quitta subitement la voie et suivit les fossés de la place jusqu'auprès du château ; là les soldats le perdirent de vue ; mais lui profitant de cette circonstance, fit un habile crochet et s'élança vers l'église où il espérait trouver un asile inviolable. En entrant dans le lieu sacré, il regarda de tous côtés et ne vit personne. Un cercueil était exposé au milieu de l'église, en attendant l'inhumation qui devait avoir lieu le lendemain. Personne n'était auprès pour prier et le garder. Cherchant un réduit quelconque où se dérober, Peacker découvrit que le devant de l'autel était formé d'une simple toile que le vent faisait flotter ; mais cette retraite lui parut sans doute peu sûre, car il hésita ; puis il se dit :

— Ce n'est pas le tout d'entrer, mais bien de sortir sans être vu.

Il lui passa alors par le cerveau une étrange et diabolique idée qu'il mit aussitôt à exécution.

XX.

OÙ L'ON VOIT QU'UN SOLDAT EST PLUS A L'AISE A FAIRE FACTION DANS UNE GUÉRITE QUE DANS UN CONFESSIONNAL.

Quelques instants après l'entrée du fuyard dans l'église, les soldats qui le poursuivaient envahirent silencieusement l'enceinte sacrée et, voyant qu'il n'y avait là aucun témoin gênant qui aurait pu dénoncer leurs recherches comme violation du droit d'asile dont jouissaient ces lieux, ils se livrèrent de suite à de minutieuses perquisitions, mais ne découvrirent rien.

Tous se regardaient avec surprise et ne comprenaient pas une telle disparition; pour eux cela touchait au miracle. Ils avaient l'oreille basse et se tenaient immobiles dans le plus profond silence, lorsque leur langue commençait à vouloir se délier; mais aussitôt le sergent donna le signe de la retraite pour s'expliquer au dehors et ne point laisser profaner le lieu saint par de libres discours.

Une fois dehors, le sergent leur dit avec le ton magistral d'un homme qui a la conscience de sa supériorité hiérarchique et morale :

— Ecoutez, vous autres; ceci surpasse mon imagination. Ce gredin est entré dans l'église : on l'a vu, entendez-vous? on l'a vu entrer ! et, à moins que ce ne soit le diable en personne, il n'a pu s'envoler à travers ces épaisses murailles...

— Vous avez raison, sergent, opina Briquet.

— Je ne requiers point ton avis, et je trouve ton interruption assez intempestive, pour qu'il me plaise de t'infliger une puni-tion qui puisse t'apprendre à conserver, à l'avenir, une plus grande circonspection en présence de tes supérieurs. Mais, en raison de la sérieuse affaire qui me préoccupe, je me bornerai à t'infliger une correction morale, en te conseillant de garder ta langue pour me répondre seulement quand je te questionnerai.

Puis s'adressant à tous il continua :

— Je reprends le fil de mes idées.... or, donc, nous ne sommes pas assez niais pour croire ici à quelque magie....

— Oh ! non, oh ! non, firent-ils tous en chœur.

— Tas de bélîtres ! reprit le sergent en colère, vous moquez-vous de moi ! J'impose silence à l'un de vous et tous se mettent à jacasser comme des mégères ! Attention ! et que celui qui desserre les dents s'attende à passer par les verges, et à aller ensuite guérir sa peau d'âne à la fraîcheur des noires casemates du château de St-Omer.

Voyant l'effet produit par sa verte semonce, le brave sous-officier se radoucit un peu, car il était réellement moins méchant qu'il ne voulait le paraître ; et, après avoir réfléchi quelques instants, il reprit :

— Allons ! j'ai maintenant établi mon plan de campagne. Quel est celui d'entre vous qui veut se dévouer, pour m'aider avec intelligence dans mon entreprise ?

Personne ne répondit ; tous regardaient à terre d'un air confus ; mais sans souffler mot.

Le sergent les interrogeant du regard et ne comprenant rien à ce silence, s'écria d'un accent qui les fit tous trembler.

— Mais huitres que vous êtes, qu'avez-vous donc aujourd'hui ? Avez-vous peur ? ou ne me comprenez-vous pas ? Voulez-vous que je vous étrille comme vous le méritez, triples baudets ? Voyons, répondez, que signifie ce mutisme ?

Et levant sa canne, il appuya sa menace d'un furieux tourniquet qui frisa les oreilles des plus rapprochés.

Briquet, se hasardant alors pour conjurer l'orage, répondit en tremblant :

— Comment, voulez-vous, sergent, que nous puissions vous dire ce que nous pensons : Ne venez vous pas à l'instant de nous défendre de desserrer les dents ?

— Comment ! doubles brutes, osez-vous manger du pain

lorsque tant de foin se perd ! N'avez-vous pas compris que vous ne devez parler que lorsque je vous interroge ? Ne lassez point plus longtemps ma patience, car j'ai déjà des démangeaisons de vous frictionner les côtes. Répondez carrément à ma question. Quel est parmi vous l'imbécile qui consent à se charger d'une mission de confiance ?

— Moi, moi, dirent-ils tous.

— Je m'y attendais ? Je vous reconnais tous et vous savez vous rendre justice. Mais si vous êtes stupides, j'ai au moins la satisfaction de remarquer en vous les plus solides qualités du soldat : courage et dévouement. Viens ici, Briquet, c'est toi que je désigne pour le poste d'honneur ; car, ne l'oublie pas, c'est une mission de confiance que tu vas remplir. Maintenant, vous tous, écoutez-moi bien : Nous allons rentrer dans l'église et, pendant que nous simulerons de nouvelles recherches, Briquet se glissera sans bruit dans le confessionnal ; puis nous l'y laisserons en vedette et, en sortant, nous viendrons nous-mêmes nous poster dans l'herbe du cimetière. Si quelqu'un sort de l'église, nous le verrons bien, ou s'il se passe quelque chose dans l'intérieur, notre compagnon le remarquera de sa cachette, sans mot dire. De cette manière nous ne pouvons manquer de prendre le brigand, à moins qu'il ne soit rentré avec Satan dans les entrailles de la terre. A l'œuvre donc !

L'église fut envahie de nouveau et, pendant le simulacre de la recherche, Briquet se cacha dans le confessionnal, comme il était convenu.

La journée se passa sans que personne vînt troubler le lieu saint, et lorsque la nuit commença à étendre son voile à l'horizon, un bruit de portes battantes, de gonds criards et de clefs grinçantes se fit entendre : c'était le portier qui fermait les ouvertures de l'église.

Le silence le plus profond régnait dans la sainte demeure; mais à mesure que les ténèbres s'épaississaient, Briquet, tout brave soldat qu'il était, éprouvait un malaise moral qu'il ne s'expliquait pas Etait-ce la fraîcheur d'une température haissant de plus en plus qui lui donnait chair de poule? La fièvre le gagnait-elle? car les battements de son pouls prenaient une allure accélérée qui n'avait rien de normal. — Non, ce n'était rien de cela ; mais seulement un sentiment de crainte vague naissait chez ce brave archer qui, habitué au tohu-bohu des camps et des casernes, ne s'était jamais trouvé en présence d'un silence aussi solennel.

Bientôt une légère trace lumineuse passa au travers des fenêtres et vint frapper d'une lueur incertaine les objets que renfermait l'église. La lune se levait et sa clarté blafarde semblait faire vaciller les choses sur lesquelles se reposaient ses rayons douteux. Cet effet d'optique sembla étrange au militaire qui, fixant alors avec plus de persistance les statues des saints, croyait les voir se mettre en mouvement, à mesure que ce jeu de lumière dessinait de plus en plus leur relief, en marquant leur ombre sur la muraille ; l'illusion devint complète et la sueur lui perla au front, lorsqu'il crut positivement voir saint Nicolas et saint Blaise descendre de leurs niches, en dansant une gigue prononcée, et venir devant l'autel se donner une poignée de main ; il se frotta les yeux et vit de nouveau que toutes choses étaient à leur place : saint Nicolas et saint Blaise ne bougeaient plus.

Cependant un nouveau miroitement se rétablit à ses yeux, et il entendit un profond soupir qui lui sembla sortir des entrailles de la terre et le glaça d'effroi. Ne se souvenant plus alors pourquoi il était placé là, Briquet s'enfonça autant qu'il put au fond du confessionnal, et chercha à fermer les yeux, pour chasser de son esprit toutes ces hallucinations ; mais plus il fermait ses paupières, plus nombreuses devenaient ses visions ; il rouvrit donc tout grand ses yeux et aussitôt ses oreilles tintèrent, sa vue s'obscurcit, ses cheveux se dressèrent sur sa tête, une main de fer sembla lui serrer le front et tout son sang reflua vers le cœur, car il voyait se soulever le drap mortuaire qui recouvrait le cercueil exposé au milieu de la nef : puis une main sortit de la bière et le couvercle du cercueil se souleva tout doucement ; le factionnaire voulut pousser un cri qui expira en un râlement au fond de son gosier et ses regards effrayés furent témoins de la plus étrange apparition :

Un visage pâle, blême, se montra hors du cercueil et le cadavre se dressa à demi dans son linceul, jetant à droite et à gauche des regards qui semblaient de feu ; sa bouche murmurait un langage inintelligible, et peut-être bien allait-il sortir entièrement de la bière, lorsqu'un léger bruit du dehors fit tout à coup évanouir cette effrayante image : Les plis du drap retombèrent si naturellement sur la bière, qu'en un clin-d'œil tout était rétabli dans l'ordre voulu.

Briquet se demandait intérieurement si l'on pouvait réellement avoir de semblables visions, quand un nouveau saisissement vint troubler la quiétude qui semblait se rétablir dans son esprit :

Le grincement d'une serrure et le bruit sourd de gonds tournant doucement, attirèrent ses regards inquiets vers la porte. Un homme entra, puis deux, puis trois et il en compta ainsi jusqu'à douze, au bout de quelques instants un treizième apparut.

XXI.

CONJURATION.

L'air sombre de tous ces hommes dénotait assez le motif de leur assemblée nocturne. Après s'être rangés silencieusement en cercle autour du dernier venu, comme des ombres ténébreuses autour d'un fantôme, celui qui se trouvait ainsi placé au centre compta du doigt ses compagnons, et lorsqu'il se fut assuré du nombre, il dit à demi-voix :

— Nous sommes bien tous réunis, et, je le vois avec satisfaction, aucun n'a manqué au rendez-vous. Nous allons donc délibérer avec promptitude sur les moyens à prendre pour la marche à suivre dans notre entreprise. J'ai bien pesé toutes vos récriminations contre mon père : les unes sont justes ; les autres peut-être sont empreintes de quelque exagération ; mais au fond je n'en reconnais pas moins la justesse de vos réclamations et je suis complétement décidé à m'unir à vous pour faire réussir le projet qui est en ce moment l'objet de vos vœux les plus ardents.

— Notre confiance en vous est aveugle, répondit l'un d'eux, mais comme il s'agit ici d'une affaire capitale, dont l'avortement pourrait nous coûter la vie, il me semble qu'avant d'aller plus avant, nous devons nous lier tous par le serment de garder le plus grand secret sur nos délibérations et sur tout ce qui se passera dans nos réunions. Jurons donc, à l'instant même, de nous garder fidélité, discrétion et alliance jusqu'à la mort ; et que notre promesse se fasse devant l'image de monseigneur le Christ qui du haut de sa croix approuve nos réunions.

A peine cette idée fut-elle émise que treize bras s'étendaient vers l'autel et que chacun murmurait tour à tour :

— Je jure par le sang de monseigneur le Christ, d'aider de

toutes mes forces et de toute ma volonté l'entreprise que nous tenterons pour le bien de tous, et d'endurer tout supplice plutôt que de révéler les secrets de notre association.

Celui qui paraissait être le chef de ce rassemblement prit alors la parole :

— Unis par un lien que rien ne peut désormais détruire, nous ne devons maintenant rien dissimuler et chacun doit exposer en toute sincérité son opinion, sa manière de voir en tout ceci, et les idées conçues et mûries dans l'isolement qui a précédé cette réunion.

Celui qui avait déjà parlé pour la proposition du serment répondit en ces termes :

— Vous me permettez, cher messire Karolwig, de prendre la parole au nom de tous mes compagnons, car nos griefs contre monseigneur le capitaine-gouverneur, votre père, sont communs et se confondent en un sentiment de haine que nous nous efforcerions en vain désormais de détruire. Vous ignorez presque tout, vous jeune seigneur, qui courez les camps et les armées pour votre instruction; néanmoins votre noble conduite depuis votre retour, votre désapprobation visible de tout ce qui est mal, nous a fait vous choisir pour notre chef dans notre esclavage comme vous le serez encore dans la liberté que vous nous aiderez à conquérir.

— C'est le vœu de toute la population, interrompit une voix.

— Écoutez donc ce que vous n'avez pas encore appris : Poussés à bout de patience par des exactions sans nombre, nous ne sommes ici que le faible écho de tout le peuple, et ce que notre bouche va vous dire, mille voix le répètent tout bas au coin du foyer, sans oser élever la voix dehors, sans murmurer une faible plainte ; car la torture et le supplice ne coûtent pas cher par le temps présent. Un mot un peu hardi vaut la corde ; le bûcher ou l'eau bouillante. Le bonheur public n'inquiète donc guère votre père, et ses abus du pouvoir seigneurial révoltent à la fois et l'esprit et le cœur. Pour une mouche qui vole en l'air il faut une victime à sa tyrannie. Loin de protéger la demeure du pauvre qui est venu s'abriter sous les murailles du château, comme sous une aîle protectrice, nous le voyons chaque jour avec sa colère et son humeur chagrine s'abattre sur nous, tel qu'un vautour sur l'agneau inoffensif; et, vampire insatiable, notre sang ne lui suffit pas, il lui faut encore notre honneur!... Vous me pardonnerez ma franchise, noble maître ; et si je blesse en vous des sentiments d'affection qui se comprennent, du reste, n'en accusez que les graves circonstances qui nous forcent à être devant vous les cruels, peut-être, mais sincères accusateurs de celui que nous eussions désiré respecter avec vous.

— Ne vous inquiétez nullement de mes affections; le devoir est pour moi plus précieux! Continuez, je vous prie, je vous écoute avec tout l'intérêt que m'inspirera toujours la cause du malheur.

— Un trait, sur mille, vous donnera la juste mesure de la douleur que nous éprouvons et de la cruauté qui nous tyrannise. Il y a quelques semaines votre père revenait de la chasse, tout mécontent de n'avoir pas été heureux dans sa course ; il me rencontre près du bois de Zutkerque, me toise d'un regard en courroux et, prétendant que j'étais un maraudeur, il s'écrie tout furieux :

— Il n'est pas étonnant qu'on ne voie plus de gibier ici, il n'y a que des voleurs !

— Quoique bien connu de lui et de ses gens, puisque je fus jadis son chambellan, il me fit aussitôt saisir et conduire à la prison du château où, sans autre forme de procès, je reçus la fustigation, et dès le lendemain, après un court interrogatoire simplement ordonné pour la forme, mon procès se termina par une condamnation à la hart. J'allais, en effet, être hissé au gibet des malfaiteurs, lorsque ma fille, cette chère enfant, vint se jeter aux pieds du châtelain, le suppliant de ne pas me condamner ainsi sans l'entendre. Frappé de sa beauté et de sa bonne grâce, il fait suspendre l'exécution et invite la pauvre enfant à le suivre dans ses appartements pour lui exposer sa supplique. Une heure après j'étais mis en liberté ; mais à quel prix, mon Dieu ! Depuis ce moment, je n'ai pas revu mon enfant, qui a eu ainsi le triste courage de vendre son âme pour me sauver la vie ! Elle n'a pas encore quitté l'aire du vautour qui la retient entre ses serres, et ne rendra la pauvre colombe à la liberté que flétrie et déshonorée. Ceci n'est qu'un de nos griefs et, sans en citer tant et tant, celui-là suffit pour justifier notre révolte contre le capitaine-gouverneur du château d'Audruicq ; et d'une voix unanime, à dater de ce moment, nous ne reconnaissons d'autre autorité suprême que la vôtre. Vous avez désormais droit de vie et de mort sur tous les habitants du Brédenarde dont nous sommes ici les mandataires ; les hommes d'armes nous sont en grande partie dévoués, et nous vous jurons obéissance et fidélité. Vous êtes maintenant notre capitaine ; acceptez-vous ?

D'un naturel bon et tendre, Karolwig aimait son père malgré ses torts envers tous ; mais emporté par la fougue de sa jeunesse, et supposant bien qu'aucune violence ne serait faite à son père, il répondit en ces termes à cette proposition :

— Je ne saurais méconnaître la justesse de vos plaintes en cherchant à excuser la conduite de mon père, qui me montre à moi-même une dureté que je ne puis m'expliquer que par son caractère capricieux et peut-être aussi par jalousie de la popularité que vous m'accordez tous. Mais vous ne trouverez pas étrange que j'hésite quelques instants à répondre à la question sérieuse que vous me posez, quoique mes scrupules soient à l'avance détruits par le droit que je vous reconnais moi-même de choisir qui vous plaît pour vous commander. Veuillez donc m'accorder quelques minutes de réflexion et je vous donnerai ma parole.

Il se mit à se promener de long en large dans la nef et, pour ne pas entraver sa méditation, le conseil des conspirateurs se retira dans la sacristie dont la porte était entre-bâillée. Là il ne resta pas inactif, car en révolution on marche lestement. On y résolut la mort du gouverneur et de son cruel intendant. Cette clause fut additionnée au bas de l'acte de conjuration dressé à l'avance. Karolwig invita alors les conjurés à venir entendre sa réponse.

— Les conséquences de l'action que nous allons commettre, dit-il, doivent nous être favorables ou fatales ; aussi devons-nous prendre toutes nos mesures pour parer aux éventualités. En dépossédant mon père de son autorité, nous usons de notre droit, en toute conscience ; et nous n'en commettons pas moins, au point de vue légal , une usurpation de pouvoir qui, non seulement serait condamnée, mais assurément châtiée par le suzerain comte de Guines, duquel relève le fief du Brédenarde. Il n'y aurait, à mon avis, qu'un seul moyen de nous mettre à l'abri de toute nouvelle tyrannie ; ce serait d'écouter les propositions qui nous ont été faites déjà par les Maulevrier, pour nous placer sous la protection d'Edouard d'Angleterre, que nous reconnaîtrions comme notre seigneur suzerain.

— Votre avis est le nôtre, répondirent-ils ; et cette question déjà débattue entre nous était résolue, sauf votre approbation.

— Alors j'accepte toutes vos conditions et je jure d'être fidèle aux engagements que je prends envers vous et le peuple que vous représentez ; et d'aider de tout mon pouvoir l'accomplissement des résolutions prises entre nous et relatées dans le présent acte que je signe de confiance.

Et il signa l'acte qui lui était présenté , sans se douter qu'il sanctionnait l'arrêt de mort de son père.

— Maintenant, mes amis, ajouta-t-il, notre prochaine réunion aura lieu vendredi prochain, à la même heure, dans l'église de Ruminghem ; car la prudence nous conseille de ne pas choisir le même lieu deux fois de suite. Là je vous donnerai les instructions que vous aurez à suivre pour l'exécution du plan que je vais mûrir. Séparons-nous donc, sans bruit, un à un, comme nous sommes arrivés.

Ils se retirèrent isolément, en effet ; mais à mesure qu'ils franchissaient l'enceinte du cimetière, une invisible main les happait à la gorge et leur imposait silence, en les forçant à se coucher dans l'herbe au milieu des hommes d'armes qui se tenaient prêts à les embrocher à la première tentative d'indépendance. L'invisible main en question était emmanchée au bout d'un bras solide soudé lui-même à l'épaule du vieux sergent, qui dissimulait sa présence derrière un if séculaire près duquel on était obligé de passer pour prendre la voie publique. Ce brave sergent supposait que ces hommes étaient venus là tout simplement pour favoriser la fuite de Peacker, aussi lorsqu'après avoir arrêté le treizième, il vit une quatorzième ombre se dessiner vaguement dans l'espace, son cœur bondit de joie; car il pensait que c'était l'Anglais. Mais en lui mettant la main au collet il reconnut de suite l'ami Briquet, auquel il appliqua un soufflet bien conditionné et un rude coup de canne sur les épaules, et l'apostropha ainsi :

— Pourquoi, mordieu de rustaud, quitter ainsi ton poste d'observation ? Qui t'autorise à enfreindre les lois les plus élémentaires de la discipline ? Es-tu donc fatigué de porter ta peau, et désirerais-tu faire l'intime connaissance du prévost-justicier ?

— Laissez-moi donc vous dire un mot, sergent, un seul mot et vous verrez que j'ai bien fait....

— Quoi ? Voyons, vite, parle !...

— Avez-vous vu entrer et sortir de l'église des hommes...

— Oui, eh bien ! après ?

— Il faut nous mettre tous à leur poursuite, car ce sont des conspirateurs qui ont juré de livrer à l'Anglais le château d'Audruicq. Oh ! ne perdons pas de temps, sergent, vite à leurs trousses ; par où sont-ils passés ?

— Regarde, penaud, à cinq pas d'ici : tous pris au piège qui ne leur était pourtant pas tendu ; mais nous ne les lâcherons pas. Quant à toi, retourne à ta faction et surtout aie bien l'œil à ton affaire, afin de me rendre demain un compte exact de ce que tu auras vu.

Briquet aurait été très satisfait de ne point reprendre ses fonctions de guetteur, aussi dit-il avec intention :

— Oh ! sergent, si vous saviez tout ce que j'ai vu ; c'est affreux, allez !

— Bien, bien, tu me raconteras cela plus tard, va reprendre ta place et surtout ne fais aucun bruit.

— Mais, mon sergent...

— Qu'est-ce à dire, maître Briquet! faut-il vous reconduire à coups de canne ? Allons, décarrons et lestement.

Son bâton tourna rapidement autour des oreilles du pauvre factionnaire qui, plus mort que vif, rentra sans bruit dans l'église.

XXII.

LE MORT VIVANT.

En ce temps de superstitions , il n'était pas surprenant de voir le plus brave soldat avoir chair de poule au récit de quelque diablerie ; aussi n'était-il pas étonnant que le courageux Briquet hésitât à reprendre sa terrifiante besogne, surtout après ce qu'il venait d'apercevoir.

Il s'arrêta donc un moment au seuil de la porte, pour se demander s'il ne pourrait pas éviter la corvée en se tenant au dehors ; mais, apercevant au loin une silhouette bien connue qui semblait l'épier, il prit son courage à deux mains et s'élança sous la voûte ; il y avait à peine fait un pas qu'un bruit inexplicable se fit entendre vers le cercueil et l'arrêta tout court.

— Diable ! murmura-t-il, où me mettrais-je bien pour n'être point vu, et surtout pour ne pas voir.

Il se blottit vers l'angle de l'autel, mais cela ne suffisant pas à le dérober complétement, il chercha encore une autre retraite en marchant à quatre pattes ; il sentit alors que le devant de l'autel cédait au toucher et sa main le levant comme un simple rideau, il plongea ses regards dans l'obscurité de cette cachette et n'y vit rien. Alors ne pouvant retenir sa joie il dit entre ses dents :

— Quelle chance ! Je vais bien sûr ne rien voir de là. En voilà une bonne aubaine ! et ce rideau ! cette toile délicieuse qui va me cacher ces vilaines visions dont le souvenir seul me fait tressaillir. Voyons, cachons-nous.

Il entra alors à reculons sous l'autel et laissa retomber la toile en disant :

— Ah ! sergent, tu me rudoies ; tu veux me faire veiller

pour des prunes ! Attends ! je vais t'en frire de la surveillance
à bon marché.

Puis sentant un objet mou céder sous ses pieds, il ajouta :

— Bonne affaire ! cela va me servir d'oreiller, et je vais me
donner un fier coup de traversin, tout comme à la caserne....

Mais tout-à-coup la respiration lui manqua, ses dents cla-
quèrent, et il voulut prendre la fuite ; hélas ! ses jambes lui
refusèrent le service ; il essaya d'appeler du secours, sa langue
était paralysée, et, après un suprême effort de volonté, il tomba
anéanti sur l'objet même qui lui causait tant de frayeur.

En prenant ses dispositions pour s'installer le plus commodément possible dans sa retraite, le pauvre Briquet avait posé
sa figure sur le froid visage d'un cadavre et, se croyant réellement dans un endroit maudit, il en avait éprouvé une telle
frayeur qu'il se laissa choir sans connaissance.

Après avoir administré sa semonce à Briquet, le sergent revint aux captifs et leur demanda :

— Vous plairait-il, chers messires, de satisfaire ma curiosité,
en m'apprenant ce que vous êtes allés faire dans cette église à
l'heure où les esprits seuls hantent ces lieux ?

— Nous sommes venus là, répondit l'un d'eux, pour prier
auprès du mort dont le corps est exposé sous la voûte de la
nef, en attendant l'inhumation.

— Bon ! chers messires, vous voudrez donc bien suivre les
compagnons que je vais vous donner ; ils vous conduiront vers
un autre lieu où l'on a aussi un pressant besoin de vos prières.

Puis s'adressant à ses hommes d'armes :

— Dix hommes de bon vouloir ; mais dix seulement.

Ils se levèrent immédiatement.

— Maintenant, continua-t-il, garrottez moi gentiment ces
messieurs, et si l'un d'eux souffle mot pour appeler du secours,
ou tente de fuir, usez de vos armes sans ménagement aucun.

Aussitôt les treize conspirateurs furent liés les mains derrière le dos et, la besogne faite, le sergent reprit :

— J'espère bien, messires, que vous serez assez gentils en

suivait bien paisiblement vos guides jusqu'à Saint-Omer ; car le comte de Guînes étant absent du royaume, c'est au gouverneur de Saint-Omer que je vous envoie rendre hommage. Allons, en marche et bon voyage.

La petite troupe se mit en route avec son convoi de prisonniers.

Aucune autre aventure n'advint pendant le reste de la nuit qui se passa fort tranquillement. Aux premières lueurs de l'aube le sacristain vint ouvrir les portes, sonna l'angelus, puis tinta la cloche pour avertir les fidèles qui devaient rendre les derniers devoirs au défunt.

Le glas funèbre continua pendant une heure environ, et vers les cinq heures un très grand nombre d'hommes et de femmes étaient déjà rassemblés dans l'église, s'entretenant à voix basse, non des vertus du trépassé, mais de l'étrange aventure arrivée la veille : la disparition miraculeuse de l'homme poursuivi par les soldats, comme l'auteur d'une tentative d'homicide sur la personne du gouverneur de Saint-Omer. Puis, au bout d'un instant, on s'étonna de l'absence d'un tel, d'un tel et de tel autre, remarquant avec surprise que ces hommes pieux ne répondaient pas selon leur coutume à l'appel religieux de la cloche sainte ; car tout le monde ignorait encore pour le quart d'heure que ces braves compatriotes étaient entre les griffes de la justice seigneuriale.

Le sergent entra alors dans le saint lieu avec dix de ses compagnons, laissant les autres à la porte pour veiller au dehors. Il se dirigea vers le confessionnal et, en ayant soulevé le rideau, il remarqua avec surprise que Briquet n'y était plus.

— Que le diable emporte l'animal ! fit-il, où est-il allé se nicher ?

Regardant à droite et à gauche ; pas de Briquet ! De guerre lasse, il sortit pour s'informer auprès des archers du dehors s'il n'était pas sorti pendant sa perquisition. Personne ne l'avait vu.

— Ah ! ceci est par trop fort ! Où je suis un niais comme tous les autres, où le diable s'en mêle. C'est curieux ! étrange !

et, ma foi, je commence à croire qu'il y a là dessous quelqu'œuvre de magie.

L'heure de l'enterrement était arrivée ; tous les parents du mort rassemblés. Le curé commença le service et lorsque le *de profundis* fut psalmodié, les porteurs chargèrent le cercueil sur leurs épaules et le convoi, précédé des gens d'église et suivi des nombreux amis du défunt, se mit en marche vers la fosse.

On fit halte près de la tombe ouverte et, au moment où le menuisier enlevait le drap mortuaire pour clouer la bière, suivant la coutume d'alors, le couvercle s'ouvrit de lui-même et on vit un homme se dresser si vivement sur ses pieds, en jetant son linceul à terre, que l'assistance fut paralysée d'effroi en voyant plein de vie le trépassé de l'avant-veille. Mais, avec la rapidité de la pensée, le ressuscité culbutant ceux qui l'entouraient se sauva à toutes jambes vers le marais, passa la rivière à la nage et enfourcha prestement un cheval qui paissait tranquillement dans la prairie.

Tous les hommes terrifiés, restèrent bouche béante devant le cercueil vide, et les femmes se sauvèrent à toute vitesse vers leurs demeures en criant à tue-tête, comme des folles.

Ce tapage éveilla naturellement l'attention du sergent qui, resté en conciliabule avec ses hommes, accourut sur les lieux pour connaître la cause de tant de cris et de clameur. S'étant fait expliquer l'affaire, il resta, comme tous les autres, la bouche ouverte devant la bière, veuve du mort. Mais une lueur d'inspiration traversa subitement son esprit bouleversé par tout ce dont il était témoin en si peu de temps ; il se frappa le front en disant à tous ceux qui étaient restés là, cloués au sol :

— Dieu me damne ! c'est ce maudit brigand de Peacker qui nous a joué le tour ! Par où est-il passé ? indiquez le vite, que nous nous lancions à sa poursuite.

Ces paroles étaient à peine achevées qu'on vit arriver vers la bourgade un cheval nu sur lequel se cramponnait un homme dont les traits révélaient une mortelle inquiétude. L'animal emporté lançait des flots de fumée par les naseaux, et celui qui le montait se maintenait de toutes ses forces à sa crinière volant au vent.

— A moi! à moi! amis, vociféra le sergent, c'est Peacker! je le reconnais ; lancez-moi une grêle de javelots sur la bête; mais épargnez l'homme ; car il doit vivre encore pour assister à plus joyeuse fête. Allez! tirez, mais tirez donc ! il va nous échapper.

Vingt flèches partirent ensemble; le cheval s'abattit aussitôt et le cavalier roula , étourdi par sa chûte, sur le sol même qu'il venait de parcourir si lestement quelques moments auparavant.

C'était bien en effet le maudit Anglais qui, en se réfugiant dans l'église , avait eu l'étrange et diabolique idée de découvrir le cercueil, de prendre le cadavre entre ses bras pour le cacher sous l'autel , puis de se mettre à sa place dans la bière où il était resté pendant plus de douze heures recouvert du drap mortuaire.

— Vous le voyez maintenant, mes amis, cet homme est le diable incarné, ou je ne m'y connais plus. Des cordes aux mains, aux pieds, tout autour du corps et dépêchons; car s'il se réveille avant cette opération, il pourra nous échapper encore, et c'est ce qu'il faut éviter à tout prix. Ah! nous le tenons enfin! ce vil serpent, ce lâche assassin, cet homme sacrilège qui a osé profaner dans le lieu saint les restes mortels de celui que vous pleurez.

A ces mots toute la foule recula d'horreur, et quelques-uns semblaient, de leur regard étonné, interroger le sergent et lui demander une plus claire explication.

— Vous paraissez ne pas me comprendre parfaitement; cependant la chose est bien simple à concevoir: Cette bière ne renfermait-elle pas le corps de votre ami lorsqu'on l'a exposé dans l'église?

— Oui.

— Or, qu'est-il devenu? Puisque sa place a été prise par

cet ignoble Anglais, il faut naturellement qu'il ait profané le cercueil en enlevant le cadavre de son linceul pour le dérober en quelque lieu caché. Je ne vois pas d'autre solution à cette question. Cherchons donc minutieusement dans l'église où nous le découvrirons sans aucun doute.

On fit de nouvelles recherches qui n'eurent aucun résultat; chacun était dérouté et le sergent, prêt à s'arracher les cheveux, allait proférer un gros juron, lorsqu'une circonstance fortuite vint jeter la lumière sur ce ténébreux mystère.

Un soldat, placé devant l'autel, laissa par maladresse tomber son arme qui, frappant la toile du devant de l'autel, la souleva, en s'y accrochant, et la tint relevée de manière à laisser voir la cavité mystérieuse où se trouvait caché le cadavre; et aussitôt on en retira le corps du défunt et celui du pauvre Briquet qui y était aussi étendu, sous l'influence d'une complète catalepsie.

On crut d'abord que le soldat était mort aussi et qu'il avait sans doute été occis par l'Anglais; mais, en recherchant les traces de violence ou les blessures qui devaient expliquer sa fin tragique, on remarqua que le corps avait encore quelque chaleur et que le cœur accusait aussi de faibles pulsations.

Il reprit enfin ses sens, sans pourtant se rendre compte de ce qui s'était passé, et comme son état de faiblesse ne lui permettait pas de marcher, on fit venir un chariot sur lequel il fut placé et au fond duquel on jeta Peacker comme un veau.

Le corps du défunt, replacé dans la bière, fut aussitôt descendu dans la fosse sans plus de cérémonie, et les soldats emmenèrent leur prisonnier qui fut accompagné jusqu'au delà d'Audruicq par les huées de la populace.

Arrivés à la Recousse, ils y apprirent que Charny avait pu être transporté à Saint-Omer. Ils s'acheminèrent silencieusement vers cette ville et incarcerèrent le prisonnier dans les plus sombres cachots du château.

XXIII.

DIPLOMATIE DU TEMPS PASSÉ.

Aussitôt que la nouvelle de l'attentat commis contre Charny fut connue à Calais, Aimery de Pavie en ressentit un grand malaise. Et dès le lendemain il fit préparer sa suite et se rendit sans plus tarder auprès du blessé qui, quoique bien faible, parut désireux de voir le père de sa bien-aimée.

— Seigneur Jésus ! dit-il tristement en l'abordant, dans quel triste état je vous revois, cher ami !

— Hélas ! oui, répondit faiblement Charny en souriant, vos compatriotes savent bien arranger vos amis, cher Aimery ; mais n'en prenez nul souci, cela n'aura je l'espère aucune suite dangereuse. Je me sens beaucoup mieux, du reste, et mes blessures se refermeront vite, j'en suis convaincu. Nous aurons donc bientôt le plaisir de nous retrouver ensemble.

— Plaise à Dieu que vous disiez vrai, très cher, car depuis l'heure où j'ai appris cet étrange et malheureux évènement, mon désespoir est tel que je suis comme un fou ; d'autant plus que votre agresseur était un homme que j'ai eu la mauvaise chance de mettre en relations directes avec vous. Ah ! que Dieu me pardonne cette fâcheuse inspiration.

— Vous m'affligez de vous désoler ainsi ; mes blessures guériront vite, je vous l'affirme, et bientôt nous nous réunirons encore. Mais vous ne m'avez pas parlé de vos gracieuses dames ; j'espère qu'on leur a caché cet évènement ?

— Oui, cher ami, elles l'ignorent encore ; mais je frémis en pensant à l'émotion qu'elles éprouveront lorsqu'il ne sera plus possible de le leur cacher ; car, il ne faut pas vous le dissimuler, votre malheur intéresse tout le monde en général et fait en ce moment les frais de toutes les conversations. Or, je crains qu'à cette heure même elles en soient instruites et Dieu sait quel coup funeste leur portera cette nouvelle ! Mais je vous quitte, cher ami, pour ne pas trop vous fatiguer aujourd'hui et, heureux de vous voir en parfaite situation morale, je cours près d'Ida et de sa mère pour les rassurer, dans le cas où elles auraient connaissance de quelque chose.

— C'est cela, allez, mais promettez-moi de revenir bientôt.

— Dans quelques jours je viendrai vous serrer la main, je vous le promets.

Aimery retourna à Calais où il trouva Ida tout en pleurs, dans les bras de sa mère éplorée.

— Consolez-vous, leur dit-il aussitôt qu'il les aperçut, consolez-vous, mes amies, je vous apporte de bonnes nouvelles ; notre cher blessé va bien et ses blessures n'ont rien de sérieux.

— O père ! que Dieu te bénisse, dit Ida en lui sautant au cou.

Et les questions se succédèrent à l'infini. Enfin, le soir on était moins désolée ; le lendemain plus rassurée et, les nouvelles continuant d'être bonnes, le surlendemain on laissait trotter son petit cœur dans le riant vallon des plus doux projets !

Le cœur est ainsi fait : il se flétrit à l'ombre d'un nuage orageux ; il s'épanouit au premier rayon d'espérance !

O amour ! ô jeunesse !

Que de puissance et de faiblesse dans ces deux mots !

Huit jours après, Aimery frappait discrètement à la porte de la chambre de Charny.

— Entrez ! dit une voix ferme.

— Ah ! sarpéjeu, à la bonne heure ! au moins, je n'ai pas besoin de vous demander l'état de votre santé : l'intonation que je viens d'entendre, m'indique la marche rapide de votre rétablissement.

— Ma foi, je n'ai pas à me plaindre, cher Aimery, cela marche assez rondement, Dieu merci.

— Allons, tant mieux, tant mieux, vous n'êtes pas le seul

content, soyez-en convaincu, car il est plus d'un cœur qui fait route avec le vôtre dans le rude sentier de l'existence.

Charny allait répondre à ces flatteuses paroles lorsqu'un valet entra et déposa sur la table une liasse volumineuse de papiers.

— Qu'y a-t-il de nouveau? demanda le gouverneur.

— D'après l'avis du chirurgien, monseigneur peut, sans danger, s'occuper d'affaires, et comme il y en a quelques-unes de pressantes, en ce moment, j'ai cru bien faire en montant ces dossiers pour vous les soumettre.

— Très-bien; et quelles sont ces pressantes affaires?

— D'abord, monseigneur, celle des prisonniers d'Audruicq?

— Qu'est-ce que c'est?

— Ah! c'est vrai, maître, vous n'avez jusqu'alors pris aucune part aux affaires courantes et vous ne savez pas.... mais voici la chose : Des soldats de la garnison d'Ardres ont arrêté, la nuit qui suivit votre malheureuse rencontre, treize bourgeois pris en conciliabule nocturne dans l'église d'Audruicq. Fouillés à leur arrivée, on a trouvé sur l'un d'eux cette pièce écrite que le prévost a jointe au dossier comprenant les interrogatoires subis et les témoignages des soldats.

Charny parcourut les pièces qui lui étaient remises et fit signe au valet qu'il pouvait se retirer; puis s'adressant à Aimery :

— Enfin! je vais donc pouvoir reprendre quelque travail dans ma prison provisoire.

— Vous devez effectivement vous morfondre dans cette inaction forcée, vous qui êtes la vivacité personnifiée.

— Ma plus grande préoccupation n'est pas, croyez-le bien, la réclusion à laquelle je suis condamné par mes blessures, ni les souffrances qu'elles me causent. Toutes mes pensées se reportent vers votre demeure où mon esprit s'installe à chaque instant, pour se rapprocher de votre adorable fille, mademoiselle Ida, dont l'image est constamment présente à mes yeux. Et je me demande avec inquiétude si vous différerez longtemps encore à accueillir mes vœux en m'accordant sa main.

— Vous me rappelez, en effet, très cher, le dernier entretien que nous avons eu ensemble, à Calais, et qui fut interrompu par la présence de celui que vous avez si vaillamment occis.

— Et j'espère, reprit Charny, que depuis vous avez sérieusement réfléchi à tout cela et que vous donnerez une suite favorable à l'objet de ma demande.

— Mon Dieu, je ne vous le dissimulerai pas ; vous me mettez dans un singulier embarras. Oui, sans doute, j'ai réfléchi à votre demande, et vous accorder la main de ma fille ne souffrirait aucun retard si ce n'est cette question d'avenir que je crains ; car une fois la trève rompue...

— Eh mais, interrompit Charny, ne vous ai-je pas exposé le moyen de ne rien craindre ?

— Oui, je vous comprends ; mais, en me faisant la proposition de rendre Calais au roi de France, avez-vous bien pesé la valeur de votre conseil, et compris la nature de l'acte que vous m'engagez à accomplir ? Ne qualifie-t-on pas de semblables actions du nom de trahison ; et celui qui les commet n'a-t-il pas pour toujours au front le stigmate de l'infamie !

— Permettez-moi de vous dire, cher Aimery, que vous ne voulez pas paraître très versé en fait de politique. Et vous savez fort bien que de votre part il n'y aurait nulle trahison ; mais au contraire accomplissement d'un acte de grande loyauté. Je m'explique. Vous êtes originaire du pays Lombard, conséquemment vous n'êtes pas sujet anglais et vous ne devez point votre sang au roi Edouard ; lequel ne s'est acquis vos services qu'en les rémunérant. Or, vos services, il vous est toujours loisible de les accorder à qui bon vous semble. Vous pouvez donc, sans être entaché de félonie, abandonner la cause d'un roi qui n'est pas votre souverain, et vous ranger sous la bannière de France où vous ne manquerez ni d'honneurs ni de revenus.

A ces mots d'honneurs et de revenus, un éclair illumina l'œil du sordide vieillard et, quoique rapide comme la pensée, ce mouvement n'échappa point à Charny qui continua :

— Quant à la question de céder la ville, que vous considérez comme entachée d'indélicatesse, je tiens à vous convaincre que vous ne feriez en cela aucun acte blâmable, mais au contraire, je le répète, vous accompliriez en bonne conscience une œuvre toute de justice. Calais n'est-il pas, en effet, injustement détenu par la force en des mains étrangères ; car cette ville est incontestablement une partie intégrante du sol français, et si elle a été ravie à notre souverain par la force des armes, est-il injuste qu'elle lui soit rendue par une force non moins puissante : celle de l'habileté! Puis d'un autre côté le bonheur de votre famille et de votre fortune sont le prix d'un service loyal.

— Loyal ? interrogea Aimery en hochant la tête d'un air de doute.

— Eh ! parbleu, oui, loyal ! je le répète, et que votre conscience d'humble serviteur ne soit effrayée et retenue par des sentimens de délicatesse que n'a pas votre souverain lui-même.

— Que voulez-vous dire ?

— Oh ! pas grand chose ; mais seulement qu'il est toujours permis de parer par un autre coup, le coup qui vous est destiné.

— Je ne vous comprends pas.

— Tenez, lisez, dit Charny en lui tendant un parchemin, et après vous me direz s'il y a déloyauté de tenter par tels ou tels moyens de reconquérir ce que l'on a perdu, lorsque, par des menées ténébreuses, on tente encore de vous ravir ce qui est acquis par les droits les plus imprescriptibles.

Aimery lut, en ouvrant démesurément les yeux, la tentative de corruption faite, au nom du roi d'Angleterre, par les Maulevrier, et la conjuration qu'ils avaient ourdie par leurs manœuvres perfides.

— Ah ! s'écria-t-il, que va-t-il résulter de tout ceci ?

— Cela est bien simple à prévoir : le roi Philippe, lorsqu'il sera instruit de l'affaire, y verra naturellement une violation flagrante de la trève et, rapprochant de cet évènement la tentative homicide consommée sur la personne de son représentant, il jugera de cette coïncidence de faits que son cousin Edouard est déloyal et parjure ; ce qui le conduira également à faire peser sur ses agents , et sur vous particulièrement, un terrible soupçon en ce qui concerne mon affaire. La trève sera inévitablement rompue et de grands malheurs viendront fondre sur nous.

— Et pourtant je suis bien innocent de tout cela ; le ciel m'en est témoin.

— Oh ! je n'en doute nullement, objecta vivement Charny, et la preuve en est que j'ai l'intime certitude que vous m'aiderez à conjurer l'orage qui point à l'horizon.

— Si j'étais assez heureux pour cela , je m'en féliciterais toute ma vie.

— Rien de plus simple ; pour vous disculper aux yeux du roi de France et aux yeux de tous, vous allez vous engager à me rendre le château et la ville de Calais à une époque que nous fixerons ultérieurement. Je vous compterai alors une somme que le roi déterminera et qui en vaudra la peine, je vous l'assure ; puis, pour vous prouver que nulle déconsidération n'entachera votre nom , le lendemain de la reddition j'épouserai votre fille, et vous, vous deviendrez seigneur français avec terres considérables et revenus princiers.

Les yeux du bonhomme roulaient dans leurs orbites comme s'il eût déjà tenu son trésor : l'or miroitait ses reflets brillants dans sa prunelle ; le tintement métallique bruissait à son ouïe et son imagination voyageait à travers les domaines illusoires où s'étalait déjà son luxe et sa puissance.

— Eh bien ! fit Charny, acceptez-vous ?

— Comment ne pas se rendre à votre logique, répondit-il, j'accepte, et me fie en votre loyauté.

— Alors, c'est chose convenue , j'ai votre parole, et nous conviendrons de l'époque où vous nous remettrez la ville et des diverses choses qui vous intéressent particulièrement, lors de notre réunion pour le tournoi prochain.

XXIV.

NOUVEAU BRUTUS.

Après le départ d'Aimery, Charny relut attentivement l'acte de conjuration qui lui avait été remis par le valet et, en compulsant les signatures, il vit avec effroi que le nom de Karolwig figurait en première ligne sous l'arrêt de mort du châtelain. Il manda aussitôt le prévôt-justicier et le pria de faire venir le capitaine d'Audruicq au château de St-Omer, où il aurait à juger lui-même certain nombre de bourgeois de son endroit, accusés de révolte contre l'autorité seigneuriale.

Le lendemain, à la première heure, le châtelain d'Audruicq se rendait près du gouverneur de St-Omer qui l'instruisit en peu de mots de l'affaire qu'il allait juger, en ayant soin toutefois de ne pas lui dire un mot de son fils.

Il se rendit aussitôt à la salle de justice où il fut requis de prononcer sur le sort des coupables, et il s'assit sur la chaise d'ébène du juge. Les accusés furent alors introduits, mais au nombre de douze seulement; et la voix tonnante du gouverneur d'Audruicq les apostropha ainsi :

— Par les cornes du diable! tas d'ignobles marauds, saurez-vous me dire si c'est pour notre bon plaisir que vous vouliez tenter de jouer avec notre existence et notre fortune ?

Nul ne répondit.

Il continua alors :

— Ah! lâches brigands qui tissez vos lacs dans l'ombre, vous voulez vous amuser avec le feu! soit! soit! nous vous ferons griller tout à votre aise et, cette fois encore, j'aurai l'agrément de ne pas danser en votre compagnie. Mais, en vérité, de dirait-on pas que vous tremblez maintenant, vil troupeau de chenapans. Allons c'est bon! nous vous ferons faire connaissance avec Satan qui n'a point l'âme plus noire que la vôtre. Mais auparavant, vous daignerez me donner quelques détails sur votre charmant projet. Parlez.

Stupéfaits et glacés d'effroi, ils gardaient le silence.

— Parlerez-vous, maugrebleu ! s'écria le violent seigneur, ou j'envoie à l'instant vos carcasses à messire le Diable.

A cette énergique sommation, un des inculpés s'avança à la barre et, après avoir consulté du regard tous ses compagnons, il répondit :

— Monseigneur, vous avez devant vous des hommes qui se sont laissés entraîner par un juste ressentiment...

— Par la lance de monseigneur Saint-Michel, je crois, Dieu me damne, qu'il a l'audace de vouloir nous faire la leçon !

— Je n'ai pas cette prétention, et si je n'espérais toucher votre miséricorde pour le sort de mes compagnons, je ne prendrais pas même la peine d'ouvrir la bouche pour tenter de me justifier.

— Celui-là ne manque pas d'audace ! mais voyons, cause toujours ; nous pouvons t'accorder cet agrément à ta dernière heure.

— Je m'en doutais ! Vous serez sans doute inexorable pour tous ceux d'entre nous qui ont pris part à cette malheureuse affaire ?

— Tu l'as dit.

— Nous ne pouvions nous tromper et nous ne nous sommes pas leurrés un seul instant d'un espoir trompeur. Votre tyrannie n'a point de bornes et, sans prendre nulle considération des motifs qui nous ont fait agir, vous nous avez condamnés dans votre esprit étroit, sans même vouloir nous entendre. Mais au moins, moi, votre ancien chambellan, j'aurai une consolation avant de rendre l'âme : ce sera de lancer à votre ignoble face tout le fiel que vous avez fait naître dans mon cœur.

— Bravo ! bravo ! fit le châtelain en ricanant.

L'inculpé, sans s'émouvoir de cette interruption, continua :

— Tu m'as volé ma fille, lâche seigneur; tu l'as déshonorée sans pitié pour sa jeunesse, sans égard pour son dévoûment, sans respect pour sa piété filiale. Tu as souillé de ton souffle immonde cette fleur pure qui était poussée sous l'œil de Dieu et à l'ombre de ma sollicitude. Et mon bras trop faible n'a pu la défendre de de ton atteinte. Celle qui était la joie de ma vie, le fruit de mes soins constants, l'objet de ma plus tendre affection; cette beauté si tendre, cette gracieuse enfant en qui je mettais tout l'espoir de ma vie, tout mon bonheur, tout mon amour de père, tu me l'as brutalement ravie; elle est tombée flétrie sous tes désirs sauvages comme le jeune faon sous la dent du loup féroce. Et toi, seigneur, sans t'inquiéter de ma douleur, tu satisfais tes bas caprices au prix de mon honneur; et, lorsque tes sens seront repus, tu jetteras hors de ton logis, comme le fumier dans son trou, la perle divine que tu auras écrasée dans la fange... Mais Dieu est juste et, si tu as quelque peu d'entrailles, tu seras un jour éprouvé dans les tiens.

Un moment de silence succéda à cette véhémente sortie. Puis tout-à-coup, le châtelain laissant échapper un bruyant éclat de rire, s'écria :

— Par Dieu ! cet imbécile pourrait croire que je le prends au sérieux. Mais non, sache-le bien; si nous t'avons laissé continuer ta sotte tirade jusqu'au bout, c'est ce que cela nous égayait de te faire égosiller quelque peu. Continue donc encore; cela me distrait : tu sais lancer cela.

— Trève d'ironie, haut seigneur; s'il te plaisait de statuer immédiatement sur notre sort, je pourrais peut-être ensuite rire quelques instants avec toi.

— Rien de plus facile, riposta le juge : Au nom du père Eternel et de la Très sainte Trinité, moi, gouverneur du château d'Audruicq et seigneur du Brédenarde, en vertu du pouvoir que nous tenons de la divine providence, et par le bon vouloir du gouverneur de la présente ville qui nous autorise à faire acte de justice en ses propres domaines; savoir faisons à tous présents et à venir, que telle est notre volonté de voir pendus aux potences du château de St-Omer, demain à la première heure du jour, et pour crimes de haute trahison et noire félonie, les infâmes et ignobles conjurés dont les noms suivent...

Puis s'interrompant pour lire par ordre la liste des signataires de l'acte de conjuration, il lut à haute voix :

— 1° Karol....

Et ne pouvant achever ce nom, il resta stupéfait, la langue paralysée, les yeux fixes, la bouche béante, dans une immobilité aussi complète que s'il eût été frappé de mort. Ses traits devinrent livides et ses cheveux crépus se dressèrent sur sa tête comme les pointes aiguës du hérisson.

Le profond silence qui régnait alors dans l'assemblée fut troublé par la voie de l'ancien chambellan qui dit avec ironie :

— Quoi donc, beau seigneur, vous n'osez continuer ?

Le sang du vieux châtelain reflua du cœur au cerveau ; ses joues décolorées devinrent vermeilles et le visage s'empourpra ; alors ses yeux roulèrent dans leurs orbites sans pouvoir fixer le regard sur aucun objet ; cependant après avoir parcouru l'assemblée, de visage en visage, d'un air hébété, sa vue s'arrêta sur l'acte fatal où il voyait se dessiner comme un lugubre fantôme, le spectre de son fils dont le nom lui semblait teint de son propre sang. Un tremblement nerveux s'empara de tout son être et il sembla à tout l'auditoire entendre le craquement de sa charpente osseuse ; ses lèvres blêmes s'entr'ouvrirent pour laisser voir ses dents déchaussées et laisser passer un grognement rauque que sa langue épaissie par la terreur ne pouvait exprimer intelligiblement. Enfin, faisant un suprême effort, il put articuler ces mots :

— Qui donc ose ainsi se jouer de moi et profaner le nom de ma famille !... Ah ! les misérables !... Mon fils !... s'il était conspirateur comme vous, ne serait-il pas ici avec ses complices. Horrible, horrible plaisanterie qui demande éclaircissement. Voyons, les mystificateurs, au lieu de la simple pendaison, jouiront du bénéfice de toutes les tortures qu'il est en notre pouvoir de leur procurer.

Et s'adressant à l'ancien chambellan :

— Toi, mon ancien serviteur, disculpe-toi du crime de calomnie dont je t'accuse ; car non content de m'insulter de vive voix, tu as su mettre le comble à ton cynisme, en jetant à la face de mon fils l'infamie la plus révoltante : en le désignant ici comme parricide.

— Je n'ai pas à me justifier d'un crime dont je ne suis pas coupable, et si vous voulez des révélations, adressez-vous à votre inquisition.

Au même instant un bruit se fit entendre et un jeune homme, aux traits bouleversés, les vêtements en désordre, et s'arrachant des bras des soldats qui voulaient le retenir, vint se jeter aux pieds du châtelain en s'écriant :

— Père ! pardonnez à tous ces gens ; ils sont égarés par leurs souffrances quotidiennes, et si j'ai eu la faiblesse ou le courage d'appuyer leurs vœux contre votre autorité, c'était...

— Assez ! assez ! tonna le châtelain, appelez-moi monseigneur, car le fils qui a signé l'arrêt de mort de son père n'a plus de famille qu'en enfer.

— J'ai signé, dites-vous... O malédiction !...

Et il s'affaissa sur lui-même.

— Messire Karolwig, reprit le père, vous êtes un fils maudit ! Je veux bien vous accorder jusqu'à demain pour préparer votre âme à quitter cette terre et pour faire vos adieux, si vous en avez le courage, à celle qui fut votre mère. Je vous condamne à mort, et votre exécution aura lieu demain, à la première heure du jour, en ma présence. En considération de votre noble origine, vous aurez l'honneur de la décollation.

Puis se retournant vers les douze compagnons, il ajouta :

— Quant à vous, misérables, vous aurez le front marqué de la flétrissure de l'infamie, je vous laisse la vie, mon fils paiera pour tous ; mais je vous condamne à errer en pays étranger où vous vivrez en parias, car vous êtes à jamais bannis du territoire du Brédenarde, d'où vos familles seront ignominieusement chassées.

— Allez, gens d'armes, reconduisez les condamnés au cachot.

Lorsque Charny fut informé de ce dénouement, il fit prier le capitaine d'Audruicq de le venir trouver en son logis.

— Vous venez, seigneur de Brédenarde, lui dit-il, de rendre une sentence bien sévère, je dois le dire, quoique j'en reconnaisse parfaitement la justice. Et si je vous ai mandé, c'est aussi pour vous prévenir que je suis résolu, en cette circonstance, à user du droit que notre auguste souverain m'a légué, en m'investissant d'un pouvoir absolu en ces contrées, pendant toute la durée de mon commandement sur les frontières.

— J'espère bien, dit le capitaine, que vous maintiendrez mon jugement, et qu'il aura une exécution ainsi que je l'ai prononcé.

— Je maintiendrai votre décision, en la modifiant par une disposition de clémence qu'on ne saurait contester au roi ; et comme je suis ici revêtu de sa propre autorité, je commuerai la peine de mort de votre fils et le bannissement de ses compagnons, contre une détention dont le temps sera indéterminé ; car ces hommes ne peuvent être ainsi rejetés du sein de la société pour un moment d'égarement ; ce sont des braves gens, en définitive ; mais, vous le savez, l'esprit surexcité par la violence, par le mépris, par les exactions fréquentes commises à son endroit, devient susceptible de bien des choses.... et puis je veux aussi vous convaincre que votre fils n'est pas coupable de parricide.... mais non, mais non, son intention n'était pas aussi criminelle ; il a obéi, il est vrai, à des conseils qu'il aurait dû fuir ; cependant, toute blâmable que paraît être sa conduite, il y a des circonstances qui la justifient presque.... Je n'entrerai pas dans ces détails et me bornerai à vous dire que je veux vous conserver un fils que vous pleureriez amèrement lorsque votre courroux serait apaisé.

— Mais la justice ! la justice !...

— Ceci me regarde, interrompit Charny ; ne voyez en moi pour l'instant que la personne même de votre suzerain, attendu que je suis souverain maître de tout le pays que je régis et où j'ai le droit de faire toutes mes volontés sans contrôle.

— Qu'il soit donc fait ainsi que vous le désirez, dit le châtelain en s'inclinant.

— Du reste, reprit Charny, je vous dirai qu'en ce moment nous devons agir avec une extrême prudence: Nous sommes en temps de trève; laissons un peu de repos à tous ces pauvres habitants si éprouvés par le fléau de la guerre, et n'irritons pas les esprits par de sévères exécutions. Tenez, j'ai en mon pouvoir un scélérat d'Anglais qui a cent fois mérité la hart; eh bien! j'hésite à le faire châtier pour le moment, et peut-être bien aussi qu'en le ménageant quelque peu, nous pourrions obtenir de lui de précieux renseignements sur nos ennemis.

XXV.

CORDIAL ET CONTRE-POISON ANGLAIS.

La santé de Charny se rétablissait promptement ; grâce à l'emploi d'un baume souverain pour les blessures, le chirurgien affirmait que le gouverneur de St-Omer pourrait, sous quelques jours, reprendre ses occupations ordinaires.

En effet, la semaine suivante, Charny faisait sa première sortie aux environs et, huit jours plus tard, il pouvait se rendre à Calais pour revoir celle qu'il aimait.

L'entrevue fut touchante, car obéissant aux seuls sentiments du cœur, les règles de l'étiquette furent bannies, et les deux amants s'embrassèrent avec tendresse devant le gouverneur Aimery et sa femme, attendris jusqu'aux larmes.

On ne parla ni affaires, ni politique, tant on était heureux ; les heures s'écoulèrent fleuries par les plus riants projets, et le lendemain on se sépara avec promesse de se revoir quinze jours après, au tournoi de Guines.

En rentrant à St-Omer, Charny trouva la ville en émoi et chacun s'y entretenait avec effroi de l'étrange évènement arrivé pendant la nuit :

Dans l'angle d'un noir réduit, gisait sur la dalle humide des cachots du château de S.-Omer, une masse informe qu'on pouvait à peine reconnaître pour le corps d'un être humain, à la lueur indécise de la torche résineuse qui pétillait, en brûlant à l'entrée de l'antre souterrain.

Un soldat, appuyé sur sa hallebarde, se livrait à de mentales réflexions, en jetant de temps en temps un coup-d'œil sur ce corps presque inerte qui, par moments, éprouvait des mouvements convulsifs en laissant échapper des sourdes plaintes.

Ce soldat était Briquet qui avait sollicité, pour la nuit, la garde du prisonnier Peacker dont le corps était étendu dans ce cachot.

— Ma foi, se disait intérieurement la sentinelle, j'ai réclamé l'honneur de garder ce maudit Anglais, par amour-propre et pour jouir un peu de l'abattement de ce vil assassin qui m'a causé de mortelles frayeurs dans l'église d'Audruicq. Mais, en somme, je regrette mon zèle, car je commence à m'apercevoir que ma nouvelle faction n'a rien d'amusant: Ces plaintes, ces gémissements dans les ténèbres sont capables de m'attendrir. Et moi qui suis descendu dans cet antre infernal avec un sentiment de cruauté féroce!... Mais fort heureusement que j'ai lieu d'apprécier l'oiseau; et rien n'ébranlera ma fermeté... Pourtant, il souffre cet homme!... Allons, bah! est-ce que cela doit me regarder?... un tel criminel!..., m'intéresser à son sort!... Allons, allons, Briquet, mon ami, je ne te reconnais plus; tu deviens femmelette; tu devrais être le premier à écraser la tête de ce reptile et voilà que tu rabâches; pourtant c'est un homme, et il souffre!...

Un nouveau gémissement interrompit le soldat dans ses réflexions; mais il haussa les épaules et, s'asseyant sur la bancelle, il secoua la tête comme s'il se fut dit à lui-même:

— Mais je ne peux cependant pas!

C'est que le soldat Briquet était sensible; mais aussi il était soldat: il devait observer la consigne et veiller attentivement sur le captif qui était resté garrotté depuis son arrestation, après sa tentative d'assassinat sur le gouverneur de St-Omer.

Lorsque l'archer se fut assis sur son banc de bois, il attira vers lui une cruche de terre pleine d'eau et s'en versa une bonne rasade dans le petit pichet de grès qu'il tenait à la main. Au moment où il portait le vase à ses lèvres, la voix du prisonnier murmura:

— J'ai soif!

Les épaules du soldat se haussèrent de nouveau et il secoua

encore la tête ; cependant il ne put s'empêcher de jeter les yeux sur Peacker et ses lèvres ne touchèrent pas les bords de la coupe rustique.

— Oh ! murmura encore le captif, pitié ! le feu dévore mes entrailles...

A cet accent de désespoir, Briquet se sentit instinctivement porté à secourir l'infortuné ; mais il voulut faire le cruel.

— Tu as soif, dit-il en approchant de lui, tu veux boire ! tiendrais-tu donc encore à la vie quand tu en fais si bon marché pour les autres ?

— Miséricorde ! si vous êtes une créature de Dieu, ayez pitié de mon malheur, et n'augmentez pas mon horrible supplice par vos sarcasmes. Une goutte d'eau au nom du ciel !

— Non ! répondit froidement le gardien.

Et pourtant il approchait de plus le vase du lèvres du prisonnier.

— Voyez mes mains meurtries ; mes poignets brisés ; mes bras déchirés, ensanglantés par les liens qui m'oppressent. Oh ! de grâce, desserrez un peu mes entraves.

— Plaît-il ?

— Qu'avez-vous à craindre de moi ? Ne suis-je pas assez affaibli par la souffrance et par le jeûne ; mon corps débile pourrait-il vous causer plus de craintes que celui du plus chétif enfant ?

— Ouais ! messire Peacker ; nous connaissons les ruses du serpent : il put un jour séduire la femme ; mais il ne parviendra jamais à fasciner le soldat.

— Oh ! je vous le demande au nom de Dieu, au nom de votre mère : une goutte d'eau... une seule goutte, pour éteindre ce feu qui me consomme. Votre devoir ne vous commande pas d'être cruel et, en attendant que mes juges aient prononcé ma sentence, il ne vous appartient pas de vous constituer mon bourreau en me faisant mourir dans les plus terribles angoisses.

— Au nom de Dieu !... au nom de ma mère !... Il ne

m'appartient pas de le torturer ou de le faire mourir, répéta machinalement le soldat en ouvrant les yeux. Ma foi, il a raison.

Approchant alors le pichet des lèvres du détenu :

— Tiens, lui dit-il, bois ! et que cette légère consolation puisse donner assez de calme à ton âme pour y laisser pénétrer le repentir de tes noires actions.

Aussitôt que le prisonnier sentit la coupe à ses lèvres, il la saisit convulsivement entre ses dents qui en brisèrent les bords, et but avec avidité quelques gorgées de ce bienfaisant liquide ; puis, s'arrêtant tout-à-coup, comme suffoqué par une aspiration trop rapide, il dit à Briquet :

— Vous avez commencé une bonne action, finissez-la convenablement : Cette eau est froide ; elle me fait mal. Veuillez prendre dans ma ceinture le petit flacon en fer que vous y trouverez ; il contient un cordial puissant ; versez-en quelques gouttes dans cette tasse ; cela formera un breuvage qui me fortifiera le cœur.

— Qu'à cela ne tienne, dit la sentinelle qui, fouillant la ceinture, y trouva bientôt le flacon indiqué.

Briquet s'apprêtait à faire le mélange, lorsqu'il s'arrêta brusquement :

— Si c'était du poison !... Hein, maître Peacker ?

— Du poison ! y pensez-vous ?

— Au fait, si c'en est, tant pis, le diable se sera tué lui-même.

Et il versa dans l'eau quelques gouttes d'un liquide vermeil. Le prisonnier suivit attentivement des yeux cette opération, en comptant mentalement les gouttes jusqu'à dix. Le soldat s'étant arrêté à la dixième.

— Bon ! pensa-t-il, la dose est parfaite pour le cordial et parfaitement inoffensive.

— Tiens, tiens ! disait tout haut Briquet en considérant avec curiosité la révolution du liquide, comme c'est drôle ! comme ça remue ! c'est, ma foi, étrange ; voilà que cela devient vert ;

mais non, c'est bleu ; ah ! c'est violet... par ma foi, à cette heure on dirait du carmin ; cela a le reflet du rubis et le parfum de l'ambroisie des dieux ! Allons, Peacker, bois ce breuvage, s'il te fait bien, tant mieux ! S'il te tue, eh bien ! tu n'en iras qu'un peu plus tôt caresser les cornes de Belzébuth.

Le captif avala avec délices ce mélange, devant le soldat qui remarqua avec étonnement son merveilleux effet : Les joues de Peacker se couvrirent d'un léger vermillon et son corps se redressa avec vigueur, soutenu par des forces nouvelles, comme après un succulent repas.

— C'est surprenant, incroyable ! pensa-t-il tout haut. Et comment appelles-tu cette liqueur ?

— Elle n'a point de nom ; j'ai reçu de ma mère le secret de sa divine composition ; et cet élixir aurait la puissance de guérir les maladies les plus sérieuses, les blessures les plus graves, s'il était administré par des mains habiles.

— Cela guérit les maladies ?

— Oui, aussi invétérées qu'elles soient.

— Et le goût n'en est pas trop désagréable ?

— Au contraire, rien n'est plus flatteur au palais, ni plus doux au cœur.

— Au cœur ! Mais, dis-moi, depuis que j'ai reçu un coup de hallebarde sous le sein gauche, je n'ai pu me débarrasser d'une douleur qui parfois est bien aiguë, mais qui souvent me gêne au point que mon cœur danse comme s'il voulait s'échapper de son enveloppe.

— Vous êtes atteint d'une sérieuse hypertrophie, et ce philtre en est le spécifique par excellence ; il enlève le mal instantanément.

— Vraiment ! et tu crois que si j'en prenais, je serais guéri ?

— Assurément, essayez-en, du reste, et je vous jure que vous ne souffrirez plus. Voyez quel heureux effet il m'a produit.

— C'est vrai. Voyons, je ne risque rien ; je vais essayer.

Emplissant aussitôt sa coupe, il versa goutte à goutte le merveilleux remède ; le prisonnier le regardait faire. Arrivé à la neuvième goutte, Briquet s'arrêta en disant :

— Je n'ai pas compté ce que j'ai versé de gouttes dans ton breuvage ; combien ai-je pu en mettre à ton idée ?

— Vingt-cinq ou trente au moins, sans quoi l'effet du cordial ne se serait point fait sentir. Mais versez donc ; je vous dirai assez lorsqu'il en sera temps.

— Et le soldat continua à verser goutte à goutte ; à la trentième il s'arrêta ; Peacker avait dit :

— Assez !

— Allons, si ton remède me fait bien, je t'assure que ta captivité sera douce.

Il leva alors la coupe à la hauteur de ses lèvres ; puis, obéissant à une subite inspiration, il l'abaissa et fit le signe de la croix. L'Anglais pâlit en voyant ce mouvement d'hésitation ; mais aussitôt son œil s'illumina d'une joie soudaine ; car Briquet ayant de nouveau levé le coude, avala d'un trait le breuvage enchanté.

— Enfin ! je le tiens, se dit l'Anglais.

— Par ma foi, c'est d'un goût exquis et cela réchauffe l'estomac. Ah ! tu as dit vrai, Peacker, il me semble recevoir une douce caresse sur ce pauvre cœur si malade. Voyons, l'ami, puisque tu me fais ainsi cadeau de la santé, dis-moi ce que tu désires que je te procure pour adoucir un peu ta captivité ?

— Mon Dieu, rien pour le moment, répondit d'un ton d'indifférence le subtil Peacker ; cependant, s'il était possible de desserrer un peu les liens qui coupent la chair de mes poignets, cela me soulagerait beaucoup.

— Tu m'aurais demandé cela il y a une heure que je n'y aurais pas consenti pour tout le sang de mon corps ; mais à présent que je suis ton obligé et que je te sais susceptible de sentiments humains, je crois devoir te rendre service pour service. Donne-moi tes mains.

Il se mit à lui délacer les durs cordons qui étaient entrés si profondément dans les chairs gonflées, que la peau en était littéralement coupée, et que le sang lui jaillit à la face en découvrant la plaie vive.

— Diable, diable, fit le soldat, comme tu dois souffrir! mais c'est égal, va toujours, si ton remède me guérit, je raconterai ton acte de charité à monseigneur de Charny qui a bon cœur, et je suis certain à l'avance que tu en seras récompensé... par un adoucissement de... et qui sait!... cela te sauvera... peut... être... de la... po.... tence.

Il s'arrêta tout suffoqué et chancela, comme pris de vertige, en laissant retomber les bras à demi-déliés du prisonnier.

— C'est extraordinaire, reprit-il, on dirait que je suis ivre... Voyons, Peacker, redonne-moi tes poignets, car il faut que je les lie de nouveau, un peu moins fortement... n'est-ce pas ?

Et ayant la vue obscurcie, il chercha en vain les bras du prisonnier qui lui répondit par un ricannement moqueur, puis ajouta d'une voix résolue :

— Non, c'est inutile maintenant.

— Ah! mais si..., il le faut... Quoi, tu ris?... allons vite, on... ne badine pas... avec le service. Mais quelle singulière chose!... J'y vois tout trouble maintenant... Bon! voilà que tout tourne.., ah! ça, je n'y suis donc plus... Bigre! il faut que je... m'appuie à la muraille...

Portant tout à coup la main à sa poitrine, il se frappa le front comme soudainement éclairé; ses cheveux se hérissèrent; les muscles de visage se contractèrent et, blémissant de terreur, il s'écria sourdement :

— Ciel! ma poitrine est en feu ;... ma tête brûle ;... mes entrailles se déchirent... Ah! oui... je comprends... au s...se... cours... je suis... empoi... sonné... par... ce.... mau... dit...

Il ne put achever sa phrase qui s'étouffa dans un sourd râlement et, tombant lourdement sur le sol, le bras raidi vers Peacker, les yeux fixés sur son meurtrier, il put encore distinguer dans l'angle où l'Anglais était couché tout à l'heure, l'ombre lugubre de l'assassin qui se dressait en se débarrassant entièrement de ses liens ; et bientôt il entendit une voix murmurer à son oreille :

— Que dis-tu de mon remède, sire Briquet? tu voulais en

connaître le nom, en ressentir les effets. Eh bien ! sois satisfait ; car tu as niaisement avalé un terrible toxique qui foudroie l'imprudent dont la main inexpérimentée n'en sait pas limiter la dose : Dix gouttes, comme je les ai prises, font renaître à la vie ; vingt sont suffisantes pour tuer ; trente ne laissent que peu d'instants à vivre. Cependant je possède un contre-poison...

A ces mots les yeux du moribond lancèrent un rayonnement de joie.

— Et, continua l'Anglais, comme tu as été bon pour moi, je vais l'employer pour faire cesser tes maux. Veux-tu que je te l'administre ?

Un mouvement de tête affirmatif fut la réponse de Briquet.

Se penchant alors sur lui, Peacker s'empara de la dague attachée à la ceinture de sa victime et la lui plongea au travers du corps. Un sourd gémissement sortit de la poitrine du pauvre soldat et tout fut fini.

— Ma foi, se dit le prisonnier, il aurait encore pu languir quelque temps, et comme il me tarde de recouvrer ma liberté, il fallait bien avoir recours aux moyens expéditifs. Maintenant continuons notre œuvre de délivrance et ne perdons point nos précieux instants.

Il se mit alors à dépouiller le soldat de ses habits, s'en revêtit, prit sa hallebarde, sa dague et, coiffé de son heaume, il ouvrit la porte du cachot, arpenta résolument la galerie souterraine, monta les escaliers, traversa la cour tête haute et passa hardiment au milieu des hommes de garde en sifflotant un air patriotique, comme s'il eût fait partie de la garnison. Il sortit ainsi du château, puis de la ville, sans être inquiété par personne et il prit la clef des champs.

A la pointe du jour, on descendit au souterrain pour relever Briquet de sa faction ; les soldats le hélèrent, car la torche était éteinte ; mais personne ne répondit. Cela parut étrange ; on alla de suite chercher une torche allumée et les archers s'introduisirent dans le cachot. Ils reculèrent épouvantés en reconnaissant le cadavre de leur camarade, baigné dans son sang et dépouillé de ses vêtements ; ses armes étaient aussi disparues et l'on ne retrouva que les vêtements de l'assassin déposés dans l'angle ténébreux qu'il avait occupé.

L'alarme fut aussitôt répandue dans le château et dans la ville qui frémit d'effroi en apprenant que le meurtrier Peacker s'était évadé après avoir tué son gardien. De minutieuses recherches furent opérées en ville ; la campagne fut battue, mais on ne découvrit rien.

Tel était l'évènement qui troublait la tranquillité de la bonne ville de St-Omer, au retour de son gouverneur.

L'inquiétude dura quelques jours, puis les esprits se calmèrent, et bientôt on ne pensait pas plus à Peacker que s'il n'eût jamais existé.

XXVI.

LA PRISE D'ÉPERONS.

Lorsque Raoul, comte de Guines et connétable de France, fut appelé à guerroyer, il laissa la garde de son château à son lieutenant nommé Beaucoroy et fit recevoir son fils à la cour comme page du roi Philippe. Le jour où cet enfant dut quitter le toit paternel, son père lui tint ce langage :

— Cher fils, appelé par la volonté royale à suivre les évènements de la guerre, mon devoir, en m'arrachant au foyer et à ma famille, ne me permet plus de veiller moi-même aux exercices quotidiens qui doivent faire de vous le digne héritier de la maison de Guines. Je ne crois mieux faire que de vous placer dans la maison du roi où j'ai obtenu pour vous l'emploi de page ; là vous serez à l'école de la vaillance et pourrez devenir expert en toutes doctrines. Allez, mon fils, souvenez-vous que vous êtes de noble lignée et ne dégénérez pas : Que l'honneur soit votre mobile, soyez toujours brave et modeste, car un grain d'orgueil suffit pour détruire les plus grandes vertus de l'homme. Puis il le conduisit à la cour et s'en fut guerroyer.

A la cour de Philippe, le jeune page devint expert au maniement des armes, à la chasse et à monter les chevaux les plus vigoureux ; il était en outre brave et vaillant, galant et discret, ce qui en faisait l'écuyer le plus accompli ; et, lorsqu'il quitta la cour pour se rendre à Guines, il laissa dans plus d'un cœur un doux espoir de retour.

Le temps de la paix provisoire permettant de remplir le vœu du connétable, qui désirait que son fils fût armé chevalier devant la population assemblée du comté de Guines, le roi envoya l'héritier de Raoul pour être armé par la main de Geoffroy de Charny, gentilhomme de Bourgogne, seigneur de

Liré-Bourg, gouverneur de St-Omer, de la Picardie et de toutes les frontières du nord.

Cette prise d'éperons était une imposante cérémonie qui intéressait toute la contrée et devait être suivie d'un tournoi, ou passe-d'armes, auquel nous avons vu inviter les seigneurs et gentilshommes anglais. Aussi toute la population s'était-elle donné rendez-vous à cette fête qui devait être brillante, si l'on en pouvait préjuger par les dispositions prises pour lui donner le plus d'éclat possible :

Au milieu d'une vaste prairie s'étendant derrière le château, et ayant pour ceinture une double haie d'arbres à haute cime, de larges estrades garnies de velours cramoisi étaient dressées à droite du château pour recevoir les nobles dames et les seigneurs français ; à gauche s'élevaient aussi des stalles recouvertes de satin, soieries, brocarts rehaussés d'or pour la société anglaise. Au milieu, la principale estrade tendue de satin blanc aux armes de France, était destinée à Charny, qui représentait le roi, et aux chevaliers français, qui étaient accourus de tous côtés pour assister à la réception du jeune Raoul dans leur illustre corps. Sur les côtés étaient disposés des gradins simplement recouverts de serge pour la bourgeoisie, et aussi quelques planches à peine rabotées se montraient de place en place, pour le pauvre paysan ; mais ceci était une superfétation, car jamais le manant n'eût osé s'asseoir devant ses maîtres. En outre, il y avait aux extrémités du champ-clos, trois énormes tentes, l'une appartenant aux commissaires du tournoi, les autres aux champions des divers camps. Puis des gonfalons et bannières ornaient les tentures de la lice.

La journée promettait d'être magnifique ; les rayons du soleil matinal semblaient se bercer sur les fils argentés qui couraient dans l'espace, tout parés encore d'imperceptibles gouttelettes de rosée qui brillaient comme de petits diamants sous les feux du soleil matinal.

Déjà la population des pays voisins se groupait sur la pelouse humide ; elle augmentait de moment en moment et bientôt ce fut une véritable mer de têtes humaines qui ondulait sur la pente du côteau formant un amphithéâtre naturel, d'où l'on pouvait jouir tout à son aise du spectacle si nouveau pour cette masse populaire qui se dressait à chaque instant sur la pointe des pieds, pour voir si l'ombre d'un casque ou d'une armure n'apparaissait point dans l'enceinte.

Bientôt un léger murmure s'éleva du sein de la foule : les estrades commençaient à se garnir peu à peu. Enfin, vers midi, une immense clameur retentit dans les airs : On apercevait au loin le reflet du soleil sur les brillantes cuirasses des chevaliers qui semblaient ainsi former un escadron de feu.

Réunis à St-Omer, ils venaient, sous la conduite de Charny, déployer dans la lutte leur adresse et leur vaillance. Les trompettes sonnèrent, la foule s'écarta respectueusement et accueillit avec des transports de joie les seigneurs français accompagnés et suivis de leurs nombreux écuyers.

A quelques instants de là, et du côté opposé, apparut l'escadron anglais qui fit son entrée au milieu du plus profond silence : muette démonstration des masses qui avait son éloquente signification.

Puis déboucha sur la route d'Ardres le cortége immense des invités : Les dames, gracieusement ajustées, parées de leurs plus belles toilettes et montées sur de gentilles haquenées, étaient accompagnées de leurs parents et suivies de pages, écuyers et serviteurs. Dans les litières ornées avec richesse, on remarquait de nobles vieillards vêtus de leurs longues robes d'hermine, et qui, malgré leur grand âge ou leurs infirmités, venaient chercher, dans ces fêtes, le souvenir et l'image vivants de leur jeunesse. Enfin, on voyait aussi la foule la plus compacte qui serpentait en ouvrant ses rangs de temps en temps, pour laisser passer des tronçons de cortège.

Cette multitude, composée d'archers, arbalétriers, pages, varlets, pélerins, villageois et villageoises, offrait un coup-d'œil charmant et des scènes très comiques ; car plus d'un jeune gars recevait un soufflet de sa belle, lorsqu'il lui pinçait le bras en louchant parce qu'elle regardait trop attentivement la bonne mine de quelque chevalier.

Les chevaux des tenants d'armes furent menés aux tentes et les cavaliers prirent place aux estrades parmi les dames et les invités.

Lorsque le gouverneur de St-Omer parut au milieu de ses chevaliers, les trompettes sonnèrent : la cérémonie allait commencer.

Le jeune Raoul fit alors son entrée, accompagné de ses parrains ; il était gracieux de corps, gentil de figure ; les longues boucles de cheveux blonds flottant sur ses épaules lui allaient à merveille, et son frais visage recouvert d'une légère pâleur dénotait suffisamment le jeûne de vingt-quatre heures et la nuit passée dans l'église pour la veille-d'armes : formalités rigoureuses, suivies par le récipiendaire. Ses vêtements étaient le pourpoint de couleur brune et le surcot broché d'or.

En entrant dans l'enceinte, il alla droit à l'estrade du gouverneur et en ayant gravi les degrès, il mit un genou en terre et dit à Charny :

— Seigneur, je viens requérir de votre grâce la faveur d'être admis dans le noble corps de chevalerie.

— D'après les informations prises à votre égard, sur votre requête, je déclare au nom de notre illustre chef et auguste souverain, le roi de France, que rien ne s'oppose à l'accomplissement de votre vœu, si toutefois vous consentez à prendre les engagements d'honneur de notre corps.

— J'y consens.

Alors Charny se levant fit le signe de la croix et dit à haute voix :

— Au nom de Dieu et la Très-sainte et indivisible Trinité ; vous Raoul de Guines, ici présent, promettez-vous de servir religieusement Dieu en le craignant, le révérant et en combattant de toutes vos forces pour sa gloire et la foi de nos pères ?

Je le jure !

— Servirez-vous fidèlement votre souverain légitime, le roi

de France, et soutiendrez-vous toujours valeureusement la patrie ?

— Je le jure !

— Emploierez-vous votre bras et votre vaillance à la cause du bon droit des faibles, de la veuve, de l'orphelin et des demoiselles, en bonne querelle, pourvu que ce ne soit jamais contre l'honneur ou contre le roi ?

— Je le jure !

— Enfin, jurez-vous d'observer la courtoisie en ne combattant jamais deux contre un seul, et en repoussant toute fraude ou supercherie ?

— Je le jure !

— Bien, relevez-vous et revêtez les nobles insignes dont vous êtes digne.

Des hommes d'armes lui chaussèrent aussitôt les éperons, lui passèrent la cotte de mailles, la cuirasse, les brassards et les gantelets.

Puis le jeune Raoul s'inclinant de nouveau, Charny prit l'épée de la main droite, en frappa un léger coup sur l'épaule du récipiendaire et prononça la formule sacrée :

— Au nom de Dieu et de monseigneur Saint-Georges, je te fais chevalier.

Il le releva, lui donna l'accolade et remit l'épée entre ses mains.

Un destrier luxueusement harnaché fut amené près des gradins et le nouveau chevalier le monta, fit le tour de l'arène en caracolant et brandissant l'épée devant la foule, pendant qu'une fanfare de trompettes célébrait sa réception.

Les spectateurs du parterre poussèrent alors de joyeuses acclamations ; et les jeunes et les vieux, les filles et les gars, tout pêle-mêle, formèrent des rondes et dansèrent, en l'honneur du jeune chevalier, une sarabande effrénée où resta plus d'une coiffe, où se dénoua plus d'un chignon ; et, lorsque ce mouvement d'effervescence fut calmé, le sol se trouvait çà et là jonché de lambeaux de vestes, restés aux mains crispée des vigoureuses villageoises tout en joie et en amours.

XXVII.

LA PASSE-D'ARMES.

Aussitôt après cette cérémonie, des pages vinrent suspendre à dix pieux fichés en terre, les écussons des chevaliers français qui défiaient les champions d'Angleterre.

La cohue cessa parmi le peuple, qui poussa bientôt une nouvelle clameur lorsque les deux escadrons rivaux s'ébranlèrent à la fois pour faire le tour de l'enceinte et saluer les dames. Puis, chaque groupe revenant à la place d'ordre indiquée par l'ordonnateur du tournoi, la joûte commença par une rencontre où chaque homme ne donnait qu'un seul coup de lance :

Quelques instants après, un fier chevalier anglais, couvert d'une armure d'acier mat sans autres ornements que des pointes de clous si brillantes qu'on eut dit des pierres précieuses, se présenta dans la lice et fit sensation. Son grand destrier, fier et vigoureux, était d'un poil rouge si éclatant qu'on l'eût dit de feu : l'homme et le cheval formaient un groupe si singulier qu'on pouvait aisément croire que c'était un homme de fer sur un brasier ardent.

Tous les yeux se fixèrent sur cette étrange apparition, car nul n'avait encore remarqué ce chevalier. Il s'avança vers les pieux et toucha du bout de sa lance l'écu du seigneur de Charny. Les autres chevaliers le suivirent et choisirent leurs combattants en touchant de la même manière les écussons des tenants-d'armes.

Parmi la foule se trouvait un homme revêtu du froc monacal et cachant sa figure avec soin sous les plis de son large capuchon. Un éclair jaillit de ses yeux lorsqu'il vit l'écu de Charny touché par l'étrange cavalier, et il murmura entre ses dents :

— Bon ! nous allons voir de l'intéressant, ou je ne m'y connais plus.

La lutte sérieuse commença ; il y eut de beaux coups de lance de part et d'autre. Plus d'un chevalier fut désarçonné et chacun déployait la plus grande ardeur dans ce vif combat, afin de gagner la couronne d'or devant la dame de ses pensées.

Pendant les premières passes, Charny présidait toujours la joûte sur l'estrade d'honneur ; mais lorsqne vint son tour d'entrer en lice, il remit la présidence à Eustache de Ribeaumont et monta son destrier recouvert d'une riche housse de soie bleue, brodée de pensées d'or et de lis blancs du plus pur argent. Charny avait lui-même au-dessus de sa cuirasse une large écharpe bleue sur laquelle s'épanouissait une magnifique pensée en or mat. Le chevalier inconnu se présenta alors sur son étrange coursier pour commencer la lutte et soutenir son défi.

Chacun avait les yeux fixés sur les deux adversaires et les propos et conjectures allaient leur grand train, surtout sur le chevalier au cheval rouge ; c'était, suivant les uns, un grand personnage , un prince désirant garder l'incognito ; suivant d'autres, c'était un de ces preux chevaliers des premiers temps de la noblesse , qui revenait au monde pour enseigner à ses neveux la vaillance d'autrefois, et s'évanouir, aussitôt après, comme un rêve, pour rentrer dans le calme de la tombe, ainsi que cela arrivait parfois, d'après les récits légendaires auxquels on accordait la plus grande créance.

Au milieu de toutes ces belles dames devisant à leur aise, se trouvait une charmante jeune fille qui n'avait d'autre parure qu'une pensée d'or dans les flots de sa couronne de cheveux, et une écharpe de soie bleue qui tranchait sa douce nuance sur le blanc de lis de ses épaules. Cette simple parure, qui n'avait été jusqu'à ce moment nullement remarquée, attira l'attention du beau sexe en général et devint le sujet de commentaires indiscrets , lorsqu'on vit la similitude qui existait entre ses couleurs et celles adoptées par le gouverneur de St-Omer.

Une légère pâleur couvrait les traits de la belle enfant qui avait encore conservé sur ses gracieuses joues deux traces carminées : comme la douce empreinte de deux baisers d'amour. Ses yeux ne quittaient pas d'un instant Charny, et son cœur battait bien fort sous l'influence de l'anxieuse inquiétude qui l'agitait en attendant l'issue de la lutte ; car elle eût voulu, au prix de tout son sang, assurer la palme à son cher Geoffroy, d'autant plus qu'une terreur secrète l'animait depuis l'apparition presque fantastique du chevalier qui semblait, à travers la visière de son casque, lancer deux traits de feu sur cette gracieuse personne.

Vous avez reconnu avec nous la belle Ida.

Les deux champions firent le tour du champ-clos et, après les saluts de courtoisie, ils prirent du champ pour fondre l'un sur l'autre avec la rapidité de l'éclair. Un choc terrible eut lieu : les deux lances touchèrent les cuirasses sur lesquelles elles se brisèrent en faisant jaillir une gerbe d'intincelles ; les chevaux plièrent sur leurs jarrets, mais les chevaliers résistèrent à la secousse violente et, en habiles écuyers, se maintinrent en selle. Jetant alors leurs tronçons de lance, ils prirent la hache-d'armes qui bientôt s'abattit sur les cuirasses, comme le marteau sur l'enclume, en faisant jaillir le feu à chaque coup. L'inconnu, saisissant vivement sa hache à deux mains, frappa du côté du marteau un si terrible coup sur le casque de Charny, que celui-ci tomba renversé sur son cheval et vida l'arçon ; mais aussitôt se relevant d'un bond furieux, il présenta la défense à son antagoniste qui lui lança un second coup, avec tant de violence que le manche de la hache resta brisé entre ses mains. Charny, en courtois chevalier, jeta la sienne au loin, et l'homme au destrier rouge mit pied à terre et prit l'épée.

Les combattants arrivèrent l'un contre l'autre l'épée haute ; il s'attaquèrent de pied ferme et luttèrent avec une telle adresse qu'ils furent acclamés par tous. Au bout d'un quart d'heure, Charny fut touché si fortement au bras, que son brassard en fut percé et bientôt rougi par le sang ; mais la blessure était légère, car le combat continua avec plus d'acharnement encore. Les champions semblaient stimulés par la voix des hérauts désignant le prix de la victoire que la dame de Guines tenait en sa main. Et la noble dame, suivant l'usage, agitait une superbe couronne d'or aux yeux des combattants.

La lutte durait depuis une demi-heure, lorsque Charny, faisant tournoyer rapidement son épée en l'air, l'abattit si violemment sur la tête de son vaillant adversaire, que celui-ci tomba sur un genou : son casque était littéralement fendu. Charny releva son épée et le roi d'armes jeta son bâton entre les champions : suprême décision qui terminait la lutte.

S'avançant alors vers le vaincu, Charny lui dit en lui tendant la main :

— Seigneur, veuillez me faire la grâce de découvrir votre visage, afin que je sache qui j'ai combattu, et que je proclame partout votre vaillance et votre adresse au maniement de la lance et du glaive.

— Sire de Charny, repartit tout bas une voix qui le fit tressaillir, la renommée n'a pas à s'occupper de ma vaillance pour le quart d'heure ; mais je ne me reconnais pas pour complètement vaincu ; et s'il n'était permis de passer outre les lois de l'honneur, en méconnaissant la décision si prompte du roi-d'armes, je te disputerais, non le prix du combat, mais le droit d'être proclamé vainqueur ; car il y a réellement gloire à te vaincre. Ne cherche donc pas à savoir qui je suis, puisque j'ai le droit de taire mon nom : Ma vaillance et ma courtoisie ne te suffisent-elles pas ?

— Je rends grâce à votre valeur, et si je ne craignais d'être indiscret, je dirais avec gloire, avec orgueil, à tous ceux qui ont les yeux fixés sur nous, l'illustre nom de mon noble adversaire ; car si ma vue n'a pu pénétrer l'épaisseur de votre visière, j'ai reconnu la voix qui me dit un jour au camp de Calais...

— Chut ! pas un mot de plus, répliqua brièvement la voix

du vaincu ; regarde , mais pour toi seul ; car je compte sur ta discrétion pour taire ma défaite et ma présence ici.

Il leva et baissa si rapidement sa visière qu'aucun des assistants ne put distinguer ses traits. Charny seul les vit et ne put s'empêcher de tressaillir en reconnaissant la mâle figure de celui qui l'avait traité avec tant de hauteur sous les murs de Calais et qu'il tenait enfin à merci.

— Sire, lui dit à voix basse Charny, je vous avais reconnu, car il n'y a qu'un roi de France ou d'Angleterre pour conduire les armes de telle manière.

— Bien, fit le vaincu, je compte sur ta discrétion, seigneur de Charny, et j'espère que plus tard tu voudras bien me donner ma revanche.

— Très volontiers, gentil sire.

En remontant sur son coursier de feu, le chevalier sortit de l'arène au galop et disparut aux yeux de tous. Un seul indiscret le suivit d'abord du regard hors l'enceinte ; puis se mit bientôt à sa piste pour voir de quel côté il se dirigeait. C'était l'homme au froc qui courait ainsi, en se disant :

— J'ai la conviction que c'est lui ; il faut que je sache où il va.

Pendant ce temps, Charny était proclamé vainqueur par les hérauts d'armes qui faisaient résonner leurs trompettes et par les acclamations de la foule qui criait :

— Vive monseigneur le roi ! vive monseigneur le gouverneur ! Honneur, honneur et gloire au vaillant nom de Charny !

Entouré de ses chevaliers, l'heureux vainqueur s'approcha de l'estrade française où les nobles mains de la comtesse de Guines lui présentèrent gracieusement la couronne d'or qu'il reçut un genou en terre. Il se remit en selle pour faire le tour de l'enceinte, suivant l'usage. Toutes les dames agitèrent leurs écharpes en signe d'allégresse ; les dames anglaises en firent autant, sauf une seule d'entre-elles qui, dans l'extase du plus pur bonheur, ne voyait plus rien de ce qui se passait autour d'elle.

Arrivé aux gradins de l'estrade anglaise, Charny s'arrêta tout court, déroula la devise de sa lance qui disait en lettres d'or :

« A LA REINE DE BEAUTÉ »

et plaçant la couronne au bout de sa lance, il la déposa sur la tête de la belle Ida, en s'inclinant jusque sur le cou du cheval ; puis faisant volte face, il disparut au milieu du groupe de chevaliers qui l'escortait en grande pompe.

XXVIII.

POURVU QUE LES BUISSONS N'AIENT PAS D'OREILLES !....

Au grand scandale des dames françaises, la reine de beauté était une Anglaise!

Et les langues féminines de s'escrimer! ah! il fallait voir cela. Pauvre M. de Charny, qu'avez-vous fait là? Vous étiez tout à l'heure un Dieu, maintenant vous êtes à peine un ciron! Mais laissons se mouvoir ce charitable organe du beau sexe noble, et suivons un peu les joyeuses démonstrations de cette foule qui ne s'occupe ni de la nationalité de la reine de beauté, ni du choix du vainqueur, et s'en va, ondulant joyeusement sa masse sur les plis du terrain, comme une longue queue de serpent:

Parfois à droite ou à gauche se détache un groupe belliqueux, s'escrimant comme chez lui, sans se gêner : c'est un époux inquiet qui flanque une correction à son aimable moitié qui a trop lorgné tel beau chevalier brun, c'est un amant indiscret qui reçoit une triple taloche, parce qu'il dit à sa belle qu'elle se trompe, quand elle lui reproche ses regards langoureux sur les beaux atours de la dame aux gerbes d'or; c'est aussi une douce fiancée qui, blessée dans sa dignité, ne veut plus suivre l'Adonis en jacquette qui lui a exprimé trop franchement quelques doutes naissants, dans son esprit, sur la fidélité de ses sentiments, car il a vu maint gentil page qui.... mais cela ne nous regarde pas. Voyons plutôt ce couple jeune et philosophe qui, moins pointilleux, moins soucieux que tant d'autres, s'en va heureux, en devisant: c'est Colin et Colinette, tendres comme des tourtereaux et qui sautillent et follichonnent en riant de la comédie humaine qui commence en haut sous la soie et le velours et se continue si bien en bas sous la bure et le droguet.

Quelques retardataires seulement étaient restés sur le terrain, pour repaître encore leurs yeux de ce mouvement inaccoutumé d'armures brillantes, qui allaient et venaient aux environs du château où un festin allait être donné aux seigneurs qui avaient honoré la cérémonie de leur présence. Puis tout disparut; la fête se continuait à l'intérieur du logis seigneurial, mais il n'y avait plus rien à voir dehors.

Les convives festoyaient dignement et l'on entendait, par l'entre-bâillement des portes et des fenêtres, l'écho bruissant des plus joyeux propos.

Ida, la reine de beauté, assise à la place d'honneur, avait à sa gauche le vainqueur du tournoi, Geffroy de Charny. Heureux de se trouver ainsi rapprochés, les deux amants étaient obligés de dissimuler leur douce joie, devant toute cette brillante société qui enviait assurément leur sort; car les yeux de tous étaient sans cesse fixés sur eux et plus d'un propos téméraire fut dit tout bas par quelques femmes jalouses. Ceci empêcha peut-être plus d'un tendre propos d'errer sur leurs lèvres, et c'est à peine si leurs regards se rencontrèrent. En revanche, nous pensons bien qu'entre-eux les pieds babillaient joliment sous la table. — Ceci est une pure indiscrétion que notre plume n'aurait sans doute pas dû exprimer, car les mystères de l'amour ne doivent jamais être divulgués aux profanes!

Lorsque le repas toucha à sa fin, les deux gouverneurs, Aimery et Charny, se levèrent de table et sortirent du château. Ils se dirigèrent vers le bois qui était tout près de là, en causant de choses indifférentes, puis, lorsqu'ils eurent gagné la feuillée, ils s'arrêtèrent au milieu d'une allée couverte par le branchage d'un admirable dôme de verdure.

— Quel temps magnifique et quels lieux enchanteurs, dit Aimery en admirant ce chef-d'œuvre de la nature.

— En effet, repliqua Charny, ces lieux sont très beaux et surtout très propices à notre entretien; car vous ne l'avez pas oublié sans doute, c'est aujourd'hui que nous devons nous entendre.

— Je le sais, je le sais, et j'y ai longuement songé depuis le jour où je vous en fis la promesse; mais plus je pense à la chose, plus sa réussite me paraît problématique.

— Bah! et comment cela?

— Mon Dieu, par les difficultés mêmes que présente son exécution.

— Expliquez-vous, cher ami, et veuillez me dire quelles sont les difficultés que vous prévoyez.

— Elles sont nombreuses, très nombreuses; et lors même qu'il n'y aurait que la crainte de perdre sa tête, en cas d'insuccès... cela ne suffirait-il pas pour justifier mon hésitation? et d'un autre côté....

— Je comprends, interrompit Charny, que cette affaire est trop sérieuse pour la traiter sans réflexion; mais il me semble que le temps qui s'est écoulé depuis notre entrevue a dû suffire amplement à mûrir votre décision.

— Oui, oui, c'est vrai, balbutia Aimery en regardant tout autour de lui avec quelque inquiétude; et plus le moment approche, plus j'hésite... Puis, est-il bien prudent à nous de parler en plein-air? Ces lieux ne peuvent-ils cacher quelque oreille indiscrète?

— En vérité, vous êtes la prudence personnifiée; mais ne craignez rien; nous sommes au milieu de la plus complète solitude. Ces feuillages n'abritent que les oiseaux; ces fourrés n'ont d'autres hôtes que les bêtes fauves; et les oreilles ou la langue de tels voisins ne peuvent nous être nuisibles. N'hésitez donc pas à terminer une négociation que nous avions si bien commencée.

— Je voudrais, croyez-le bien, aller au-devant de votre désir; mais vous êtes homme de trop de bon sens pour ne pas comprendre ce qu'il y a de délicat dans ma position: Edouard a été mon bienfaiteur, et s'il n'a pas rempli tous ses engagements envers moi, en oubliant une partie de ses promesses, ne serait-ce pas le lui faire payer bien cher que de... le trahir, enfin! car c'est une trahison...

— Allons, allons, n'envisagez pas la chose sous ce faux point de vue. Ne vous ai-je pas démontré il y a quelques semaines le vrai de votre situation présente et future, l'intérêt de votre avenir; et votre premier soin ne doit-il pas être d'assurer le bonheur de votre chère enfant? Or, retenez bien ceci, c'est que le lendemain de la remise de Calais au roi de France, votre fille sera duchesse de Charny, attendu que l'importance du service rendu ajoutera ce fleuron à ma couronne de famille. Les rois de France ne marchandent pas leur reconnaissance. Et vous-même, oubliez-vous l'importante somme que vous recevrez, les honneurs qui vous attendent!

Les yeux du gouverneur anglais brillèrent comme deux escarboucles sous l'ombre de la feuillée.

— Eh bien! soit! je vous ai fait une promesse et je ne vous la retirerai pas. Calais sera au roi Philippe, ou plutôt à vous; car je ne connais pas votre souverain. Mais il est une chose essentielle d'abord, c'est de bien nous entendre. Etablissons donc nos conditions, et arrêtons les moyens d'exécution.

— A la bonne heure, Aimery, j'aime à vous voir ainsi, sans arrière-pensée. Je vous dirai donc que les conditions à établir me paraissent si simples que je vous laisserai la latitude de les déterminer à votre gré. Parlez, que voulez-vous?

Aimery réfléchit quelques instants et dit avec une visible inquiétude de savoir s'il réussirait entièrement dans l'importance de sa demande :

— Je désire d'abord qu'une somme de vingt mille écus me soit comptée à l'avance; ensuite que vous m'assuriez en France une retraite qui me mette à l'abri de toute atteinte du roi Edouard; en un mot une forteresse dont je deviendrai propriétaire.

— Les vingt mille écus je vous les accorde, et un de mes compagnons vous les remettra le jour même où nous prendrons possession de Calais. Quant à l'asile que vous réclamez, il vous est acquis d'avance et je vous donnerai une de mes terres de Bourgogne où vous passerez paisiblement votre existence de seigneur. De plus, je prends l'engagement de vous faire combler d'honneurs en récompense de votre dévoûment à la cause royale de France.

Aimery, débordé de joie, ne trouvait plus mot à dire. Aussi Charny dût-il continuer :

— Pour les moyens d'exécution, voici ce que je pense devoir faire; si vous y voyez la nécessité de quelque modification vous me l'indiquerez : je voudrais choisir un jour notable pour notre entreprise. Voyons... ah ! parfait, rien de mieux : le trente un décembre se présente à merveille. Une ville ! quel joli cadeau pour le premier janvier ! Or donc, cher ami, vous prendrez vos dispositions pour la nuit de l'an : à minuit précis, le trente un décembre, je me trouverai devant Calais à la porte de Boulogne. Douze de mes chevaliers, accompagnés de cent hommes d'armes, se présenteront sans bruit pour être introduits, par le pont de la porte des Champs, dans le château dont ils prendront possession, après vous avoir compté les vingt mille écus, et lorsqu'ils seront installés, j'entrerai dans la ville avec mes cinq cents lances et tout sera dit.

— Rien de mieux, repartit Aimery, et conduite avec prudence, notre affaire réussira parfaitement.

Un léger bruit de feuille l'interrompit, il se retourna vivement et dit avec frayeur :

— Ciel ! ce bruit... avez-vous entendu ?... y aurait-il quelqu'un dans ce fourré ?... Mon Dieu, je suis perdu !

— Bah ! bah ! répondit Charny, vous êtes aussi craintif qu'un enfant. Qui voulez-vous donc qui vienne se cacher ici à la fraîcheur du soir ? Tous les gens du château sont entièrement à leur service, et pas un manant n'oserait s'introduire dans ce bois seigneurial où, pour le caprice de grapiller ou de braconner, il risquerait sa tête. Ce frémissement du feuillage vous inquiète, et pourtant rien de plus simple : N'est-ce pas l'heure où le renard sort de sa tannière ; où le sanglier quitte sa bauge ! Tout à l'heure ce sera bien un autre vacarme quand, sortant de son trou, le hibou battra le branchage de sa large envergure et réveillera l'orfraie qui, surprise dans sa léthargie, jettera dans les airs le sinistre cri qui glace d'effroi.

— Vraiment! vous êtes certain qu'il ne peut y avoir personne ici?

— Assurément; rien de plus facile, du reste, que de vous en convaincre. A la lueur de la lune nous pouvons nous-mêmes visiter le fourré qui nous environne, et vous verrez alors combien votre crainte est puérile.

Ils fouillèrent, en effet, tout le taillis qui les entourait; ne voyant rien dans la feuillée, Aimery laissa échapper un long soupir de soulagement, et tout ému encore, il dit à son compagnon :

— Rentrons, si vous m'en croyez, quittons ces lieux... j'ai eu réellement peur.

Il rentrèrent effectivement au château où se préparait une soirée fort divertissante pour terminer joyeusement la fête.

En entrant dans la salle d'honneur où les dames étaient réunies, le regard de Charny rencontra tout naturellement celui de la belle Ida; mais elle paraissait être si triste, si inquiète qu'il en fut frappé de stupeur. Et, lorsqu'il lui fut possible de lever un petit coin du voile de son cœur, il lui demanda à voix basse :

— Qu'avez-vous, Ida, vous paraissez souffrir?

Elle secoua timidement la tête, et répondit si bas que ses lèvres remuaient à peine :

— Je ne sais ce qui me trouble, Geoffroy, je ne sais ce que je dois attendre. Je suis triste et pourtant votre pur amour devrait seul occuper mon cœur et le rendre joyeux; mais tout devient sombre autour de moi; même lorsque le soleil sourit à la fleur suave et pure qui renaît aux soupirs de l'aurore; ces rayons dorés me semblent barrés d'une ombre lugubre; la fleur me paraît se faner à leurs baisers; et le chant harmonieux des oiseaux palpitant dans l'azur, résonne à mes oreilles une psalmodie mortuaire.

— Cachez-moi, chère ange, votre regard plein de tristesse;

cette langueur me désespère , affaiblit ma raison et, lorsque j'entends votre voix désolée me confier ces chagrins éphémères, ces craintes chimériques, je ne peux me défendre d'un profond sentiment de tristesse et je deviens enfant, enfant comme vous, ma belle Ida. Chassez donc ces noirs soucis que vous vous créez et ne pensez qu'à notre bonheur prochain, car bientôt vous serez ma femme. Ah ! cela vous sourit, ma bien-aimée ; à cette pensée votre œil brille d'une douce clarté. O Ida, levez encore sur moi cette paupière tremblante d'où jaillit le rayon divin qui perce la nuit de vos peines, et par un de ces délicieux regards permettez-moi de ne plus penser qu'à notre bonheur commun.

— Geoffroy, tendre ami, que vos paroles me causent de joie et combien je voudrais que vous fussiez toujours près de moi, alors je me sens forte contre le danger, alors seulement je suis heureuse ; mais aussitôt que vous n'êtes plus là, le temps m'accable d'un poids écrasant ; mon cœur languit ; ma tête se penche... je souffre... je pleure !

— Pauvre enfant ! bientôt votre souffrance cessera ; bientôt nous ne nous quitterons plus, et si une larme vient alors mouiller votre paupière, ce sera une perle de bonheur qui brillera, comme l'étoile au ciel, pour remercier Dieu de notre union.

Les plus doux propos, les plus tendres promesses émaillèrent les heures de cette soirée et, quand vint le moment de séparation, on eût bien voulu couper les ailes du temps, qui avait franchi si rapidement sa course qu'on ne s'en était pas aperçu.

Enfin, chacun se retira et Aimery, tout soucieux, se répétait intérieurement :

Pourvu que les buissons n'aient pas d'oreilles !...

XXIX.

L'ESPION.

Rétrogradons de quelques heures et reportons-nous au moment où le gouverneur de St-Omer et celui de Calais quittaient l'allée couverte où ils avaient établi leur conciliabule.

Environ un quart d'heure après leur départ, une voix murmurait tout bas dans le branchage :

— Ma foi, il ne doit plus y avoir aucun danger d'être vu ; maintenant ils sont sans doute rentrés à la fête ;.... mais je leur en ferai voir une de ma façon !... c'est égal, j'ai eu un instant de frayeur , lorsque je les ai vus battre le fourré après le frémissement des feuilles.... saperlote ! l'ai-je échappé belle !... heureusement ils n'ont pas levé le nez, sans quoi j'étais trahi par la lune, dans ma retraite aérienne. Mais, au fait, qui donc se douterait jamais que messire Peacker se prélasse à cette heure dans la tête d'un chêne !...

Après ce monologue, une ombre glissa le long de la branche et se laissa choir à terre. Quelques minutes après, cette ombre sortait du bois et se dirigeait vers la côte, en droite ligne de Marquise et, tout en cheminant, l'ombre de Peacker, car c'était réellement ce personnage, recommençait son monologue:

— Je parierais mille contre un que c'est lui. Il n'y a pas au monde deux hommes pour avoir cette aisance à cheval et cette grâce au maniement des armes. Puis, d'un autre côté, pourquoi ne point se faire connaître dans la lice et se dérober après le combat. Mais hâtons-nous , l'heure s'avance et je tiens à arriver à temps.

Il pressa en effet le pas et arpenta le chemin avec une telle rapidité qu'on eût dit qu'il ne touchait pas le sol.

Lorsque le chevalier, vaincu par Charny , était disparu du

champ-clos, le moine, qui avait suivi sa piste, n'était autre que Peacker. Il avait vu, de loin, cet étrange personnage disparaître derrière une maisonnette de pêcheur, qui se trouvait isolée dans les dunes et jetée là, comme un coquillage sur le sable, par le caprice des vents. Cela l'avait confirmé dans son opinion que cet homme bardé de fer, sur son cheval de feu, n'était autre que le roi d'Angleterre. Mais le temps manquait alors à l'espion pour s'en assurer positivement; car, pour le moment, il avait à surveiller d'autres personnages et à surprendre le secret de leurs affaires.

Il revint donc en toute hâte aux environs du château de Guines écouter, en se blottissant derrière les arbres, l'écho des propos qui s'échappait par les portes ou par les fenêtres, pendant le festin des chevaliers. Lorsqu'il vit sortir les deux gouverneurs, il épia prudemment leurs démarches; puis, voyant qu'ils prenaient tranquillement le chemin du bois, il fit un long détour, en courant avec son agilité de cerf, et gagna bien avant eux la lisière de la forêt. Comme ils venaient droit au sentier le plus voisin, il se douta qu'ils n'en prendraient point d'autre et se percha sur le haut d'un arbre, en se disant mentalement:

— Ils passeront bien certainement là, et une parole échappée de leur bouche, m'éclairera suffisamment sur ce que j'aurai à faire. S'il faut me rapprocher d'eux, je l'essaierai avec prudence; mais, bah! par cette fraîcheur du soir, ils n'iront pas fort avant sous bois et, ma foi, s'ils s'arrêtent un peu pour causer, je serai aux premières loges.

En effet, le rusé avait deviné juste, et le sort voulut que Charny et Aimery s'arrêtassent au-dessous de l'arbre choisi par l'espion. Il surprit ainsi le secret qu'il n'aurait pas donné pour son existence, mais qu'il comptait bien vendre au roi Edouard.

Il marchait donc lestement, comme nous l'avons vu après avoir quitté le bois, et bientôt il eut atteint les dunes. Là il arrêta un instant pour s'orienter et il découvrit enfin au loin a cabane du pêcheur; mais jetant par hasard son regard sur la mer, il vit à la clarté de la lune un navire qui se balançait sur l'onde et semblait avoir hâte de perdre de vue la côte, tant il était chargé de voilure.

— Dieu! s'écria-t-il, il est peut-être trop tard !

Et redoublant de vitesse, il atteignit enfin la demeure du pêcheur. Son cœur se serra : la cabane semblait inhabitée ; il regarda par les fentes de l'huis : point de lumière ; il écouta : aucun bruit. Alors, pris d'une rage subite, il frappa violemment à la porte. Une voix, partant de l'intérieur, le fit tressaillir de joie, en lui demandant :

— Qui est là ?

— Ouvrez! ouvrez! riposta Peacker en secouant furieusement l'huis.

— Là, là! tout doux, reprit la voix, n'endommagez pas ma demeure ou, qui que vous soyez, je vous envoie faire connaissance avec le requin que j'ai vu, hier, rôder autour de ma barque.

— Maudit pêcheur, ouvriras-tu ? Au nom du roi ouvre ta porte ou je te fais pendre.

— Hein! qu'entends-je ! fit la voix avec on accent de surprise.

Aussitôt la porte s'ouvrit et un homme de haute stature parut sur le seuil.

— Qui êtes-vous donc, et au nom de quel roi prétendez-vous me faire pendre? car nous avons dans le voisinage...

— Au nom de celui qui vient de quitter ces lieux, interrompit brusquement Peacker.

— Ah çà! mon bonhomme, vous êtes fou, sans doute et, sans l'habit religieux qui vous couvre, je vous aurais déjà flanqué la porte au nez. Mais par respect pour votre caractère, je vous prierai au contraire d'entrer sous mon humble toit, où vous pourrez prendre le repos pour la nuit.

Les deux hommes entrèrent; et lorsque le pêcheur eut allumé sa torche résineuse pour voir à qui il avait affaire, il reprit:

— Vous paraissez, bon père, avoir le poignet assez nerveux,

chose rare chez un moine; mais parlons d'autre chose. Vous
avez dit qu'un roi sortait d'ici et, sans cette parole vous ne fussiez pas entré, car je veux que vous me donniez l'explication
de ce que vous avez voulu dire.

— Pardieu! dit cavalièrement le faux moine en rabattant
son capuchon en arrière, c'est bien simple. Mais veuillez remarquer mon visage. Je n'ai pas la figure d'un bon moine,
n'est-ce pas? C'est que, voyez-vous, le service que je fais est
rude, et le roi m'aidera, j'en suis convaincu, à regagner la
graisse que j'ai perdue par amour pour lui.

— Mais tout cela ne m'explique pas...

— Voici, j'arrive au fait qui semble tant vous inquiéter : le
roi Edouard d'Angleterre était ici il n'y a qu'un ins....

Il ne put achever, une main de fer s'était abattue sur son
épaule et le terrassait.

— Vous en savez trop, beaucoup trop pour un simple mortel, dit l'hercule-pêcheur; vous n'auriez jamais la force de
porter un tel secret; car c'en est un, sachez-le bien, mon ami,
et, comme il vous gène déjà, puisque vous venez me le jeter
indiscrètement à la face, nous vous en débarrasserons; ma
barque est tout près d'ici, et avec une pierre aux pieds, vous
irez faire une étude de mœurs dans le royaume des poissons.

Tout en disant cela, il roulait l'espion dans un large filet,
puis l'entortillait de cordes, comme un vrai paquet, et lui
nouait un mouchoir sur la bouche, pour le réduire au silence,
car ses rugissements étaient ceux de la panthère. Après avoir
fixé une lourde pierre à ses pieds, il chargea le fardeau sur
ses épaules et gagna tranquillement sa barque, où il le déposa
au fond. Quelques instants de préparatifs, de vigoureux coups
d'avirons et la barque gagnait déjà le large; lorsqu'elle fut
assez éloignée de terre pour que les cris n'y fussent point entendus, le nautonnier posa tranquillement ses rames en liberté
sur leurs tolets, et dénoua le mouchoir qui scellait la bouche
du captif, en lui disant tout doucement :

— Allons, l'ami, quoique vous soyez bel et bien un espion,

vous n'en êtes pas moins un homme et, comme votre dernière
heure va sonner, je veux faire acte de bon chrétien, en vous
accordant le temps de vous réconcilier avec Dieu. Voyons, si
vous avez quelques vœux à exprimer, quelques confidences à
me faire avant de trépasser, dépêchez-vous ; car je ne tarderai
pas à vous expédier : un mouvement de bascule et tout sera dit.

— Vous vous méprenez étrangement sur mon compte, répondit l'espion en suffoquant ; je suis un des plus fidèles serviteurs du roi Edouard.

— Inutiles, inutiles toutes ces ruses ; ne chargez pas davantage votre conscience de nouvelles hypocrisies. Vous mentez !
vous mentez ! Et ce qui le prouve, c'est que le roi d'Angleterre
ne ment pas, lui, et qu'il m'a assuré que personne ne connaissait sa présence sur le sol français ; et l'équipage même du
navire qui l'a débarqué et qui le remporte à cette heure, croit
voir en lui le comte de Nothumberland. Or donc, si vous
n'étiez pas un habile espion aux gages du roi de France, comment sauriez-vous que le roi d'Angleterre était ici aujourd'hui ?

— Eh bien ! puisqu'il faut vous faire mon humble confession, oui, je suis un de ceux qui remplissent des fonctions oc-
cultes et qu'on nomme espions ; mais c'est pour le bien de
S. M. Edouard que je travaille : je le fais par dévouement pour
lui ; par haine pour ceux qui furent mes compatriotes et qui
m'ont honni et chassé parce que, pour racheter ma vie, j'ai
rendu au roi d'Angleterre un service que personne ne voulait
lui rendre. Obligé de quitter mon pays où j'étais persécuté à
cause de cela, je vins rejoindre Edouard III, qui me prit à son
service et m'attacha comme écuyer à la personne du seigneur
d'Adingthon.

— Comment t'appelles-tu donc ? interrogea le pêcheur.

— Autrefois je m'appelais en France d'un de ces noms assez
dangereux à porter aujourd'hui et que j'ai, par ma foi, oublié.
Maintenant je porte le nom de Peacker que le roi m'a donné
pour faciliter ma présence sur le territoire français où nul ne
se doute de mon origine.

— Peack ! répéta le pêcheur avec la plus profonde intonnation d'étonnement, dis-tu vrai ? Mais le roi me disait encore ce soir qu'il pensait que tu étais pendu, et qu'il regrettait tes services qui lui seraient très utiles en ce moment.

— Plus utiles encore qu'il ne le pense ; car je venais justement lui apporter des nouvelles de la plus haute importance.

— Mais comment savais-tu le trouver ici, puisque personne ne sait qu'il est venu en France ? Ceci me surpasse.

— Si vous ne m'aviez pas si brusquement interrompu dans votre demeure, il y a longtemps que vous le sauriez. Ce matin, sous mon déguisement, perdu parmi la foule , j'assistais au tournoi, lorsque j'ai vu entrer un chevalier étrange dont l'armure singulière et la monture presque fantastique ont frappé tous les yeux. Son air, son aisance à diriger son coursier, sa grâce à manier les armes, sa vaillance à combattre, tout en lui m'a révélé que c'était le roi. Après le combat, j'ai suivi de loin sa retraite et l'ayant vu disparaître derrière votre maison, j'ai dû retourner, sans perdre de temps, où les intérêts d'Edouard m'appelaient. Là j'ai appris ce que je voulais savoir, et venais lui en rendre compte, lorsque j'ai vu avec désespoir qu'il était trop tard. Je me suis alors rué sur votre porte ; vous savez le reste.

— Alors que veux-tu faire ?

— D'abord être délivré des entraves qui me gênent très fortement ; puis gagner au plus tôt l'Angleterre pour y rejoindre le roi, auquel il faut que je parle sans retard.

— Mais quel gage de sincérité puis-je avoir de tout ce que tu me dis là ? Je ne te connais pas ; et rien ne me prouve que tu ne sois pas un aventurier quelconque qui , pour se tirer d'embarras , se couvre du nom de Peacker comme d'un talisman.

— Qu'avez-vous à risquer ? Rien, je suppose, en me conduisant vous-même devers le roi et, si je ne vous ai pas trompé, vous serez largement récompensé de votre peine ; si, au contraire, je vous induis en erreur, rien ne vous sera plus aisé que de me faire pendre. Du reste, pour votre sûreté personnelle, laissez mes pieds et mes mains liés et conduisez-moi en toute hâte vers Londres, je vous le demande en grâce. Si toutefois quelque difficulté s'élevait pour me faire paraître devant le roi, allez vous-même auprès de sa royale personne ; prononcez-lui mon nom et tout sera aplani.

— Au fait, ce que tu me dis me paraît assez sensé. D'un côté comme de l'autre, je n'ai pas à hésiter : mon devoir est de te conduire à Londres, le roi approuvera toujours ma conduite.

Le pêcheur reprit alors ses avirons pour gagner la pleine mer, puis les côtes d'Angleterre.

XXX.

OU L'ESPION PASSE UN VILAIN QUART-D'HEURE EN ROYALE COMPAGNIE.

Rentré dans ses états sans que personne eût même soup-çonné son absence, le roi d'Angleterre se trouvait en son palais, lorsqu'un officier lui annonça qu'un pêcheur demandait avec instance à lui parler.

— Quel est cet homme? vous a-t-il dit son nom ? demanda Edouard.

— Il dit se nommer Dick.

— Faites le venir.

Quelques minutes après, le pêcheur se trouvait seul avec le roi.

— Eh bien ! mon brave Dick, je ne pensais pas te revoir sitôt. Quelles sont donc les graves circonstances qui te font abandonner ton poste d'observation? Y aurait-il des nouvelles sérieuses ?

— En fait de nouvelles sérieuses, Sire, j'apporte à Votre Majesté une espèce de bandit, lié et garrotté depuis deux jours au fond de ma nacelle; il dit avoir d'importantes choses à vous communiquer et, comme il vous a reconnu au tournoi de Guines, j'allais l'expédier au fond du détroit, s'il ne m'eût tant prié de le conduire vers vous.

— C'est un espion, mon pauvre Dick, envoie-le à la po-tence.

— Je suis heureux, Sire, que votre première impression soit en tout point conforme à la mienne ; néanmoins, j'ai pro-mis à ce misérable une seule chose de laquelle je dois m'ac-quitter pour avoir la conscience nette. Il m'a dit : « dans le cas où Sa Majesté ferait quelques difficultés pour consentir à m'entendre, dites-lui mon nom et tout obstacle disparaîtra. »

— Sarpéjeu ! et quel est donc cet important personnage ? fit le roi avec curiosité.

— Il s'appelait autrefois d'un nom français qu'il a dû oublier, par suite de très-sérieuses circonstances, et depuis vous l'auriez vous-même baptisé du nom de Peacker.

— Quoi ! c'est Peacker que tu tiens ainsi dans tes filets ? Ah ! la farce est bonne.

Et le roi se renversa sur son siège pour rire tout à son aise ; puis il reprit :

— Quoi, Peacker ! va vite me le chercher ; va, mon vieux Dick. Il doit, en effet, m'en rapporter des nouvelles ; si ce n'est pas de ce monde, ce sera de l'autre, car je suis sûr qu'il a été au moins trois fois pendu.

Dick s'empressa d'aller accomplir le vœu de son souverain auquel il amena son prisonnier délié, mais tout engourdi encore par l'étreinte si prolongée de ses entraves. En l'apercevant, Edouard l'accueillit par ses paroles :

— D'où sors-tu donc, Peacker ? On m'avait affirmé ta pendaison !

— Votre Majesté regretterait-elle de me voir encore de ce monde ?

— Non, non, je ne dis pas cela ; du reste, je serais ingrat envers toi ; car tes services m'ont toujours plu. Voyons, que se passe-t-il de nouveau là-bas ?

— De tristes choses, sire !

— Oui, j'ai appris avec regret la mort de d'Adingthon et vraiment, je te croyais trépassé avec lui, d'après ce que l'on m'avait dit, entre les mains du gouverneur de St-Omer.

— Ce sont là de pénibles nouvelles, mais ce n'est rien, absolument rien, en comparaison de ce que j'ai à apprendre à Votre Majesté.

— Ciel ! tu m'épouvantes ; parle, qu'y a-t-il ?

— Je ne puis rien dire que lorsque je serai seul avec le roi.

— Laisse nous, Dick, fit Edouard, je te reverrai plus tard.

Le pêcheur se retira et Peacker, après s'être bien assuré que toutes les portes étaient closes, dit à demi-voix en se rapprochant d'Edouard :

— Sire, vous êtes trahi !

— C'est le sort de tous les souverains, répliqua le roi avec calme, tu ne m'apprends donc rien de nouveau, Peacker.

— Sire, reprit lentement l'espion d'un ton dramatique, le mal est plus grand que vous ne pensez, et lorsque dans quelque temps vous regarderez votre couronne, combien sera grand votre désespoir d'y voir un beau fleuron de moins.

— Sais-tu que tu me parles un langage auquel je n'entends rien, dit tranquillement le roi ; je suis trahi ; ma couronne aura bientôt un beau fleuron de moins ! Ceci me paraît fort étrange, et je serais vraiment curieux de connaître ce traître, ce hardi voleur qui s'amusera ainsi à dérober audacieusement mes joyaux.

— Votre calme m'effraie pour vous-même, Sire ; et je suppose que vous serez moins tranquille lorsque vous saurez la vérité. Eh bien ! gronda sourdement l'espion, sachez donc que Calais est vendu aux Français !

A ces mots, Edouard bondit sur son siège, comme le lion blessé ; et l'œil en feu, les narines dilatées, les muscles de la face tout contractés, il oublia sa dignité royale et s'avança d'un geste menaçant vers Peacker, qui recula épouvanté dans l'encoignure de la chambre.

— Malheureux ! vociféra le roi, que dis-tu là ?

— La vérité, sire, la vérité, je vous le jure, fit-il en tombant de frayeur aux pieds du souverain irrité.

— La vérité !... la vérité !... répéta le roi en s'arrêtant.

Et croisant les bras sur sa poitrine, il fixa de son regard d'aigle, l'espion blotti dans son coin comme l'oiseau de nuit tremblant dans son trou sous l'œil fascinateur du roi des airs.

— Non ! tu mens ! tu mens ! reprit Edouard avec un redoublement de colère, et je veux que tu sois pendu si tu ne sais justifier... Mais non... plus j'y songe... et plus cela me paraît impossible... Aimery, mon ami, mon confident... lui me trahir ainsi..... allons donc ! mensonges !.. mensonges !....... Calais ! Calais ! cette ville que j'ai eu tant de peine à conquérir, Calais ne serait plus à moi !.... non, non, tu me trompes, Peacker.... Mais, après tout, dans quel but... N'est-ce pas ? dis que tu me trompes, dis que cette ville à laquelle je tiens comme à la plus chère partie de moi-même, est encore à moi : dis cela, et je te comble de richesses...

— Vous ai-je parfois trompé, sire ? Et me faut-il vous rappeler le passé ?

— Ah ! fit sourdement le roi en se laissant choir sur son siège,

— Mais, continua l'espion, tout n'est pas perdu encore, sire; car la ville ne doit être livrée que le 31 du mois de décembre de la présente année.

— Ciel ! que dis-tu ? Répète, cher Peacker, fit Edouard que ces paroles réveillèrent du profond abattement qui l'avait déjà gagné.

— Je dis, noble maître, que Calais vous appartiendra jusqu'au dernier jour de l'année si, toutefois, vous ne pouvez d'ici là aviser au moyen de conserver cette place qui est le plus précieux boulevard que votre glorieuse Majesté ait jamais conquis sur le sol étranger.

— Explique-toi, mon brave ami, mon fidèle serviteur, accentua tendrement le souverain en lui prenant les mains dans les siennes. Explique-toi, car mon anxiété est extrême.

Alors Peacker entra dans les plus minutieux détails, et dévoila la perfidie d'Aimery. Après une aussi complète révélation, le roi, revenu à ses sentiments de confiance, dit à son émissaire :

— J'ai douté de toi un instant, car il est des circonstances où l'affreuse image d'une terrible vérité révolte l'esprit et rend incrédules même les souverains : l'amitié si profonde que je vouais à l'indigne gouverneur de Calais l'emportait sur la reconnaissance que je te dois. Et pourtant jamais je n'ai oublié que sans toi mon armée, ma personne, et probablement aussi ma couronne et l'honneur de l'Angleterre étaient perdus au Crotoy...

Edouard s'interrompit un moment, puis relevant sa tête, qui s'était penchée sur sa poitrine, comme s'il se fut intérieurement reproché un mouvement d'ingratitude, il reprit avec chaleur :

— Pauvre Peacker, tu n'as pas beaucoup à te féliciter de mes largesses, car j'ai ennobli et enrichi des hommes qui ne te valaient pas, qui m'avaient rendu de moins grands services et qui ne dévouaient pas leur vie entière à la défense de mes intérêts, ainsi que tu l'as toujours fait depuis que je t'ai adopté comme sujet et comme serviteur. Mais je veux réparer tout cela, il en est temps encore, et si ton avis m'empêche cette fois de perdre ma bonne ville de Calais, je te donne ma parole royale que tu seras seigneur riche et puissant ; et je défendrai à tous de se souvenir demain que le noble comte d'aujourd'hui, l'humble écuyer d'hier, courbait jadis la tête sous le joug de la servitude. Tu seras l'égal des plus grands, des plus fiers, et, le glaive de la justice en main, tu auras le droit de punir de mort celui qui prononcerait encore les mots de valet, de traître ou d'espion.

Peacker, profondément ému de ces promesses brillantes, se jeta aux pieds de son maître qui le releva en lui disant :

— Maintenant j'ai besoin d'être seul ; plus tard tu recevras mes ordres. Va, Peacker, et compte sur mes bonnes grâces.

Lorsque Peacker fut sorti, le roi se dit :

— Avisons au moyen le plus prudent de conserver Calais. Heureusement qu'il me reste encore assez de temps.

Et, la tête appuyée entre ses mains, il resta silencieux, absorbé par les plus sérieuses réflexions.

XXXI.

MÈRE ET MARTYRE.

Huit jours après ces évènements, nous retrouvons la belle Ida au chevet du lit de sa mère, dans l'hôtel du gouverneur de Calais.

— Bonne mère ! disait-elle en couvrant sa main de baisers, vous souffrez, et vous me cachez obstinément la cause de votre douleur. Oh ! je vous en prie, dites-moi ce qui vous alarme ainsi, afin que je puisse vous soulager, s'il est en mon pouvoir de le faire.

— Pauvre enfant ! Je voudrais pouvoir te dissimuler ma souffrance même ; je n'en ai pas la force, le courage m'abandonne et, malgré moi, je te laisse voir combien je souffre. Mais pour ton bonheur, pour la tranquillité de ton âme, je t'en supplie, Ida, ne me questionne pas davantage ; car tu dois ignorer la cause de mes maux.

— Je voudrais, mère chérie, pouvoir me rendre à ta volonté ; mais cela est-il possible lorsque je te vois ainsi accablée ? Pardonne-moi donc ma désobéissance, et sois assez confiante dans ton enfant dévouée pour lui révéler le secret de ton tourment. Oh ! dis-le moi, mère ! dis-le moi, car ta souffrance est la mienne propre et je dois partager ton malheur.

— Ecoute, Ida, dit-elle en l'attirant sur son sein, tu veux le savoir ?... mais non, c'est impossible !... Je ne peux te le dire, chère enfant, sans détruire tes plus chères illusions, sans porter une terrible atteinte à ton bonheur.

— Parle, ma mère ! parle, ton devoir est de m'éclairer, de m'instruire ; tes conseils seuls doivent me guider en ce monde tant que je serai près de toi.

— Je demande pardon à Dieu de ma faiblesse, et si je fais

mal, Ida, en te dévoilant de terribles secrets que je devrais
toujours taire, c'est que je pressens que bientôt tu seras seule
ici-bas : Je vais te quitter pour toujours, ange bien-aimée ; la
vie m'abandonne et Dieu va me rappeler à lui.....

— Oh ! ma mère ! interrompit la jeune fille en sanglotant,
ne dis pas cela, tu me brises le cœur. Non, tu ne mourras pas,
ma bonne mère ! Je ne le veux pas....

Et elle couvrit sa mère de baisers et de larmes.

— Tu m'aimes bien, ma fille chérie, c'est là ma douce consolation. Mais sois forte, plus forte que moi-même, et songe
avec calme qu'il est une loi commune à laquelle nul ne saurait se soustraire. Nous ne sommes pas immortels , et lorsque
nous avons accompli notre tâche sur la terre, nous devons toujours être disposés à paraître devant le juge suprême.

Ida pleurait ; elle s'était mise à genoux et, à travers ses
pleurs, son regard d'ange contemplait le visage calme de sa
douce mère dont les yeux, noyés dans une sainte admiration,
couvraient le trésor de son cœur des délicieux reflets de la
tendresse maternelle.

— En te voyant ainsi, dans le calme de mon âme, je regrette
plus encore de te laisser isolée au moment où tu aurais tant
besoin de mon appui ; mais tu prieras Dieu pour moi, n'est-ce
pas, Ida ? Et s'il m'est donné d'être parmi les élus, de là-haut
je veillerai sur toi. Ouvre-moi donc ton cœur, ange de ma
vie, que j'y déverse les larmes que saigne le mien... Ecoute,
ma fille , je voudrais me taire encore, mais je ne le puis.....,
et pourtant je crains de blesser la pureté de ton cœur ; mais
non, les confidences d'une mère ne peuvent froisser tes sentiments les plus délicats.

Puis, après un moment de silence, elle reprit :

— J'ai la conscience d'avoir rempli mon devoir de mère et
d'épouse aussi bien qu'il m'a été permis de le faire. Ma tendresse et mon dévoûment pour ton père comme pour toi, ont
été les constantes préoccupations de ma vie. Cependant mon
âme est aujourd'hui brisée en voyant mes sentiments mécon-

nus, ma maison profanée et l'ombre de l'infamie s'avancer rapidement vers nous pour couvrir de son voile inique le nom de notre maison.

— Que dis-tu là, mère aimée, dit Ida en se relevant avec épouvante, croyant l'esprit de la pauvre malade égaré.

— Tu ne comprends pas mes paroles ; elles te semblent incohérentes, n'est-ce pas ?.... Laisse, enfant, laisse-moi achever ma terrible confidence et tu sauras pourquoi je meurs ; pourquoi j'ai la faiblesse ou le courage de te faire souffrir ainsi.

En considérant le calme de sa mère pendant qu'elle déroulait son triste préambule, Ida revint de sa frayeur première, et elle laissa continuer la malade, dont chaque parole lui transperçait le cœur comme une pointe acérée.

— J'éprouve une heureuse sensation à me rappeler le temps de ma jeunesse ; ces jours où, ignorant encore les choses de la vie, j'entrevoyais l'existence comme un vaste champ de fleurs qu'embellissaient encore mes poétiques illusions de jeune fille. En échangeant ma couronne virginale contre l'auréole lumineuse qui ceint le front des mères, le charme ne fut point rompu ; mon bonheur se continua et chaque jour semblait apporter une fleur de plus aux guirlandes tressées dans mes plus doux rêves ; car pendant les premières années de mon mariage, ton père sut me rendre la plus heureuse des femmes : il me donnait ses soins, sa tendresse, son amour, comme il me l'avait promis....

Une douce larme brilla sous la paupière à demi fermée de la pauvre mère ; mais elle fut aussitôt essuyée par un tendre baiser d'Ida qui suspendait son âme aux lèvres de celle qu'elle aimait tant et qu'elle écoutait avec la plus religieuse attention.

— Plus tard, continua la mourante, les besoins de la guerre nous séparèrent momentanément ; mais je t'avais près de moi pour m'aider à supporter le poids de l'absence : tes caresses enfantines et ta pure affection surent amoindrir mon chagrin et diminuer la longueur de mon ennui. Et quand vint le retour je redevins encore heureuse ; je retrouvai l'ami tendre, le mari

affectueux d'autrefois, et les baisers et les caresses que te donnait alors ton père, retombaient sur mon cœur comme une
pluie de perles. Mais, hélas ! ce rayon lumineux du plus parfait bonheur devait bientôt pâlir... Un nuage sombre, bien
sombre, effaça de mon front la céleste joie que Dieu y faisait
passagèrement briller, comme la dernière consolation qu'il
m'était donné de savourer ici-bas.... Une femme, jeune, belle,
spirituelle et possédant au plus haut point l'art de captiver les
cœurs par ses charmes, fut envoyée de Londres à Calais. Son
apparition fut saluée avec enthousiasme par tous les seigneurs,
et nulle fête ne fut dès lors complète sans sa présence. Malheureusement cette déesse apportait avec elle la coupe empoison-
née de la séduction ; elle attacha tous les cœurs à ses pas ; nul
seigneur ne fut épargné ; tous subirent sa fatale domination, et
le seigneur Aimery de Pavie lui-même devint l'humble sujet
de cette brillante souveraine, de cette femme si belle, si spirituelle qui n'était qu'une misérable courtisanne !... Je tentai
de ramener ton père à son devoir d'époux, et tous mes efforts
furent impuissants : Il m'accabla de sa froideur et continua
d'aller déposer ses hommages aux pieds de la sirène... Je me
résignai à mon malheur, pensant que le temps guérirait la
plaie de mon cœur et modifierait les sentiments de celui qui
jusque là avait été bon époux et bon père. Hélas ! hélas ! mon
attente fut vaine et depuis deux ans que je comprime en silence
la douleur de mon âme, rien, rien n'a pu le détacher de sa
coupable affection ; le deuil de ma tristesse, le calme de ma
résignation suprême, rien ne l'a ramené dans le sentier du
devoir. Au contraire, tout lui sourit lorsqu'il la voit, son
front est sombre en son absence, et ma maison devient chaque
jour le lieu de plaisir de celle qui m'a ravi mon bonheur....
Voilà pourquoi je meurs, Ida !

— Ma mère ! ma mère ! s'écria la jeune fille en suffoquant
dans la plus anxieuse douleur. Oh ! pourquoi ne m'avoir pas
confié cela plus tôt ? mes caresses vous eussent soulagée et....

— Non, mon enfant, interrompit-elle, il est de terribles angoisses que rien ne peut adoucir et, semblable à la sensitive qui est son image, le cœur froissé se renferme en lui-même, se flétrit, dépérit et meurt! Mais ce n'est pas encore là tout ce que j'ai à te dire ; prête-moi ton attention et écoute silencieusement mes paroles :

Depuis quelque temps je m'étais aperçue de l'influence désastreuse de ces déréglements auxquels se livrait ton père, mais aujourd'hui ses facultés semblent faiblir de plus en plus; sa santé se détériore et tous les symptômes qui se manifestent en lui, dénotent qu'une vieillesse précoce l'envahit avec rapidité. Sa volonté ne lui appartient plus et il se lance dans la voie du déshonneur ; car l'autre jour, dans un moment de surexcitation et sans vouloir me confier ses secrets, il me fit une horrible révélation : Entrant étourdiment dans mon appartement, les vêtements en désordre, l'œil égaré sous l'influence du vin, la face rougie par une récente débauche, il jeta sa toque sur mon lit et s'assit à mes côtés en disant dans un bachique sourire :

— Notre fille sera duchesse! madame...., oui, duchesse, et cela dès le lendemain de son mariage avec le gentil sire de Charny. Et moi, je quitterai l'avenir incertain des armes, pour vivre paisiblement en seigneur dans mes terres de Bourgogne.

Mais voyant que je ne comprenais rien à ces propos, il reprit :

— Cela vous étonne ? Ah! ah! En effet, j'ai omis de vous dire que nous allions devenir sujets du roi de France ; car ce noble souverain ne marchande pas sa reconnaissance.... Vous souvient-il que S. M. Edouard m'avait promis bien des choses qu'il n'a pas tenues ? entr'autres celle de faire à Ida le plus riche parti de l'Angleterre, si jamais mon rêve se réalisait? Eh bien! il a eu Calais, comme je le lui avais prédit; il est vrai qu'il m'en a confié le gouvernement promis; mais il oublie le principal engagement et ne s'occupe pas plus de l'avenir de ma fille que s'il n'avait jamais été question de ce sujet. — Ah!

maître Édouard ! vous oubliez ainsi vos belles promesses !....
Eh ! mais, n'est-ce pas me donner l'exemple et me délier taci-
tement de mes engagements !... Oui, madame..., oui, j'y suis
décidé, Calais sera au roi de France.

— Que dites-vous donc ! Aimery, m'écriai-je ; oublieriez-
vous ainsi les lois sacrées de l'honneur ! La ville et le château
de Calais ne sont-ils pas confiés à votre loyauté, et vos engagements envers notre souverain ne sont donc pas inviolables ?

— Tout cela, madame, est de l'histoire ancienne ; et, si vous
étiez plus versée dans la connaissance du droit des gens, vous
auriez un tout autre langage. Du reste, j'en appelle à votre
bon sens : Tout contrat n'est-il pas rompu au moment où l'une
des parties manque à ses engagements ? Or donc, la chose est
claire ; et les lois de l'honneur n'ont rien à faire en tout ceci.
N'ai-je pas été le premier dupé ? Et pourquoi, s'il vous plaît,
ne rendrais-je pas service à Monseigneur Philippe de Valois ?
Au reste, c'est affaire faite.

— Comment, vous auriez ainsi vendu votre honneur ?

— Erreur, erreur ! vendu ! ai-je parlé de cela ? Allons donc !
suis-je descendu au rang des marchands drapiers ou tanneurs,
pour faire acte de commerce ? Non que je sache ; je ne me
commets pas ainsi. Des transactions marchandes ! Fi donc !...

Et voyant que mon regard l'interrogeait de plus en plus, il
continua :

— Parbleu ! madame, doit-on comparer l'entente de deux
gentilshommes à l'accord d'un négoce ! Veuillez bien distinguer... que diable ! nous avons un rang, des privilèges et rien
ne saurait nous faire déroger. J'ai donc tout simplement promis de ne point voir entrer les soldats de M. de Charny dans
le château de Calais, le jour où ils y viendront s'installer en
paisibles possesseurs. Ne vaut-il pas mieux s'arranger ainsi en
famille que de toujours guerroyer ? et, en définitive, depuis
que je hache et taille en chair vive, je commence à me fatiguer à la vue du sang, et j'ai besoin de repos ; puis, chose qui
n'est pas à dédaigner par les temps de détresse qui nous me-

nacent, je recevrai d'abord pour mon acte de complaisance une somme rondelette, ensuite des biens et des honneurs, des honneurs !... sans compter encore ce qui me pourra revenir en ce qui touche Ida dont l'avenir sera envié des plus riches et des plus belles !...

La mère se tut en baisssant les yeux si douloureusement qu'on eût pu craindre de la voir s'éteindre dans cette crise morale ; mais sa fille la ranima sous ses baisers en lui disant :

— Mère chérie ! ne te laisse pas vaincre ainsi par la douleur. Oh ! il faut que tu te rattaches aux rameaux de cette vie où le cœur de ta fille te sourit encore. Toute consolation est-elle donc épuisée ! La source de tout bonheur est-elle donc tarie ! Oh ! non, bonne mère, non, cela ne peut-être ; à moins que d'accuser d'injustice la divinité qui aurait condamné au supplice des réprouvés, l'âme pure et dévouée de celle qui fut irréprochable sur cette terre d'épreuves, d'imperfections et de misères. Oui, mère bien-aimée, il faut que tu vives pour moi, pour ton enfant qui se trouverait seule en ce monde ; car la révélation que tu viens de me faire a changé toute ma destinée. J'avais promis ma foi à M. de Charny et, je le dis encore aujourd'hui, mon cœur ne sera jamais à d'autre ; je voulais lui donner ma tendresse, mon bonheur, ma vie entière ; mais je ne consentirai pas que ce bien si pur soit mis en marché comme une vile matière. Je ne veux pas être vendue, entends-tu, bonne mère ? Et, quoiqu'il m'en puisse coûter, l'homme qui aura fait tomber le nom de mon père dans l'infamie ne me sera jamais rien !...

Et elle sanglota sur le sein de sa pauvre mère en murmurant:

— Ah ! j'avais donc bien raison d'être triste dans mes rêves de bonheur ; d'avoir toujours le cœur serré dans ces douces illusions où il devait s'épanouir, et de m'épouvanter malgré moi en songeant à l'avenir. O mère chérie, reprends donc entièrement possession de ce cœur qui devait partager son affection entre l'homme qu'il s'était choisi et la tendre mère qui l'avait formé ; reprends toute ma tendresse, mère...

Un petit coup sec frappé sur le panneau de la porte interrompit Ida. C'était un avertissement tout confidentiel du bon Tim, qui annonçait ainsi du dehors que le gouverneur montait aux appartements de Madame.

Les pleurs furent essuyés vivement ; mais on ne pût effacer aussi aisément l'empreinte douloureuse qui couvrait les visages.

Le gouverneur entra et se jetant sur le premier siège voisin, il dit d'un ton de cruelle indifférence, sans s'inquiéter de l'état de sa femme :

— Qui donc s'avise de pleurnicher ici, quand le soleil de la joie doit seul éclairer cet intérieur. Allons, allons, cessons ces comédies de femmes incomprises ; cela m'importune et m'agite les nerfs. Mais trève de réprimandes ; je n'étais point venu vers vous pour vous voir faire le revêche; mais bien pour vous apporter une bonne nouvelle ! Dans une heure je m'embarque pour Londres. Un courrier de Sa Majesté m'apporte à l'instant une dépêche par laquelle je suis gracieusement invité à me rendre de suite auprès du roi qui réclame mon avis pour une affaire importante. Je pars avec d'autant plus de plaisir, que je tâcherai de profiter de mon entrevue avec Edouard pour savoir s'il ne songe pas... mais bah ! qu'ai-je besoin de penser à Ida. Son parti est tout arrangé.... Néanmoins, si le roi voulait !... Enfin, on ne sait ce qui peut arriver. Allons, je m'en vais; au revoir.

Et en se frottant les mains, comme un mortel content de lui-même, il sortit sans plus de cérémonie.

Ida pleura en silence, tandis que sa bonne mère, les yeux fermés, se recueillait dans sa profonde douleur.

XXXII.

A RUSÉ RUSÉ ET DEMI.

Lorsque le gouverneur de Calais arriva au palais de Westminster, le roi le reçut avec aménité ; et, quand les seigneurs de la cour eurent pris congé du souverain, Edouard resté seul avec le nouvel arrivant lui dit d'un ton de la plus douce familiarité :

— Je suis bien aise de te voir, Aimery, pour avoir ton avis sur une sérieuse affaire qui me préoccupe assez vivement. Mais auparavant, dis-moi quelles sont les plus importantes nouvelles de l'autre côté du détroit.

— Rien de nouveau ne s'est manifesté, sire, depuis la mort de d'Adingthon.

— Tout est bien tranquille à Calais et aux environs ?

— Votre ville est la plus calme assurément et la plus sûre de toutes vos conquêtes ; et le voisinage est le plus paisible qu'on puisse voir.

— Mon cher cousin Philippe ne fait de ce côté nulle démonstration hostile ?

— Ah ! par la mort de monseigneur le Christ, il n'y a pas de danger que le roi de France vienne perdre son temps à se frotter aux armes de notre fière Angleterre, il sait trop ce qui lui en a coûté. Et sans cela, n'a-t-il pas autre chose à faire en ce moment où il combat cet insaisissable ennemi qui harcelle son peuple ; car vous ne l'ignorez pas, sans doute, la peste et la famine règnent plus que lui en son royaume dont elles déciment la population. Ce n'est donc pas un moment opportun pour une prise d'armes.

— Tant mieux ! donc, que nous puissions être tranquille de ce côté ; car j'entrevois de noirs orages à l'horizon de l'Ecosse, et je t'ai fait venir pour avoir conseil de ton expérience et de ta fidèle amitié. Dans cette grave affaire, tous mes pairs et barons seront également consultés et me donneront par écrit leur avis sur ce que je dois faire en telle circonstance.

— Je vous rends mille grâces, sire, de vouloir bien ainsi vous rappeler mon dévoûment à votre auguste personne dans les plus sérieuses affaires.

— Tu sais, reprit Edouard, que le roi David d'Ecosse, mon prisonnier, est confié à la garde de l'un de mes barons, le sire du Prey, lequel m'a promis sur sa tête de bien veiller à la captivité dudit roi. Or, tout récemment, j'ai appris que le parti de David avait gagné le capitaine du Prey et que, moyennant une forte somme, il doit favoriser la fuite du prisonnier. Ceci constitue une noire trahison ; n'est-ce pas ?

— Félonie du premier chef ! sire.

— Je veux donc, comme il s'agit d'un des premiers seigneurs, savoir suivant ta conscience, la conduite que j'aurai à tenir envers celui qui me trahit ainsi, et quel châtiment doit lui être infligé. Assieds-toi à cette table et prends la feuille déjà écrite que tu y vois : tu n'as qu'à y tracer la sentence que tu jugeras devoir être prononcée en pareil cas.

— C'est bien simple.

— Lis tout haut, interrompit le roi, en lui mettant en main la feuille indiquée.

Aimery prit le papier et lut :

« Quelle peine le roi doit-il prononcer contre le gentilhomme qui, comblé des faveurs royales, trahit son souverain en se laissant corrompre à prix d'argent, pour rompre son serment et livrer aux ennemis de la nation ce qui était confié à la garde de son honneur ? »

Un frisson parcourut tout son être en voyant la similitude de sa conduite avec celle du sire du Prey. Mais, convaincu du secret absolu de son affaire, il se rassura aussitôt et répondit à la question qu'il venait de lire :

— Je le répète, sire, c'est bien simple : la peine que mérite cet homme n'est pas difficile à choisir,

— C'est ? interrogea Edouard.

— La mort ! répondit Aimery qui ajouta :

— Et tous vos pairs et barons seront de mon avis, j'en suis convaincu, et si quelque divergence se manifestait, ce ne serait que dans la manière d'appliquer la peine.

— Donc, tu penses que tous les loyaux seigneurs de la couronne jugeront la chose de même ?

— Tous, sire, j'en suis sûr.

— Alors, en regard de la question posée, écris la décision de ta pure conscience.

Aimery écrivit aussitôt en marge de la question : En mon âme et conscience, je déclare devant Dieu, à mon auguste souverain, qu'un tel misérable mérite la mort. Et il signa.

Le roi, qui des yeux avait suivi la marche de l'écrit, lui dit :

— Tu peux ajouter ton avis sur le genre de supplice qui doit être appliqué.

— Très volontiers, sire.

Après avoir transcrit son avis, il passa la feuille au roi qui lut tout haut :

« La mort par écartellement. »

Puis le monarque, après avoir considéré quelques instants l'écrit, ajouta à demi-voix :

— Bon, c'est signé ; parfait, parfait ; rien de plus régulier.

Edouard devint alors pensif ; mais Aimery, interrompant le silence, dit avec la plus grande assurance :

— Maintenant, oserai-je me permettre de rappeler à votre Majesté une promesse qu'elle daigna me faire il y a longtemps ?

— Certainement, répondit le souverain avec le plus parfait sang-froid ; le roi n'a rien à refuser à celui qui le sollicite à ses derniers moments.

— Quoi !.... que dites-vous là, sire ? fit Aimery qui, incertain d'avoir bien entendu, se leva néanmoins de son siège avec frayeur.

— Je pense, reprit nonchalamment le roi, à quelle heure je dois fixer ton supplice.

— Mon supplice!... Je ne comprends pas, fit-il tout suffoqué par la peur.

— Ah! tu ne comprends pas! Il est bon alors que tu relises la feuille que tu viens de signer.

Et il lui tendit de nouveau le papier. Mais, glacé d'effroi, ses yeux hagards y demeurèrent fixés; il ne put articuler un mot, sa langue était collée à son palais; ses traits contractés faisaient hideux son visage pâle dont les lèvres minces blémissaient, et ses cheveux dressés comme les touffes d'une brosse couronnaient d'une manière étrange son effrayante physionomie du moment.

Edouard le contempla d'un air de mépris et lui dit:

— Eh quoi! tu ne veux pas lire? alors, je lirai pour toi.

Comprimant à grand'peine sa colère, le roi lui arracha violemment la feuille qu'il lut à haute voix:

« Quelle peine le roi doit-il prononcer contre le gentilhomme qui, comblé des faveurs royales, trahit son souverain, en se laissant corrompre à prix d'argent, pour rompre son serment et livrer aux ennemis de la nation ce qui était confié à la garde de son honneur? Réponse: En mon âme et conscience, je déclare devant Dieu, à mon auguste souverain, qu'un tel misérable mérite la peine de mort par écartellement. Signé: Aimery de Pavie. »

— Tu as signé ta propre condamnation, Aimery, et cela t'évitera le désagrément de maudire tes juges, t'étant fait justice toi-même. Je t'accorde une heure pour recommander ton âme à Dieu; c'est encore une faveur que tu ne mérites pas; mais puisse-t-elle servir à te réconcilier avec la bonté divine.

Foudroyé par ce dénoûment inexplicable, Aimery ne comprenait réellement pas ce que cela signifiait au juste, tant il se croyait sûr du secret de sa trahison; et, convaincu que le roi n'en pouvait être instruit, il pensait que cette rigueur tenait à tout autre motif. Un peu remis de sa frayeur, il se hasarda donc et dit:

— Sire, me permettez-vous au moins de m'enquérir de la cause de votre ressentiment?

— Malheureux ! tu oses encore afficher l'hypocrisie devant moi, après m'avoir trahi comme tu l'as fait !

— Je vous jure…

— Tais-toi, misérable ! fit Edouard en s'avançant sur lui avec colère. Ne t'avais-je pas donné en garde ce que j'aime le mieux au monde, après ma femme et mes enfants : la ville et le château de Calais ? Qu'as-tu fait de ce dépôt sacré que je confiais à ta loyauté ? Tu l'as vendu lâchement aux Français !… Ne nie pas, te dis-je ! Tu l'as vendu ! Et, nouvel Iscariote, tu as vilement trahi celui qui te comblait de faveurs ; celui qui t'honorait comme son propre frère en t'accordant son entière confiance, sa plus franche amitié. Tu as méprisé toutes ces saintes choses en les rejetant dans la fange où tu es tombé avec ton propre mépris ; et, sans t'arrêter un seul instant aux terribles conséquences qui résulteraient de ta noire action pour moi et les miens, tu consens à me dépouiller de ce qui m'a coûté tant de peines à conquérir, en livrant à la domination de nos mortels ennemis Calais et tous mes fidèles sujets renfermés dans ses murs ! N'est-ce pas là un horrible forfait et qui ne peut être payé que par la mort, ainsi que tu l'as si judicieusement décidé ? Qu'as-tu à répondre, traître Lombard ?

— Ah ! que votre Majesté daigne m'entendre, répondit Aimery en tombant aux genoux du roi. Au nom de Dieu et de votre auguste famille, faites-moi grâce. Tout ce que vous venez de me dire est vrai, malheureusement trop vrai ; mais je puis racheter ma faute, en rompant le marché ; car je n'ai encore reçu aucun denier de la somme promise. Je ferai tout ce que votre Majesté exigera ; mais par le Ciel ! accordez-moi la vie sauve.

Après être resté quelques instants sans répondre, Edouard se retourna vers Aimery et lui dit :

— Tu me demandes d'épargner tes jours ? Je veux bien t'accorder grâce ; car si ma conscience de souverain m'impose le devoir de montrer envers toi la plus juste sévérité ; mon cœur d'homme me porte à la mansuétude ; je t'ai trop affectionné depuis ton enfance pour ordonner moi-même ton supplice.

— Ah ! gentil sire ! laissez-moi baiser vos pieds, exclama le Lombard à demi rassuré par l'aveu de cette royale faiblesse.

— Garde tes caresses de tigre, interrompit le roi en courroux, et va cacher ta honte au fond des noirs cachots de la Tour de Londres, où ta cage sera soigneusement préparée.

— Hélas ! reprit le gouverneur en joignant les mains dans l'attitude la plus suppliante, j'ai été misérable envers votre Majesté ; je vous ai traité cruellement, sire, en trahissant votre confiance, lors même que j'étais comblé de vos bienfaits. Soyez donc tout à fait généreux, sire, et que votre bonté surpasse en grandeur tout ce que ma conduite a de bas et d'ignoble. Oh ! prenez pitié de mon repentir ; ne m'envoyez pas pourrir dans ces hideuses retraites habitées par des vampires qui, nonseulement se nourrissent du sang des condamnés, mais encore ravissent la dernière lueur de leur raison. Vous daignez consentir à me laisser vivre, eh bien ! avec la vie accordez-moi la liberté, pour que je puisse racheter ma honte et ma faiblesse par une conduite qui vous fasse oublier ma lâcheté et ma fourberie.

— Comment, après ton infamie, pourrais-je avoir confiance en tes promesses ?

— Que votre Majesté daigne tenter l'épreuve.

— J'hésite, et cependant, malgré ton improbité, malgré l'aversion que me cause ta félonie, l'amitié que je te portais, malheureux Aimery, était si fortement établie que je me sens encore disposé à la clémence. Tu me demandes la vie, la liberté ! Je t'accorde tout cela, mais à une expresse condition qui peut encore t'assurer toute ma confiance.

— Parlez, sire, je m'engage d'avance à remplir toutes les obligations que vous m'imposerez, aussi dures qu'elles soient. Rien ne m'arrêtera, je vous le jure, car votre bonté est le plus sévère châtiment de ma faute.

— Eh bien ! je veux que tu continues ta trahison.

— Ah ! votre Majesté voudrait-elle se railler de moi, après avoir été si grande, si généreuse ? répondit timidement le Lombard.

— Non, je ne raille pas et n'y suis point disposé. Je parle sérieusement et, je le répète, je désire que tu continues ta trahison ; c'est-à-dire que tu reçoives les vingt mille écus, et que tu ouvres les portes du château, le jour convenu, à ceux qui l'ont acheté ; seulement, pour te faire comprendre mon intention, apprends que je serai là pour les recevoir.

— Je saisis votre idée : Je dois à mon tour trahir ceux qui me forçaient à vous tromper.

— C'est cela même ; et, à cette condition seule, je te pardonne ta coupable conduite.

— Il sera fait ainsi que vous le voulez, et j'agirai si discrètement que vous pourrez prendre tous les Français dans leur propre piège.

— Alors, jure-moi sur cet Evangile et en face du Christ que tu me serviras fidèlement en trahissant ceux qui t'ont fait entrer dans la voie de l'infamie.

Aimery étendit aussitôt la main droite sur le livre ouvert devant lui et, les yeux fixés sur le crucifix, il prononça d'une voix émue ce serment :

— Je jure sur cet Evangile sacré et devant Monseigneur le Christ, de conserver fidèlement, à mon gentil souverain Edouard d'Angleterre, la bonne ville de Calais et son château. De plus, je m'engage en toute conscience à trahir les Français en concourant à leur perte lorsqu'ils viendront pour s'emparer de la dite cité.

A cette époque d'ignorance et de fanatisme, le plus hardi coquin n'aurait osé se parjurer sur les livres sacrés. Aussi un tel serment pouvait-il être regardé comme la plus solide garantie de l'avenir. Edouard reprit donc avec le plus profond sentiment de confiance :

— Tu as maintenant ta liberté ; va, Aimery, achever ta tâche et me prouver ton dévouement.

Après les plus chaleureuses protestations de fidélité, le Lombard sortit pour reprendre le chemin de Calais. Aussitôt qu'il fut disparu, le roi fit venir Peacker et lui dit :

— Tu vas immédiatement te rendre à Calais, et là tu surveilleras attentivement les démarches du gouverneur. Si quelque chose te semblait louche dans ses actions, tu m'en préviendrais de suite.

— Eh quoi ! sire, fit-il avec étonnement, vous l'avez laissé partir ? Mais Calais donc !

— Je lui ai laissé la liberté pour qu'il puisse mieux nous servir et Calais me restera. Sois tranquille, tu n'aimes pas tes compatriotes, alors tu auras lieu de réjouir tes sentiments de haine et de vengeance ; car je vais leur préparer une singulière surprise.

Peacker obéit au roi ; il partit sur le vaisseau qui transportait Aimery.

Edouard, resté seul, combina immédiatement son plan pour tendre le plus habilement possible ses lacs à ses ennemis.

XXXIII.

LA SOURICIÈRE.

L'hiver sévissait dans toute sa rigueur ; depuis longtemps déjà la nature avait déposé sa parure de fleurs et de verdure pour revêtir son manteau de deuil : La bise soufflait avec âpreté à travers les rameaux branchus et desséchés de la foutelaie, qui se laissaient tristement pendre vers la terre ; la broussaille était brune et déchiquetée et le buisson orné des pépites brillantes déposées par le givre, qui pendillaient en prismes, en flèches, en pointes, en mille et mille capricieuses formes ; le sol lui-même, privé de toute apparence de vie, ne laissait voir à l'œil scrutateur qu'un épais tapis de feuilles mortes : seul souvenir d'une existence passée. Nul insecte, nul scarabé, pas le moindre vermisseau à la surface de ce sol gris et terne léché par l'âpre caresse de l'aquilon. Çà et là quelque rare oiseau affamé, cherchant vainement à terre le grain de millet ou le bourgeon sur la branche, et voletant péniblement en jetant un petit cri plaintif qui s'unissait aux gémissements de la bise. Tout, en un mot, avait cette teinte de tristesse que prennent particulièrement les journées sombres de décembre.

Nous sommes en effet reportés au 31 décembre de l'an de grâce 1348.

Les derniers rayons douteux du pâle soleil d'hiver ont disparu depuis plusieurs heures à l'horizon ; les ténèbres leur ont succédé et l'espace n'est éclairé que par les lueurs scintillantes des étoiles qui brillent du plus vif éclat à travers l'atmosphère dégagée de toutes vapeurs. Tout annonce une forte gelée pour la nuit, et le citadin doit naturellement s'enfermer de bonne heure au logis, pour dégourdir ses membres au coin du foyer où pétille la bourrée sèche.

Cependant la petite ville d'Ardres est bien animée à pareille heure et par un temps aussi vif ! Des hommes d'armes sillonnent les rues et le pas lourd des archers résonne à chaque instant sur le pavé. Un sourd bourdonnement dans les écuries du château, du manège et des casernes révèle un grand mouvement parmi les chevaliers et leur suite. Et, vers huit heures, on voit défiler silencieusement, au milieu de la foule curieuse et muette, la bannière de gueules à trois écussons d'argent de monseigneur Geoffroy de Charny, suivie de nombreux chevaliers, de cinq cents lances et de soldats de pied.

C'était, en effet, le gouverneur de St-Omer qui conduisait sa troupe vers Calais, dans l'intention d'en prendre possession cette nuit même.

Pendant que les troupes françaises se mettaient ainsi en mouvement, une autre scène militaire se passait dans le port de Calais :

A quatre heures du soir, par un vent des plus favorable, Edouard III s'était embarqué à Douvres avec trois cents hommes d'armes et six cents archers qui débarquaient en ce moment même, et, à la faveur des ténèbres, entraient dans Calais sans que personne s'en aperçut. Ils s'embusquèrent secrètement avec le roi dans les chambres et dans les tours du château.

En arrivant Edouard dit à Mauny :

— Messire Gautier, je veux que vous soyez le chef de cette besogne ; car mon fils et moi nous combattrons sous votre bannière, comme simples chevaliers.

A minuit précis, Charny arrivait devant Calais et, en attendant que tous ses gens fussent près de lui, il dépêcha vers la ville deux de ses écuyers, pour voir s'il était temps d'approcher. Ils trouvèrent près de la porte Aimery qui les attendait, et lui dirent :

— Nous sommes envoyés devers vous par monseigneur Geoffroy de Charny pour savoir s'il est l'heure qu'il se montre.

— Oui, il est temps, répondit le Lombard, veuillez lui dire que je l'attends avec impatience. Mais dites-moi, seigneurs, ne vous a-t-il rien confié pour me remettre ?

— Rien absolument, et s'il a quelque chose pour vous, il tient sans doute à vous le remettre lui-même.

— Allez donc vers lui, et conseillez-le de ne pas perdre un seul instant.

Les deux écuyers retournèrent au galop de leurs coursiers près de Charny auquel ils rapportèrent les paroles du gouverneur. Aussitôt il fit passer le pont Nieullé à ses gens qu'il rangea en bataille ; puis il prit le sire Oudart de Renty à part.

— Messire Oudart, lui dit-il, voici vingt mille écus tous appareillés que vous remettrez de ma part au gouverneur de Calais. Vous irez, avec les douze chevaliers et les cent hommes d'armes de l'avant-garde , prendre possession du château et j'attendrai, en dehors des murs, qu'Aimery de Pavie vienne m'ouvrir les portes de la ville où je compte faire paisiblement mon entrée.

Le sire de Renty partit avec sa troupe et se présenta à la porte du château. Le pont-levis de la porte des champs était abaissé et l'escouade pénétra dans l'enceinte de la forteresse ; elle y fut reçue par le Lombard , auquel Oudart remit les vingt mille écus.

En recevant le sac, Aimery dit avec une feinte bonhomie :

— Je ne prendrai point la peine de compter ces écus ; je pense bien qu'ils y sont tous ; du reste, j'ai entière confiance en monseigneur de Charny et puis, s'il me les fallait compter, il ferait jour avant que j'eusse fini, et cela gâterait notre affaire.

Il prit le sac tel qu'on le lui donna et l'enferma dans une chambre voisine ; puis s'adressant à Oudart de Renty :

— Veuillez, messire, me suivre avec vos gens , je vais tous vous introduire dans la grosse tour , et là vous serez maîtres du château.

Et tirant le verrou de la porte, la grosse tour leur fut ouverte. Mais aussitôt, le roi d'Angleterre qui s'y tenait caché avec deux cents lances, sortit impétueusement à la tête de sa troupe qui l'épée au vent, la hache au poing, se rua sur les cent douze Français en criant:

— Mauny! Mauny! à la rescousse! Quoi! ces Français croient-ils avec si peu de gens avoir conquis le château de Calais? A la rescousse; à la rescousse!

Surpris par cette attaque imprévue, les Français n'étant pas préparés à la défense, virent bien que toute résistance serait inutile dans cette enceinte où ils se trouvaient pris comme dans une souricière; car on avait eu soin de lever le pont derrière eux et de fermer solidement la porte. Quelques-uns ayant sorti l'épée du fourreau, furent aussitôt blessés. Alors Oudard, élevant la voix, demanda quelques minutes de trève et, pendant ce temps, il dit à ses compagnons:

— Mes amis, j'eusse désiré de tout mon cœur vous conduire en plus vaillante besogne; mais je vois qu'ici la dépense de notre sang ne peut être profitable ni à nos frères d'armes, ni à notre souverain. Or, m'est avis que le parti prudent et sage que nous ayons à suivre est de nous rendre.

— Que la volonté de Dieu soit faite, répondirent tous ses compagnons.

Se tournant alors vers les Anglais, Oudart reprit:

— Quel est le chef ici?

Un chevalier, s'avançant vers lui, répondit:

— C'est moi.

— Et vous vous nommez?

— Gautier de Mauny.

A ce nom, le gentilhomme français ne put réprimer un mouvement de contrariété.

— Gautier de Mauny! répéta-t-il lentement. Vous êtes Français, messire, et lorsque vous reçutes le jour dans la cité de Valenciennes, votre noble et valeureux père eût arraché la langue de celui qui lui aurait pu dire que le fils auquel il allait léguer son nom, servirait un jour, contre sa patrie, l'ennemi de son souverain et tirerait l'épée contre ses frères! Et je déplore que le sort me traite aussi cruellement que de me forcer à remettre ma liberté entre les mains de celui qui devait défendre les droits pour lesquels nous combattons. Quoiqu'il en soit, messire de Mauny, je vous remets mon épée et suis votre prisonnier ainsi que tous mes compagnons d'infortune.

— Sire de Renty, reprit Mauny, l'âcreté de vos paroles n'excitera en moi aucun sentiment de haine ; vous et les vôtres serez traités loyalement suivant les lois de l'honneur et de l'humanité.

On les fit tous entrer dans la grosse tour d'où les Anglais avaient fait irruption, et on les y enferma après les avoir désarmés.

XXXIV.

BATAILLE DE CALAIS.

Aussitôt que les prisonniers furent en sûreté, les Anglais montèrent à cheval, sortirent du château et se dirigèrent vers la porte de Boulogne.

Là se trouvait de Charny, sa bannière déployée et grillant d'impatience d'entrer le premier dans la ville de Calais. Il disait, en ce moment, aux chevaliers qui l'entouraient :

— Que ce Lombard met de temps à ouvrir la porte ! il nous fait mourir de froid ici.

— Les Lombards sont malicieuses gens, répondit le chevalier Pépin de Werre, ils sont très méfiants et Aimery regardera un à un vos écus pour s'assurer qu'ils y sont tous et qu'il n'y en a point de faux.

— Que vois-je ? fit aussitôt Charny avec surprise. Regardez donc, messires, toute cette troupe qui vient devers nous. Y comprenez-vous quelque chose ?

— Ceci ressemble fort à une mauvaise affaire, dit de Werre.

— Mes amis, s'écria Charny, nous sommes trahis ; car il me semble voir des bannières anglaises. Alerte ! alerte ! Eustache de Ribeaumont, Jehan des Laudes, tenez fermes vos batailles ! Voici la charge des archers qui vient à nous. Entendez-vous ces cris ?

En effet, après être sortis de la ville, les Anglais se ruèrent aussitôt sur les Français en criant :

— Mauny, à la rescousse !

Cette attaque inopinée jeta le trouble et l'indécision parmi quelques-uns des hommes d'armes français ; ce que voyant Charny, il s'écria à haute voix :

— Compagnons, il nous faut combattre vaillamment; si nous fuyons nous sommes perdus et de plus nous serons réputés lâches. Il vaut donc mieux que nous combattions de bonne volonté et avec confiance ; tout espoir n'est pas perdu et nous gagnerons peut-être la bataille.

— Par monseigneur Saint-Georges ! vous avez raison et mal ait qui fuira, répondirent les Anglais qui étaient déjà assez rapprochés des rangs français pour entendre cette exhortation.

Reculant alors de quelques pas, les Français mirent pied à terre et chassèrent leurs chevaux dont ils n'avaient que faire en cette circonstance ; car l'espace leur manquait.

Le roi d'Angleterre fit alors arrêter la bannière sous laquelle il marchait et dit à Mauny :

— Je veux me battre sur ce terrain, la victoire nous sera plus facile à prendre. Faites chevaucher six bannières le long de la rivière, jusqu'au pont Nieulé, où les trois cents archers de Guyenne bouteront les Français de ce côté, pendant que nous leur donnerons ici dur hutin.

Pendant ce moment de répit, Charny put se livrer à quelques courtes réflexions et une grande tristesse s'empara de son âme en se voyant ainsi trahi par celui qu'il regardait déjà comme son beau-père, quelques instants auparavant. Toutes ses chères illusions croulèrent, ses rêves d'amour se dissipèrent comme la plus légère vapeur dans une violente bourrasque. Il adressa dans son cœur un adieu désespéré à celle qu'il aimait tant et, prêt à mourir, il s'élança sur les Anglais avec rage en donnant l'exemple du courage et de la vaillance à ses compagnons indécis.

La lutte commença alors avec un terrible acharnement au milieu de la nuit dont les ténèbres commençaient à se dissiper. Les archers anglais vinrent surprendre la garde du pont Nieulé qui était défendu par les seigneurs Moreau de Fienne et de Cresques ; ils défirent complètement les troupes en tuant ou noyant plus de six cents Français. A la nouvelle de cette catastrophe, le découragement s'empara des troupes de Charny, le plus grand désordre gagna leurs rangs et envahit toutes les ordonnances des chevaliers qui, ne sachant plus où leurs coups portaient, frappaient avec une violence inouïe, en furieux ou plutôt en désespérés ; mais rien ne cédait devant eux et ils gardaient avec peine le terrain du combat.

Cependant les premières lueurs de l'aube, en éclairant cette scène de carnage, permirent aux archers d'Aire et de St-Omer de se rallier ; ceux qui avaient fui pendant la nuit revinrent à la charge, et tous donnèrent avec avantage sur les Anglais. Mais ces derniers, recevant toujours des troupes fraîches, laissèrent épuiser les forces de leurs adversaires et bientôt le destin fit pencher la balance de leur côté.

Les prisonniers étaient nombreux et les groupes de combattants diminuaient sensiblement. Sous la bannière de Mauny, le roi d'Angleterre combattait à pied comme un simple soldat, sans se faire connaître. Au milieu de la mêlée, il aperçut un brillant chevalier dans lequel il crut voir Geoffroy de Charny. Il perça aussitôt les rangs et s'avançant droit à lui, il le provoqua de l'épée sans mot dire ; le chevalier se rendit au désir du fier provocateur et, croisant le fer avec cet inconnu, un combat singulier commença. Depuis une heure, les deux combattants se portaient les plus habiles coups sans pouvoir s'atteindre sérieusement, lorsque le chevalier français abaissa sa lourde lame avec tant de violence sur le heaume du roi, que celui-ci en tomba sur les genoux. Mais, se relevant vivement, Edouard revint à la charge sur son adversaire auquel il porta un terrible coup d'épée que celui-ci évita fort habilement par une feinte qui lui permit de porter au roi un nouveau coup qui l'abattit une seconde fois sur les genoux. Alors le roi lui dit :

— Messire de Charny, votre épée est lourde et je ne savais pas, en vous demandant ma revanche, lors du tournoi de Guines, avoir tant à faire aujourd'hui.

Alors, relevant son épée, le chevalier français lui répondit :

— Trêve pour un instant, monseigneur, car vous vous méprenez, je ne suis pas Geoffroy de Charny, voyez plutôt.

Et il releva la visière de son heaume.

— Eustache de Ribeaumont! exclama l'Anglais avec surprise.

— Comme vous le dites, seigneur, me ferez-vous aussi la courtoisie de me montrer votre visage, afin que je sache quel est mon vaillant adversaire?

— Pas pour le moment, sire Eustache, laissez-moi le plaisir de garder le secret de mon nom jusqu'à la fin de la lutte, et qu'il vous suffise de savoir que votre épée croise celle d'un des plus illustres barons d'Angleterre. Recommençons donc notre besogne, s'il vous plaît.

Reprenant ardemment la lutte, les deux chevaliers combattirent longtemps sans pouvoir s'entamer; et sans doute cette joûte habile se serait prolongée encore, lorsque Ribeaumont, jetant autour de lui un rapide coup-d'œil pour se rendre compte de ce que faisaient ses compagnons d'armes, vit avec effroi qu'il était le seul qui soutînt encore le combat. Il abaissa soudainement son épée en disant:

— Sire chevalier, je me rends votre prisonnier; car, je le vois, quelle que soit l'issue de notre lutte particulière, la victoire demeurera aux Anglais.

Il rendit son épée à l'Anglais qui, mettant aussitôt son visage à découvert, lui dit:

— Me reconnaissez-vous, messire?

— Le roi! s'écria-t-il avec surprise. Ah! dans notre malheur commun, je remercie Dieu que mon épée soit remise en si vaillantes mains.

La bataille fut ainsi terminée, et le roi rentra au château de Calais où il fit conduire tous les prisonniers français qui apprirent alors que le roi Edouard les avait combattus, en propre personne et comme un simple chevalier, sous la bannière de Gautier de Mauny.

Un écuyer vint bientôt leur annoncer que le roi d'Angleterre les invitait tous pour le soir à souper avec lui, et on leur fit revêtir des robes neuves pour paraître décemment vêtus en présence de Sa Majesté. Quant vint l'heure du repas, les chevaliers furent introduits dans la salle où était déjà Edouard et se mirent à table avec lui. Ce capricieux souverain poussa la courtoisie de les faire servir par le prince de Galles, son fils, et par les plus nobles chevaliers d'Angleterre.

Lorsque le souper fut terminé, on enleva les tables, et le roi, resté entre ses chevaliers et les gentilshommes français, ayant le chef orné d'un magnifique chapelet de perles fines, leur causait tout joyeusement ; il se leva pour aller de l'un à l'autre puis, lorsqu'il fut devant le gouverneur de St-Omer, son front se rembrunit, le ton joyeux de ses propos cessa et il lui dit avec sévérité :

— Messire Geoffroy de Charny, je dois par raison peu vous aimer quand vous vouliez me ravir par nuit ce que j'ai si chèrement acheté au prix de tant d'hommes et de deniers. Je suis donc très joyeux de vous avoir pris à l'épreuve. Vous vouliez avoir cette ville à meilleur marché qu'elle ne m'a coûté, en pensant la prendre pour vingt mille écus ; mais Dieu m'a aidé, car vous avez échoué dans votre entreprise.

Et il passa outre, laissant à ses réflexions Charny, qui jugea prudent de ne pas répondre, en ce moment, au monarque irrité.

Edouard alla droit à Ribeaumont et, changeant subitement de ton, il lui dit avec un sourire de pure satisfaction :

— Seigneur Eustache de Ribeaumont, vous êtes le chevalier que l'on vit jamais au monde assaillir plus vaillamment ses ennemis et défendre son corps. Je ne me suis trouvé en aucune bataille où l'on m'ait donné tant à faire corps à corps. Aussi je vous déclare le plus vaillant et vous en donne le prix, même sur tous les chevaliers de ma cour, et cela par droite sentence.

Il prit alors le chapelet qui entourait sa tête, le mit sur celle de Ribeaumont, en ajoutant :

— Monseigneur Eustache, je vous donne ce gage comme ayant le mieux combattu de la journée, soit de ceux du dedans ou du dehors (Anglais ou Français), et vous prie de le porter pour l'amour de moi pendant cette année. Je sais que vous êtes gai et amoureux, que vous aimez à vous trouver en la société des dames et demoiselles ; vous direz, partout où vous irez, que c'est moi qui vous l'ai donné. De plus, je vous rends votre liberté et vous pourrez partir demain si bon vous semble.

Le lendemain, dès le matin, les deux amis se séparaient en se donnant l'accolade fraternelle et Charny dit à Ribeaumont :

— Je suis étourdi du coup qui m'accable, et malgré l'immensité de mon malheur, un rayon d'espoir éclaire mon âme dans sa tristesse. Je vais en exil, cher ami, mais mon cœur reste ici, captif près de celle que j'ai tant aimée et que je voudrais avoir la force de haïr ; car la trahison de son père doit sans doute nous séparer pour toujours. Mais quoiqu'il en soit, quoiqu'il puisse en advenir, si vous pouviez la revoir, dites-lui, oh ! dites-lui bien que rien ne diminuera mes sentiments de sincère affection pour elle ; je l'aimerai toujours, et priez-la de me conserver sa foi jusqu'à mon retour.

— Vos désirs seront accomplis, Geoffroy, et je fais des vœux pour votre prochaine mise en liberté et pour la réalisation de vos vœux.

Ils s'embrassèrent une dernière fois, et Ribeaumont prit le chemin de St-Omer, pendant que Charny et ses compagnons s'embarquaient pour l'Angleterre.

XXXV.

LA COURTISANNE.

Deux jours après l'accomplissement de ces évènements un cortège funèbre, composé de toute la population de Calais, conduisait à sa dernière demeure la vénérable dame du gouverneur qui était regrettée de tous.

Cette tendre mère, cette digne épouse était morte de douleur!

Quant à Ida, anéantie par ce coup funeste, elle était folle de désespoir; car sa bonne mère était son bon ange tétulaire, sa confidente, son amie; et désormais elle se trouvait isolée en ce monde pervers et corrompu, comme la fleur perdue au milieu du désert ou étouffée au milieu d'une forêt peuplée de reptiles. Cette pauvre enfant, livrée à la plus grande prostration, ignorait complètement les évènements qui s'étaient passés à quelques pas de sa demeure; car l'agonie de sa mère avait été longue et douloureuse, et pendant plusieurs jours elle avait veillé avec la sollicitude d'un ange celle qui devait bientôt la quitter pour toujours.

Lorsque le corps fut enlevé de la chambre mortuaire, le bon vieux Tim, ce serviteur dévoué, resta seul auprès de la jeune fille désolée : C'était le seul ami qui lui restait sur la terre. Mais celui-là valait mieux que tant d'autres ; car il avait juré mentalement de ne jamais abandonner sa jeune maîtresse, et sa sollicitude, semblable à la tendresse d'une mère, devait éclairer la mer houleuse de l'avenir, comme le phare sauveur brille sur l'onde pour faire éviter les rescifs ; et sa généreuse protection fut réellement propice à Ida qui put trouver en son ami un grand adoucissement à sa douleur.

Eustache de Ribeaumont, rentré à St-Omer, prit le gouvernement de cette ville ; mais les circonstances politiques l'empêchèrent de s'acquitter lui-même de la promesse qu'il avait faite à Charny ; car les relations entre Anglais et Français étaient devenues impossibles par suite de la dernière affaire de Calais. Néanmoins, il put trouver moyen d'informer Ida de ce qui concernait Charny, et la pauvre enfant, désolée et le cœur meurtri, lui fit savoir que désormais son cœur n'appartenait plus qu'à Dieu.

En effet, elle s'isola dans la plus profonde retraite, ne sortant jamais que pour aller à l'église élever son âme vers les régions célestes où ses pieuses pensées plaçaient sa bonne et tendre mère.

La situation politique restait toujours très tendue ; Français et Anglais s'épiaient constamment se méfiant les uns des autres, et l'on se croyait, dans le pays, à la veille de quelque sanglant conflit, losque les évènements vinrent modifier quelque peu cet état de choses :

Philippe de Valois mourut l'année suivante, et en prenant la couronne de France son fils Jean, de concert avec le roi d'Angleterre, prolongea la trève d'une année ; les deux monarques convinrent en outre qu'une conférence aurait lieu à Hames, entre Guines et Calais, pour s'entendre définitivement et établir une paix durable.

Ces préliminaires ramenèrent pour un moment la confiance dans les esprits, et déjà les relations entre les camps ennemis étaient rétablies comme au commencement de la trève, lorsqu'une nouvelle affaire vint ramener la discorde, dont le brandon enflammé ne devait plus s'éteindre de sitôt :

Raoul, comte de Guines, ancien connétable de France et prisonnier des Anglais au siège de Caen, venait de rentrer dans ses domaines, après avoir promis de payer une forte rançon ; mais n'ayant pu réunir la somme nécessaire au rachat de sa liberté, il traita secrètement avec Edouard et consentit de livrer aux ennemis de son roi et de sa patrie, la forteresse et le château de Guines, place de guerre considérable en ce temps-là.

Lorsqu'il se fut ainsi entendu pour cette trahison, Raoul se rendit à Paris sous prétexte d'assister à la brillante cérémonie des chevaliers de l'Etoile ; et, pendant son absence, pour laisser croire que la chose se faisait à son insu, son lieutenant Guillaume de Beaucoroy, qui avait de sérieux griefs contre le roi de France et contre le maréchal de Beaujeu, qui commandait alors les troupes françaises de la frontière, livra la la place de Guines aux soldats d'Edouard, moyennant une forte somme, et ce soldat félon passa immédiatement au service de l'Angleterre.

Aussitôt que le roi Jean apprit cette malheureuse affaire, il fit arrêter le gouverneur de Guines en son hôtel de Nesle et, après une courte instruction, l'ancien connétable de France fut décapité.

A quelque temps de là, Charny obtenait sa mise en liberté, moyennant une forte rançon, et revenait à St-Omer, où le roi savait pouvoir utiliser ses services mieux que partout ailleurs, pour le moment du moins.

Revenir en ces lieux témoins de son bonheur passé; habiter à quelques lieues seulement de la cité qui avait vu naître son amour, détruire ses plus chères illusions et où se trouvait encore celle que son cœur chérissait toujours, était un cruel supplice pour Charny, qui aurait donné sa vie pour revoir Ida sa bien-aimée ; mais la chose était de toute impossibilité ; car depuis la prise de Guines, les lignes frontières étaient observées si soigneusement qu'il eût été dangereux de s'approcher des limites du territoire sous peine de recevoir en pleine poitrine des traits lancés par les soldats cachés dans les buissons.

Aimery de Pavie, maintenu dans son gouvernement de Calais, avait considérablement vieilli depuis sa double trahison, non qu'il fut affecté de sa faute, mais parcequ'il avait voulu s'étourdir dans les excès et les plaisirs, pour ne pas voir le mépris que tous les officiers lui manifestaient clairement depuis cette époque. Insouciant au dernier point, il avait vu mourir sa digne épouse avec cette coupable indifférence qui gangrène le cœur de l'homme oublieux de ses devoirs les plus sacrés, et il ne songeait pas plus à sa fille que si elle n'eût jamais existé. Devenu vieillard avant l'âge, il avait toutes les infirmités d'une caducité précoce; sa face avait quelque chose de hideux, un aspect repoussant; c'était un masque sans expression, couronné d'un front dénudé et plissé de rides profondes sillonnant jusqu'à la peau flasque et vide de ses joues; son regard terne et vitreux ressemblait assez à une braise éteinte au milieu de ses paupières rougies et enflammées par le feu de la débauche; ses épaules voûtées lui donnaient l'attitude la plus rachitique; en un mot, tout en lui concourait à offrir l'image d'une ruine vivante. Il ne s'occupait, malgré cet épuisement, que de plaisirs, de festins et d'orgies; et ses sens émoussés trouvaient encore un vil aliment dans une passion insensée. Il avait foulé aux pieds ses devoirs d'époux, il oubliait son devoir de père, il oubliait tout pour se donner tout entier aux débordements les plus condamnables et se livrer au culte de son amour décrépit pour la belle courtisanne Lesby, cette adorable créature que nous avons déjà vue enivrer tous les cœurs, lors de la première fête donnée par le gouverneur de Calais.

Un spirituel auteur nous disait l'autre jour que la vieillesse avait bien assez d'infirmités sans avoir celle de l'amour; et cela est d'autant plus vrai que l'âme se révolte lorsqu'on voit de semblables contre-sens qui ne sont sans doute qu'une ironie de la nature exhibant à nu une de ses plaies les plus laides.

La vieillesse est si belle avec sa blanche couronne et le prestige qu'elle lui donne. Pourquoi donc abdiquer tant de majesté? pour se draper des langes du ridicule? car il ne revient que cela, absolument que cela à ceux que la jeunesse nomme avec dégoût: *les vieux!*

Complètement délaissée de son père, Ida s'abandonnant de plus en plus à sa douleur, demandait chaque jour à Dieu d'être au plus tôt appelée près de sa mère; et sa tristesse était trop grande pour qu'elle pût s'apercevoir de la constante sollicitude du bon vieux Tim qui ne l'abandonnait pas un seul instant et faisait tous ses efforts pour rappeler son maître à de meilleurs sentiments.

Un jour qu'il s'était évertué en vain à faire rougir Aimery de sa mollesse, ce fidèle intendant se tenait à demi-voix ce monologue :

— Je suis, en vérité, à bout d'expédients. Vit-on jamais un tel entêté de maître ? Il n'y a réellement pas possibilité de lui faire entendre raison. Ah ! mon Dieu ! qu'il y a loin du temps présent à cette époque où le bonheur rayonnait dans la demeure seigneuriale. Hélas ! comme tout est changé ! Et c'est pis encore depuis que notre bonne dame n'est plus parmi nous. Pauvre dame ! morte de chagrin. C'est triste, bien triste ; et cette chère demoiselle qui finira par là aussi. Allons, allons, mon ami Tim, il nous faut chercher un moyen d'améliorer cet état de choses insupportable ; car cela ne peut plus durer ainsi.

Il réfléchit quelques instants, puis secouant mélancoliquement sa tête blanche, il reprit :

— Autant voudrait, je pense, se briser le crâne contre la muraille. Mais cependant, il n'y a pas à tergiverser, il faut sauver mademoiselle Ida. Que faire, que faire ! Inspirez-moi, bonté divine, car j'y perds moi-même la raison, j'ai beau m'indigner sans cesse contre les écarts de ce malheureux maître, cela ne le guérit pas ; il est de plus en plus indifférent à tout, il néglige tout et sauf cette femme... Tiens ! fit-il, tout à coup en se frappant le front, mais c'est une inspiration du ciel ! Si j'allais trouver cette enchanteresse Lesby.... son cœur n'est peut-être pas dénué de tout bon sentiment. Allons, ne perdons pas un instant.

Et il s'achemina de suite vers la demeure de la courtisanne. Lesby se trouvait en ce moment couchée à l'orientale sur un lit de satin blanc broché d'or et orné de perles ; elle reçut l'intendant dans cette attitude nonchalante et lui dit en souriant :

— Eh bien, Tim, quelles nouvelles m'apportes-tu ?

— Madame, répondit-il, veuillez excuser ma gaucherie et

pardonner la franchise d'un vieillard qui n'a point l'usage du monde; je ne viens pas vers vous de la part de mon maître; mais bien de mon propre mouvement, pour demander à votre bon cœur un service que j'attends de lui avec confiance.

— Parle sans crainte, mon bon Tim, que réclames-tu de moi ?

— Votre bienveillante disposition m'encourage et m'intimide à la fois; car je ne sais encore comment vous voudrez bien apprécier ma démarche hardie. Mais il faut, croyez-le bien, qu'un puissant motif me pousse pour venir vous demander une chose que vous pourriez me refuser, soit en me riant au nez comme à un insensé, soit en me faisant jeter à la porte comme un valet importun. Cependant je ne dois craindre rien de cela; l'assurance que j'éprouve en votre présence et le rayon de bonté que laisse tomber sur moi votre regard, confirment mon espérance, et vous accueillerez ma requête comme une louable action.

— Tu parles comme un maître docteur, mon ami, et ma curiosité est singulièrement excitée par ton entrée en matière. Voyons donc quelle est cette sérieuse affaire, je t'écoute.

— Depuis plus de vingt ans que je suis au service de monseigneur Aimery, j'ai été le témoin de bien des événements. J'ai vu avec philosophie la tristesse et le bonheur éclairer ou assombrir tour-à-tour la demeure du maître; j'ai vu la joie succéder au malheur, puis encore l'affliction étendre son ombre là où il y avait un rayon de félicité ; et, dans le calme de mon âme, je considérais toutes ces révolutions comme les consé-quences indispensables de la vie humaine. Cependant du jour où je remarquai que la joie était pour toujours sortie de la maison, mon stoïcisme se révolta contre la Fatalité, et je vou-lus tenter d'y faire revenir le bonheur; mais une invisible puis-sance s'éleva toujours contre moi et mes constants efforts n'ap-portèrent aucun changement, aucune amélioration à cet état de choses; et monseigneur Aimery, lui si sensible jadis, vit, sans en être affecté, la douleur pénétrer en son logis; sa femme est morte et il ne s'en est pas ému ; sa fille, si digne de toute sa tendresse, est abandonnée de lui et se meurt de chagrin ; son palais est déserté par tous ses amis d'autrefois et il voit tout cela d'un œil froid ; sa santé est ruinée et une précoce vieillesse l'aveugle à tel point qu'il se croit encore au temps de sa fougueuse jeunesse. Et ce qui met le comble à son malheur, c'est qu'il oublie sa dignité d'homme et de seigneur ; sous l'empire d'une passion insensée qui le couvre de ridicule, il néglige ses devoirs sacrés et bientôt vous le verrez s'endormir dans sa mollesse, jusqu'à se laisser surprendre par les ennemis qui envahiront notre cité et nous mettront à merci. J'ai voulu essayer de réveiller en mon maître ses sentiments patriotiques endormis, son affection morte pour sa pauvre enfant qui s'en va chaque jour ; ma voix, hélas ! est restée impuissante et je ne reçois pour toute réponse que raillerie sur raillerie.

En écoutant la voix chevrotante de cet homme dévoué, Lesby ne pouvait cacher l'émotion qui la gagnait de plus en plus ; bientôt ses beaux yeux s'humectèrent et deux larmes, deux perles roulèrent sur ses joues satinées, lorsqu'elle vit l'intendant se jeter à ses genoux et lui dire d'un ton suppliant :

— O vous, noble dame, qui devez avoir quelque pouvoir sur lui, veuillez joindre vos efforts aux miens et, par votre influence, arrachez à l'infamie ce père de famille, ce seigneur qui, par une étrange aberration d'esprit, se laisse glisser dans l'abîme ; sauvez-le, madame, sauvez-le, pour rappeler à la vie cette pauvre enfant qui est presque tuée déjà par le désespoir. Vous ferez en cela la plus belle œuvre, la plus digne action et votre bon cœur trouvera sa première récompense dans le contentement qu'il en éprouvera.

— Tim, répondit la jeune femme avec une douce expression qui la rendait adorable, tu es un noble cœur et ton espoir ne sera point déçu. Tu es venu à moi avec la confiance que j'étais susceptible encore de généreuses aspirations ; je t'en remercie ; car toi, tu n'es pas de ceux qui croient qu'une

femme tombée n'a plus de sensibilité, plus de sentiments, plus
de cœur; non, tu n'es pas de ceux-là qui loin de lui tendre
la main pour l'aider à sortir de la fange où la fatalité l'a poussée, l'y plongent davantage encore par leur accablant mépris.
Ah! misère humaine!... Tiens, Tim, il n'est pas sur la terre
un seul homme qui sache ce que ces richesses qui m'entourent,
cette soie, cet or, ces pierreries, ces fleurs cachent de désespoir et de pleurs! Tu ne sais pas, toi, tu ne peux pas savoir
l'histoire de ces fleurs délicates qui naissent sous les rayons du
soleil et tombent fanées dans l'infect bourbier, avant que leur
parfum soit entièrement développé. Eh bien! écoute moi, et tu
connaîtras bientôt cette image de la vie d'enfer à laquelle sont
vouées celles qui tombent sous le vent du malheur.

Privée de ma pauvre mère au moment où ma jeunesse allait
s'épanouir comme une fleur, un souffle impur la flétrit et, dès
le lendemain, je ne trouvais plus pour consolation même un
regard de pitié. Le monde me foulait aux pieds parce que
mon inexpérience n'avait su me prémunir contre le danger de
la chûte. Lâchement trompée, je n'étais point pour cela misérable; mais qu'importe, cette rigide société, qui par le déco-
rum sait si bien dissimuler ses propres plaies, me rangea au
nombre de ses parias. Alors, exposée aux affronts les plus san-
glants, je sentis naître en moi un désir brûlant de me venger
de cette hautaine hypocrisie d'un monde qui n'était pas meilleur que moi. J'étais jeune, belle, j'avais quelque fortune et
ma mère m'avait élevée avec la plus grande sollicitude; mais
aussi elle m'avait pénétrée de toutes les fausses idées, de tous
les sots préjugés qu'ont les grandes dames; j'avais du ton et
des manières comme elles, et en un mot tout ce qui convient
aux femmes coquettes et galantes qui s'occupent exclusivement
de plaire; j'étais, du reste, de bonne famille. Avec tous ces
avantages, et le levain de fiel qui inondait mon âme, bientôt
je levai hardiment le masque et vendis mes faveurs, en disant,
lorsque j'en avais l'occasion, à celles qui m'avaient repoussée
dans le malheur : « Madame, je vous ai pris votre mari; ma-

dame, votre amant est le mien. » Mais lorsque les premières
ardeurs de la lutte furent attiédies, le chagrin envahit bientôt
mon âme et je vis l'énormité de ma faute, ah ! il n'en était plus
temps ! Sur mon lit profané, je pleurais en songeant combien
j'aurais été heureuse de pouvoir bercer sur mon sein un de ces
petits anges que la providence jette · comme le parfum de la
fleur sur les pures amours. Hélas ! toutes les joies de la vie
d'épouse, toutes les tendres émotions de la mère m'apparurent
en un fuyant mirage ; mais, riant mensonge, il était trop tard
pour la pauvre enfant proscrite.... et je compris dès lors que
pour moi l'asile de paix serait dans la tombe. Maudite en cette
vie , réprouvée en l'autre monde, mon existence devint un
enfer et je me fis démon ; car, condamnée à l'éternel supplice,
mon âme voulut noyer dans l'ivresse de la débauche ses plus
affreux chagrins : Je refoulai au fond de mon cœur toute cette
sensibilité qui le débordait, et m'armant d'un cruel stoïcisme,
je me condamnai à l'indifférence ou plutôt à feindre ce sentiment, car je cachais avec soin ces pleurs que je versais quotidiennement dans le silence de la nuit et qui n'auraient eu
aucun crédit dans ce monde hypocrite où les larmes d'une fille
sans nom sont considérées comme autant de gouttes de fange
tombant dans la fange.....

Et deux ruisseaux limpides sillonnèrent ce beau visage.

Tim, attendri de tant de douleur, ne put s'empêcher de
lui dire :

— Ah ! noble dame, combien je suis malheureux d'avoir
réveillé ainsi tous vos chagrins, que ne donnerais-je pas pour
ne vous avoir point ainsi peinée.

— Au contraire, Tim, ces larmes me soulagent et ce sont les
premières que l'amertume ne fait point couler depuis bien
longtemps ; c'est une bien douce satisfaction pour moi de pouvoir rencontrer un cœur droit comme le tien pour y épancher
une partie de mes chagrins, et cela me laisse croire que je ne
suis pas complètement abandonnée du destin ; aussi, puisqu'il
m'est permis d'essayer encore de faire le bien, tu verras, mon

bon Tim, si je sais m'acquitter de ma tâche. Va, mon ami, tu peux compter sur moi et je ferai en sorte de combattre efficacement l'indifférence de ton maître.

Et l'intendant, tout joyeux, partit en remerciant Dieu d'avoir gagné un auxiliaire aussi puissant pour les besoins de sa cause.

— Oh! s'écria Lesby lorsqu'elle fut seule, oh! ce rêve affreux d'hier est donc réellement un avertissement du ciel.

Puis elle tomba à genoux et implora la miséricorde du Dieu qu'elle avait tant offensé, mais qui devait beaucoup lui pardonner puisqu'elle avait beaucoup aimé.

XXXVI.

L'HALLUCINATION.

Le soir de cette même journée, un homme richement vêtu, mais courbé comme un vieillard, entrait au logis de la courtisanne. Il était aisé de voir à ses manières qu'il se considérait là comme chez lui et les domestiques semblaient le reconnaître ainsi, tant ils s'inclinaient avec respect devant ce personnage.

— Morsy, dit-il en entrant, faites savoir à votre maîtresse que je suis ici.

Un instant après, la soubrette le priait de passer dans les appartements de la divinité du lieu.

Couchée nonchalamment sur des coussins de soie, la belle Lesby laissait passer sous le bord de sa riche robe de brocart le pied le plus délicieux, enfermé dans une babouche brodée d'or toute mignonne. Son corsage à demi ouvert laissait entrevoir, sous la transparence d'un tissu diaphane, des charmes pourtant assez voilés encore pour exciter la curiosité de l'œil ou aiguillonner les sens. Sa couronne de cheveux était ornée de fleurs des bois; simple parure qui seyait à merveille à ce front pensif; car la belle déesse semblait absorbée par une profonde mélancolie. Aussi à peine ouvrit-elle ses paupières demi-closes, lorsque le personnage annoncé entra dans la chambre; ce qui lui fit dire aussitôt :

— Eh! chère Lesby, qu'avez-vous donc ce soir? Vous serait-il arrivé quelque chagrin pendant la journée pour être ainsi soucieuse?

— Non, monseigneur, rien de fâcheux ne m'est arrivé

aujourd'hui, mais mon âme s'attriste toujours lorsque je veux jeter un regard en arrière ou sonder quelque peu l'avenir.

— Qu'avez-vous donc besoin de tourmenter votre esprit? Et à quoi bon se retracer le passé ou s'occuper de l'avenir; le présent ne vous suffit-il pas? N'êtes-vous pas heureuse?

— S'il suffisait, pour être heureuse, d'isoler le présent de tout autre souvenir, je le serais peut-être, mais cela ne suffit pas; car l'âme n'est réellement satisfaite que lorsqu'elle peut se rappeler le passé avec joie, voir le présent avec calme et entrevoir l'avenir avec une confiance souriante. Eh bien! je ne puis rien de cela; car le passé est une longue trace de deuil sur mon existence; le présent un rude sentier de ronces où mon cœur se déchire par lambeaux, et la seule pensée de l'avenir m'épouvante et me donne le vertige.

— Allons, allons, chère amie, laissez de côté toutes ces sombres rêveries qui ne peuvent qu'affecter votre santé et nuire à vos charmes.

— Ah! vous parlez de rêveries. Qu'est-ce donc que ma vie entière, sinon un affreux rêve?

— Mais enfin qu'est-ce à dire? Je ne comprends pas réellement le motif de cette désolation.

— Je suis, vous le savez, très superstitieuse; mais avec cela douée de ce sentiment secret qui ne me trompe jamais lorsque je pressens. Eh bien! écoutez ce récit et vous verrez ensuite si je n'ai pas lieu de m'alarmer.

— Hier, continua-t-elle, poussée par une force invisible, j'éprouvai un indicible besoin de me promener et, guidée par quelque génie sans doute, je m'aventurai, sans y prendre garde, dans la forêt de Guines où je fus bientôt égarée; cherchant en vain mon chemin, lasse et épuisée de fatigue, je m'arrêtai au milieu d'un tapis de fleurs qui émaillaient le fin gazon du bois et, sans m'en apercevoir, je me laissais gagner par le sommeil lorsqu'un rossignol, perché au-dessus de ma tête, laissa tomber comme une cascade de perles les notes de son ramage harmonieux; cela me fit rouvrir les yeux et je m'aperçus avec étonnement que les branches flexibles de l'arbre sous lequel je me trouvais, laissaient tomber de leurs feuilles les perles d'une rosée divine dont chaque goutte, en se détachant, se cristallisait pour tomber sur mon front et y former une véritable couronne de brillants ; peu à peu ces branches changèrent de formes, l'arbre d'attitude et j'eus devant moi une fée bienfaisante qui continua l'achèvement de ma couronne, en plaçant entre chaque pierrerie : la rose, emblème d'amour et de beauté ; le bluet, signe d'éclat ; et le lien d'amour et d'attachement du chèvrefeuille et du lierre enlaçait ce chef-d'œuvre d'art.

Puis la fée, me prenant par la main, me dit de la suivre près d'un ruisseau dont les eaux claires et limpides formaient la glace la plus unie ; alors elle m'invita à me regarder en me disant :

« Voici votre visage, ce miroir vous révèle le trésor de beauté que les dieux vous ont prodigué, afin que tout s'incline autour de vous en proclamant la majesté de vos charmes. Les fleurs elles-mêmes, celles qui ornent votre tête, comme celles qui se courbent sous vos pas, se réjouissent de votre présence et dans leur divin langage traduisent mille choses que vous ignorez. C'est un grand livre ouvert où vous pouvez lire vous-même votre destinée ; car toutes ces plantes ont leur symbole de vérité, leur vie, leur sentiment qui en font, en quelque sorte, un degré de transition entre la matière et l'immortalité : la délicatesse de leurs nuances charme la vue ; leur parfum enivre les sens et par leur mystérieuse harmonie elles réjouissent l'âme et prédisposent à la plus douce rêverie. Ce pied-d'alouette, qui s'épanouit sous vos pas légers, ne semble-t-il pas être une gracieuse invitation à lire ce livre dont il s'annonce comme la poétique préface ? puisque son symbole est : Lisez dans mon cœur. Puis, consultez au hasard ce bouquet qui nous entoure. Voici la rose trémière, la renoncule, le réséda, la reine des prés, le houx, la tulipe, etc., dont les figures symboliques sont :

Pour la rose :	Beauté noble ;
Pour la renoncule :	Vous brillez de mille attraits ;
Le réséda vous dit :	Vos qualités égalent vos charmes ;
La reine des près :	Règne du cœur ;
Le laurier :	Triomphe :
Le houx :	Défense, etc.

« Si vous assemblez maintenant ce mystérieux langage, vous y verrez écrit que votre noble beauté vous fait briller de mille attraits, que vos qualités égaleront vos charmes et que vous serez aimée des plus beaux et des plus vaillants chevaliers… » Elle continuait encore à me parler, cette bonne fée, mais je ne l'écoutais plus, envahie que j'étais par un bonheur immense ; mes yeux ravis à mon image que j'eusse voulu saisir, ne voyaient plus que mes charmes qu'il m'était donné de voir pour la première fois ; alors me reconduisant à l'endroit où elle m'avait pris, la fée interrompit mon extase en détachant ma couronne qu'elle emporta au ciel après avoir déposé sur mon front un baiser de protection.

Hélas ! tout cela était l'image de ma jeunesse sitôt flétrie, de l'âge où, à travers le prisme des illusions, je rêvais toutes ces choses. C'était un rêve du passé, reproduisant à mon esprit cette idéale représentation comme la dérision la plus amère.

Amère dérision, en effet, que ce mirage d'une prospérité que je n'ai connue que de nom ! Ces fleurs de la vie, il m'était même interdit d'y toucher ; car lorsque ma fée fut disparue, je voulus au moins cueillir, sur le tapis où je reposais, un bouquet qui m'eût toujours rappelé le souvenir de cette rencontre ; mais, horreur ! à la première touffe, je sentis glisser sous ma main le froid visqueux d'un reptile qui me mordit avec rage. Mes yeux se voilèrent et je crus que j'allais perdre connaissance ; il n'en était rien pourtant ; d'autres épreuves m'étaient réservées: Le ciel s'obscurcit tout-à-coup ; un immense brouillard s'éleva devant moi, voilant de sa teinte grise tout ce qui m'environnait. Je me trouvai alors comme dans le néant ; ne trouvant nul point d'appui pour reposer mon corps qui, chancelant, semblait rouler de cahos en cahos dans le vide; puis, peu à peu, ce nuage s'éclaircit et je vis, comme à travers un épais rideau de gaze, le splendide tableau de la vie; mais de cette vie heureuse que goûtent seules les femmes pures.

Mon langage ne saurait bien vous dépeindre ce que je vis alors. Oh! c'était la joie discrète, la félicité infinie exprimée par le chaste visage d'une modeste jeune fille dont le front d'abord éclairé de l'auréole de la virginité, se couronna ensuite des fleurs de l'hyménée, puis du nimbe sacré de la maternité. Enfin, les joies de la famille m'apparurent toutes une à une et les jouissances morales me furent exposées sous les plus séduisantes allusions. Je tentai de m'élancer vers cette riante apparition, mais à mesure que je m'avançais, tout s'éloignait de plus en plus; bientôt je ne vis plus rien : Le bonheur, oh! le bonheur me fuyait.

C'était le tableau du présent!

Aussitôt que tout se fut effacé, les ténèbres se firent et je me sentis non-seulement privée de tout appui, mais encore de la lumière. Je voulus crier, et aucun son ne sortit de ma bouche : l'écho n'existait plus et le néant s'était réellement fait pour moi. Une lueur indécise vint bientôt éclairer l'espace d'un reflet sinistre et douteux, tantôt vert, tantôt violacé ou couleur de sang, et une nouvelle scène se déroula non-seulement à ma vue, mais j'en devins encore le principal personnage. Mes pieds touchèrent de nouveau le sol; les arbres de la forêt m'apparurent comme des ombres vivantes, se remuant petit à petit et, prenant à la fin des formes humaines, ils s'avancèrent vers moi; je remarquai alors avec effroi, dans tous ces êtres animés, des visages que j'avais connus, des figures que je connais encore : c'était un cohorte de femmes jalouses qui venaient me demander compte du tort que j'avais fait à leurs jouissances, du trouble que j'avais semé dans leur âme. L'une d'elles, s'approchant plus que les autres, arracha violemment de mes cheveux les fleurs qui les paraient et les foula aux pieds avec le plus écrasant mépris ; je tentai de me révolter contre cette insulte sanglante, mais une puissance invisible me força à l'immobilité et je restai clouée au sol. Une seconde femme s'avança pour me souffleter ; une troisième me cracha à la face, puis les autres vinrent tour à tour me dépouiller, par pièces et par lambeaux, de mes vêtements et, lorsqu'elles m'eurent ainsi réduite à la nudité absolue, un concert de malédictions me tomba sur la tête.

Pendant cela, il se formait autour de moi une ronde infernale, composée d'êtres hideux, dont les traits me rappelaient cependant tous ceux qui se sont inclinés devant moi ; leur physionomie ne dénotait que les symptômes de la démence ou de l'idiotisme, et leur sarabande, accélérant sa vitesse, me pressa de plus en plus et finit par m'entraîner au milieu de ces insensés, parcourant ainsi la forêt, me heurtant d'arbre en arbre, déchirant mes chairs aux ronces des buissons, meurtrissant mes membres aux obstacles qui se dressaient à chacun de mes pas, croyant à tout instant tomber pour ne plus me relever sur ce sol ardu.

Mais, dans cette course folle, ma chevelure volant au vent s'accrocha aux branches d'un arbre ; j'y restai, suspendue et balancée dans l'espace, en pâture à ces femmes haineuses qui continuaient à m'outrager en me poursuivant ; elles se disposaient à me fustiger des branches et des ronces qui leur tombaient sous la main, lorsque apparut subitement un groupe de deux femmes, la mère et la fille, qui écartèrent les furies pour arriver jusqu'à moi. En les voyant soudainement, ma frayeur augmenta encore ; car je leur devais aussi un compte terrible à celles-là ; mais, loin de faire chorus pour me honnir et me conspuer, elles me protégèrent de leur corps et, par leur imposante attitude, dissipèrent la cohue et firent cesser le vacarme établi autour de moi.

Ces deux angéliques créatures délièrent des branches ma chevelure, se dépouillèrent en partie de leurs vêtements pour couvrir ma nudité. Puis, dans le lointain, je vis un vieillard qui, dans ses doigts amaigris, voulait se cramponner aux rameaux déracinés de la vie, tandis que les séides du mal l'attiraient vers le gouffre du déshonneur et de l'infamie. Alors les deux généreuses femmes qui me soutenaient dans ma défaillance, me montraient du doigt l'homme ainsi entraîné dans le malheur, en me disant: « Pauvre enfant! c'est vous qui l'avez conduit là ! »

Puis tout disparut et je me trouvai isolée au milieu de la forêt, couchée sur le tapis de fleurs où je m'étais arrêtée ; mes tempes battaient vivement, mon front ruisselait de sueur, comme à la suite d'un terrible cauchemar.

Cette dernière vision était celle de l'avenir, de cette malheureuse fin que je dois faire et du châtiment qui m'attend dans l'autre monde.

Ce veillard se débattant dans les étreintes du désespoir : c'était vous ! vous descendu au dernier échelon de la vie ! Ces femmes, c'étaient votre femme, votre fille !

— Ma femme! ma fille ! répéta machinalement Aimery en s'essuyant le front où perlaient de grosses gouttes de sueur glacée. Et les yeux fixés sur la tenture du lit, il lui semblait voir un fantôme blanc qui disparut aussitôt que la jeune femme eut terminé son récit. Cette hallucination de son esprit affaibli lui causa une si grande frayeur qu'il ne put ajouter un seul mot à son exclamation. Alors Lesby, toujours mélancolique, continua :

— Vous semblez vivement impressionné de ma confidence et j'en suis heureux; car cela vous disposera sans doute à écouter ce qui me reste à vous dire : Sachez donc, mon ami, que je suis résolue à quitter cette vie mondaine toute de douleur, et demain, sans plus tarder, je veux échanger mes joyaux, mes parures contre la robe de bure du cloître; je veux, au lieu de ces parfums éphémères, de ces fragiles et vaines richesses du boudoir, aspirer les émanations du ciel, réjouir mon âme du rayon d'en haut qui éclairera ma cellule. Cette détermination bien arrêtée m'autorise à vous dire aussi ce que vous avez à faire pour vous réconcilier avec la société entière à laquelle vous devez une réparation. Votre femme est morte de douleur, votre fille se meurt de chagrin ; donnez donc satisfaction à la mémoire de la mère, en retournant vers l'enfant qui se contentera de votre affection pour être heureuse. Votre roi a été trahi par vous, et vous avez cru racheter votre faute par une contre-trahison ; cela ne suffit pas, il faut encore du dévouement à la cause de votre souverain pour que votre fidélité soit réelle, et cependant, vous vous laissez aller à un tel abandon, vous vivez en une telle mollesse que chaque jour nous sommes exposés à voir les Français s'emparer de Calais à votre nez et à votre barbe, et cela sans coup-férir ou à peu près ; car auriez-vous le courage, dans votre situation actuelle, de repousser le moindre des empiétements de nos ennemis. Réveillez-vous donc, Aimery, et ne pensez plus désormais qu'à la gloire de votre patrie, à l'honneur de votre nom et au bonheur de votre enfant.

— Vous êtes une noble enfant, répondit le vieux gouverneur les larmes aux yeux, de me rappeler ainsi à la vie et vos généreux sentiments n'auront pas à souffrir plus longtemps de mon indolente attitude. Ce corps, courbé par l'âge, fatigué par les plaisirs, se redressera demain sur le paléfroi de guerre et ce bras amolli par l'inaction, soutiendra avec force l'épée qui doit défendre la bannière d'Angleterre.

Aimery, sous l'influence de ces faits, rentra chez lui tout pensif, tout ému et parfaitement résolu à suivre les conseils de Lesby.

Le soir même de cette mélancolique journée, une femme, simplement vêtue de noir et sans aucune parure, descendait au port de Calais, où elle s'embarqua pendant la nuit pour l'Angleterre Et le lendemain, la disparition subite de la belle courtisanne Lesby défrayait toutes les conversations dans la cité.

XXXVII.

LA RÉCONCILIATION.

L'occasion ne tarda pas à se présenter à Aimery de tenir sa promesse ; car à peine était-il rentré à son hôtel qu'un de ses valets lui annonçait qu'un officier l'attendait avec impatience dans l'antichambre. Il donna l'ordre de l'introduire de suite, et aussitôt le valet faisait entrer le personnage annoncé.

Depuis la surprise de Guines par les Anglais, la trêve était rompue et la guerre allait recommencer comme de plus belle. Des escarmouches avaient déjà lieu chaque jour aux environs d'Ardres et de Guines.

Guillaume de Beaucoroy, le traître de Guines, ayant pris du service dans l'armée anglaise, cherchait par tous les moyens possibles à se venger de ses griefs personnels contre la patrie qu'il avait ruinée en la trahissant lâchement. C'était ce nouvel émissaire aux gages d'Edouard III, qui venait relancer le gouverneur de Calais pour chercher pouille à ses anciens frères d'armes. Aussitôt introduit près d'Aimery, il lui dit :

— Monseigneur, depuis longtemps déjà je ne dors plus ; mon esprit inquiet est sans cesse à la torture pour chercher l'occasion de prouver mon dévoûment à notre souverain, en servant bien sa cause ; et après avoir épié les allures de nos voisins, j'ai mûri un plan que je viens vous exposer et qui, j'en ai la certitude, est infaillible. Voulez-vous vous emparer de la ville de St-Omer?

— Eh ! parbleu, c'est comme si tu demandais à Black, mon lévrier favori, s'il consentirait à croquer le râble d'un lièvre.

— Alors disposez-vous, vous et vos gens ; envoyez d'abord deux cents hommes, sous la conduite des frères Beauchamp, pour battre la campagne afin d'attirer la garnison de St-Omer dans la plaine où elle ne manquera pas de les poursuivre et, pendant ce temps, nous irons par Guines prendre la garnison du château, et avec notre nombreuse troupe nous nous emparerons de la ville, par la porte d'Arras, au grand ébahissement des Audomarois qui, en plein soleil, changeront de maîtres sans s'en douter.

— Sang-Dieu ! Beaucoroy, tu caches sous ton humble peau l'étoffe d'un grand capitaine. Mais dis-moi, l'ami, où puises-tu d'aussi bonnes inspirations ?

— Dans la haine que je voue à tout ce qui porte un nom français.

— Diable, diable !... fit Aimery, il a fallu, en effet, que tu aies des motifs bien sérieux, des griefs bien graves, pour trahir les tiens, lorsque tu avais la belle position de lieutenant du comté de Guines ?

— Seigneur Aimery, reprit Beaucoroy en assombrissant sa voix et son regard, je ne vous souhaite pas mes soucis et quelle qu'étrange que puisse paraître ma conduite, elle est justifiée devant Dieu et dans le calme de ma conscience. Qu'eussiez-vous fait à ma place si, par exemple, un grand de la cour du roi Edouard vous eût ravi votre fille, votre enfant chéri ?

— Ma foi, répondit le gouverneur hébété, je n'en sais rien pour le moment, je n'ai jamais songé à cela.

— Bon, maître Aimery, votre prudence ne vous abandonne jamais et par l'exemple du calme dont vous faites preuve, vous voulez sans doute modérer mon exaltation. Eh bien ! soit, je serai calme ainsi que vous, mais jusqu'au moment où le hasard me mettra en face de sire Edouard de Beaujeu, ce célèbre maréchal de France qui, abusant de son pouvoir, et couvert de son autorité militaire, s'est introduit dans mon logis pour faire oublier à ma femme ses devoirs d'épouse et de mère.

— C'est grave, en effet... il me semble que j'ai oui dire cela. Et ta femme ?

— Est aujourd'hui à St-Omer où elle a suivi son brillant

et débauché, séducteur, en abandonnant le toit conjugal. J'avais demandé justice de ce rapt au roi Jean ; mais ma faible voix n'a pu sans doute percer le bruit que font autour du trône les honneurs et la richesse. Je n'ai eu aucune réponse.

— Et alors ?

— Je me suis vengé d'abord du maître qui approuvait implicitement l'action de son représentant, comme je me vengerai du vassal lorsque j'en pourrai saisir l'occasion. Guines a été livré aux Anglais par ma volonté, comme le sire Edouard de Beaujeu, maréchal de France et gouverneur de la frontière, trépassera de mon fait ; car cette main ne se refermera jamais, tant que la pointe de mon poignard n'aura pas refoulé dans le cœur de l'infâme, l'injure sanglante qu'il m'a faite.

— La vengeance fait le plaisir des dieux et les délices des humains, dit Aimery.

— C'est possible, et vous pourriez ajouter aussi que c'est un vif sentiment qui commande impérieusement et veut prompte satisfaction ; mais c'est trop perdre un temps précieux à vous entretenir de mes propres affaires, lorsque nous pourrions plus utilement l'employer pour le service du roi.

— En effet, reprit le gouverneur en revenant tout-à-coup à l'idée que lui avait exposée l'ex-lieutenant de Guines, tu penses donc qu'en exécutant ton projet nous aurions chance de prendre dans nos filets quelques-uns des gros officiers du roi Jean, qui font tant de tapage depuis quelque temps, et aussi qu'il nous serait possible de nous emparer de la bonne ville de St-Omer ?

— La chose serait déjà faite qu'elle ne serait pas plus certaine ; mais il n'y a point de temps à perdre, car d'après l'avis du rôdeur qui suit Peacker comme son ombre et qu'il vient de me dépêcher, si nous n'agissons pas nous perdrons la plus belle occasion du monde ; et, peut-être serons nous les premiers inquiétés, attendu qu'il se forge quelque chose là-bas.

— Allons, suivons ton inspiration, brave Beaucoroy, elle me semble très bonne et je ne sais quel secret pressentiment me dit que le succès nous attend aujourd'hui et que la gloire doit rayonner une fois de plus sur les armes d'Edouard d'Angleterre. Prends donc toutes tes mesures, prépare ta compagnie et sois disposé à partir dans une heure pour Guines, je t'y accompagnerai avec mes archers et de là nous irons avec la garnison de ce château, tourner la position de St-Omer, comme tu l'as songé, pendant que les Beauchamp feront un simulacre d'attaque vers Ardres et d'hostiles démonstrations dans la plaine; et demain, avant le lever de la lune, nous nous abriterons bien certainement sous les toits aigus de cette hautaine cité qui se dresse trop fièrement en belliqueuse voisine de Calais. Va, Beaucoroy, fais tous tes préparatifs et j'aurai lieu sans doute de te remercier plus tard, car tu me rends la vie.

Puis, lorsqu'il fut seul, Aimery arpenta la chambre en pensant hautement :

— Ah ! messieurs les Français, il vous faut des trèves, il ne vous en faut plus ! comment donc vous contenter ? C'est donc du bruit, du hutin qu'il vous faut à cette heure ? Bon, bon ! vous allez être contents. Nous vous taillerons de cette dure besogne que vos quotidiennes démonstrations semblent nous reprocher d'avoir un instant oublié de vous donner. Et puis j'ai besoin moi-même de combattre, de retremper dans le sang de nos ennemis cette lame oxydée, en un mot, de me rajeunir au milieu de ces combats qui ont bercé mon enfance comme le doux chant d'une mère; qui ont éclairé ma jeunesse comme la sollicitude d'un bon ange ; qui ont animé les plus belles années de ma vie comme l'enlacement d'une amante passionnée.

En parlant ainsi, ce vieillard tout courbé la veille sous le poids de l'ennui, abattu par l'indifférence, énervé par des plaisirs sensuels qui n'étaient plus de son âge, retrouva son énergie des jours heureux ; sa taille était redressée ; ses joues creuses et blafardes se ranimaient sous une teinte carminée et ses yeux ternes encore un instant auparavant, lançaient des gerbes de feu comme à la bataille de Crécy. Il marchait avec une agitation fébrile qu'il n'avait pas encore ressentie depuis bien des années et, en arpentant ainsi le sol de sa chambre, ses yeux se fixèrent tout à coup sur un petit médaillon qui semblait renfermer une relique et qui, pendu au mur et entouré avec soin de divers objets précieux, était assurément posé là par une main fidèle et dévouée comme un objet sacré auquel on rendait un culte quotidien.

En apercevant ce médaillon, Aimery s'arrêta. Puis s'approchant, sans trop se rendre compte, de ce petit objet, il murmura tout bas :

— Tiens ! c'est la première fois que je remarque ceci... des cheveux blonds, des cheveux d'enfant formant une pensée, puis au-dessous un E et un I ; mais ce sont les cheveux de ma femme, ceux de ma fille.

Puis s'interrompant tout suffoqué par de pénibles souvenirs, il répéta :

— Ma femme !... ma fille !...

Sa tête rêveuse se pencha sur sa poitrine, comme s'il eût voulu s'arracher aux ténèbres qui enveloppaient son âme depuis si longtemps ; et Dieu ayant pitié de cet homme pourtant si coupable, lui envoya une douce illusion qui retraça dans son esprit le bonheur de ses meilleurs jours. Il eut un souvenir pour celle qui n'était plus. Un sourire d'affection erra sur ses lèvres décolorées : il était pour Ida, la pauvre enfant délaissée. Et cet homme, tout à l'heure pervers encore, astucieux et dénaturé pendant une grande partie de son existence, venait en un instant de racheter toutes ses fautes.

Dieu lui avait pardonné ; car une larme sillonnait sa joue flétrie.

La surprise de Tim fut bien grande lorsqu'il entra dans le salon ; croyant être le jouet d'un rêve, il se frotta vainement les yeux et continua de voir son maître agenouillé devant le médaillon que la main d'Ida avait posé là et qu'elle arrosait chaque jour de ses larmes.

— Que veut dire cela ? fit-il mentalement.

Et, n'osant pas avancer d'un pas, il toussa pour avertir de sa présence, attendu que le bruit de son entrée n'avait nullement dérangé Aimery.

— Que veux-tu, Tim ? interrogea le gouverneur en redressant la tête.

— Monseigneur, je viens... parce que...

— Oui, je vois, tu balbuties ; tu es étonné de me voir ainsi, n'est-ce pas ? et tu ne sais t'expliquer mon attitude que par un dérangement subit de facultés ; car j'ai depuis longtemps oublié de montrer autant d'affectueux sentiments pour celles qui auraient dû toujours occuper ma pensée.

— Ah ! maître, fit l'intendant en s'élançant vers lui et en prenant sa main pour y déposer un baiser, quel bien vous me faites de parler ainsi.

— Oui, je le sais, mon vieil ami, tu es le fidèle serviteur de la famille et le seul ami qui ait eu le courage de me crier haro quand je courais imprudemment sur les bords de l'abîme. Sache donc, mon bon Tim, que je veux tenter aujourd'hui de faire oublier tout mon passé, quoiqu'il n'en soit plus temps peut-être. Préviens immédiatement ma fille que je désire la voir.

Le bon intendant, en s'éloignant, se disait à lui-même :

— Est-il possible que mon succès soit aussi complet. Mais je n'y comprends réellement rien ; c'est un vrai miracle. Et pourtant, chose étrange ! comment cette sirène s'y est-elle prise pour le faire changer aussi subitement, pour le retourner positivement comme un gant ? Bonté divine ! c'est cependant l'œuvre incontestable de cette jeune femme que les uns montrent au doigt du haut de leur mépris, tandis que d'autres l'encensent pour gagner ses faveurs. Etrange chose, tout de même !... sauvé par la même influence qui l'avait perdu !... poussé dans l'abîme et retiré du gouffre par la même main ! C'est égal Lesby, pauvre enfant déshéritée, tes larmes d'hier tombent encore toutes brûlantes sur mon cœur ; ton âme remonte à la lumière par cette belle action, et puisque Magdelaire repentante a été reçue au sein de Dieu, Lesby pratiquant la charité aura assurément sa place parmi les élus ; car à mes yeux cette œuvre digne efface tout le passé...

Son monologue fut interrompu, car il ouvrait en ce moment la porte de la chambre d'Ida. Il resta quelques instants en contemplation devant la jeune fille qui était en oraisons.

— Pauvre enfant ! se dit-il mentalement, elle passe ainsi la moitié de sa vie. Sans doute son âme, en s'élevant vers le Tout-Puissant, rencontre celle de sa mère bien-aimée sur un rayon éthéré. C'est, du reste, sa seule consolation : le souvenir de celle qui l'aimait tant ici-bas et qui la protège encore du haut des cieux. Oh ! oui, noble jeune fille, vos prières sont ferventes, et vous n'invoquez pas en vain les puissances célestes ; votre bonne mère vous sourit en ce moment au milieu de la phalange des élus où elle rayonne ; car votre front semble radieux ; c'est un sourire qui vous vient du ciel.

Puis, s'interrompant tout à coup, il s'arracha au charme qu'il subissait, en se rappelant la mission qu'il avait à remplir.

— Hum ! hum ! fit-il assez doucement pour ne pas annoncer trop brusquement sa présence.

Ida, tournant aussitôt vers lui son visage pâle, sortit de sa pieuse rêverie, et sa voix, si douce qu'on eût pu croire celle d'un ange, murmura :

— Entre, mon bon Tim, ma prière est finie, maintenant je puis te causer.

— Vous avez encore pleuré, mademoiselle, fit l'intendant avec un ton de respectueux reproche ; car vos yeux portent la trace de larmes récentes. Pourquoi toujours vous désoler ainsi ?

Une larme douloureuse jaillit alors de ses yeux si beaux, si tendres et faits pour le bonheur ; cette perle roula sur la joue d'Ida qui, prenant une muette attitude, sembla vouloir se renfermer de nouveau dans les amers souvenirs qui assombrissaient son âme.

— Pardonnez-moi, mademoiselle, si la simplicité de ma parole est parfois empreinte de rudesse ; je vous fais verser des pleurs que je voudrais tarir au prix de mon sang, et cela en voulant vous apporter des consolations ; mais je m'y prends si maladroitement, sans doute, qu'au lieu de soulager la plaie que je veux fermer, je l'irrite.

Le regard affectueux et si plein de reconnaissance que lui lança Ida, l'interrompit, et elle lui répondit :

— Pauvre ami, toi me causer des chagrins ! Oh ! non, tu te trompes assurément ; car le seul bien être que je puis parfois goûter encore ne m'est produit que par tes bons conseils, que par tes bienveillantes paroles, si touchantes qu'elles me semblent dites par la bouche même de ma bonne mère.

— Vous me rassurez par ce langage que vous inspire votre nature d'ange, et j'y retrouve la force de continuer à vous parler sans crainte ; car c'est mon dévouement qui vous parle, c'est mon cœur d'honnête homme qui vous conseille.

Il est des douleurs que l'on réveille sans cesse en voulant les soulager, et la vôtre est de cette nature. Votre âme délicate, votre sensible cœur ont été froissés par le malheur ; mais vos sentiments sont trop élevés pour ne pas laisser pénétrer, dans les replis de votre cœur meurtri, la lueur d'espérance qui n'est pas même refusée par la nature à celui qui doit le moins espérer ; et ce Dieu si bon que vous priez sans cesse, le croyez-vous donc implacable dans ses épreuves ?

La pauvre enfant, secouant mélancoliquement la tête, répondit :

— Je le prie, non pour qu'il m'accorde ce que je sais impossible, mais pour que sa bonté hâte le terme de mes souffrances, en me rappelant vers ma mère que je veux rejoindre.

— Oui, je le sais, c'est ainsi que vous vous suicidez moralement en oubliant que le créateur vous a mise sur cette terre, non pour chercher la mort, mais au contraire pour la combattre et l'éviter autant que faire se peut. Vous cherchez en vain, dans le silence de la mélancolie, l'oubli de vos maux, et c'est là, au contraire, où votre esprit se retrace le plus aisément toutes les images qui peuvent porter le trouble dans vos sens et augmenter encore votre supplice. Les jours heureux reviennent à votre mémoire, votre imagination traverse alors ces riantes illusions qui illuminèrent votre jeunesse de leurs éblouissants reflets, et votre âme, élevée aux plus radieuses hauteurs, retombe précipitamment dans le cahos des ténèbres ; puis se dessine à vos yeux l'effrayant tableau des malheurs qui vous ont accablée et le désespoir semble être le seul refuge possible à votre cœur ulcéré.

« Pourtant, que diriez-vous si ma voix amie vous engageait à reprendre tout votre courage, en vous assurant que vous pouvez encore être heureuse ?

— Je te dirais, répliqua Ida en sortant de son apparente léthargie, que ta sagesse t'abandonne, pour te laisser entrevoir ainsi, par un mirage trompeur, une chose tout simplement impossible.

— Eh bien ! détrompez-vous, mademoiselle, et si je ne vous ai pas annoncé plus brièvement le bonheur qui vous attend, c'est que j'ai voulu vous préparer à recevoir sans une trop vive secousse la nouvelle que je suis chargé de vous communiquer.

— Qu'y a-t-il donc de si surprenant dans ton message pour prendre d'aussi minutieuses précautions ?

— Monseigneur Aimery, votre père, est en ce moment dans la chambre de votre défunte mère, où il vous attend agenouillé devant le reliquaire qui reçoit chaque jour votre pieuse visite ; et en se réconciliant avec Dieu, avec la mémoire de sa digne épouse, il veut aussi se réconcilier avec son enfant. Je suis donc chargé de vous dire que monseigneur vous attend pour vous recevoir dans ses bras qu'il regrette assurément de ne pas vous avoir toujours tenus ouverts.

Et l'intendant se retira, laissant sa jeune maîtresse en quelque sorte paralysée par la surprise que lui causait cette nouvelle inattendue.

Revenue de son étonnement, le premier mouvement d'Ida fut de remercier le ciel de ce changement heureux ; puis aussitôt elle se dirigea vers l'appartement où l'attendait son père.

L'entrevue fut de celles qu'on ne saurait décrire : Aimery pressa sa fille sur son cœur ; leurs larmes coulèrent silencieusement et leurs regards, portés simultanément sur le médaillon, se confondirent dans un rayon de bonheur où était écrit d'une part le plus noble repentir, de l'autre le plus doux pardon. Le silence de cette scène en rehaussait encore le caractère et dans leur muette contemplation, les deux cœurs se rapprochèrent pour se dire beaucoup plus de choses que n'en eussent exprimé les plus longues phrases ou les plus chaleureuses paroles. Enfin, rompant ce solennel silence, Aimery dit à sa fille :

— Ida, chère et noble enfant, vous ne souffririez pas, je le sais, que votre père s'accusât lui-même devant vous, aussi me tairai-je sur le passé pour ne vous parler que de l'avenir. Je dois une réparation à mon roi pour ma conduite antérieure, je vous dois à vous une compensation pour toute la tendresse et l'affection dont je vous ai privée ; je dois, en un mot, réparer aux yeux de tous le scandale causé par ma faiblesse. Une occasion se présente à moi aujourd'hui pour rentrer dans la voie que je n'aurais jamais dû quitter. Je vais ce soir, cette nuit même, commander une chevauchée qui doit relever mon nom dans une auréole de gloire et, pour mieux m'y préparer, j'ai voulu vous revoir et vous dire que désormais ma préoccupation constante sera de vous rendre heureuse, si mon entière affection y peut suffire.

— Mes vœux vous suivront toujours, mon père ; que votre entreprise soit couronnée de succès et qu'au milieu des combats votre pensée se reporte au ciel d'où le souvenir de ma mère vous guidera, et vers votre demeure où le cœur de votre enfant priera.

XXXVIII.

LA FOSSE AUX ANGLAIS.

Au milieu des épaisses ténèbres de la nuit, les soldats de la garnison de Calais sortirent silencieusement de la ville et se dirigèrent vers Guines. Au centre de l'un des détachements se tenaient quatre chevaliers que l'attitude respectueuse des hommes qui les entouraient dénotait clairement être les chefs de l'expédition. Tout en chevauchant, ils causaient à demi-voix, s'entretenant sans doute du plan de leur entreprise ; car par intervalles, l'un d'eux laissait, à dessein, ouïr aux soldats quelques paroles significatives, pour stimuler leur courage et les préparer à l'attaque combinée.

Il arrivèrent devant le château de Guines où les attendaient les soldats de cette forteresse, tout prêts à se joindre à eux.

Les quatre chevaliers, qui étaient effectivement les chefs de cette troupe, firent reposer leurs soldats, tandis qu'eux seuls pénétrèrent dans le château pour s'y concerter définitivement. Aimery de Pavie prit alors la parole :

— Il m'est avis, dit-il, chers compagnons, de bien nous entendre pour ne point compromettre le succès de notre affaire. Voici le plan que je propose de suivre, si toutefois vous n'y voyez pas d'inconvénients : Nous marcherons de concert par les chemins peu fréquentés de Campagne et de Bouquehault, jusqu'au dessous de la forêt de Tournehem. Là, nous diviserons notre armée en deux corps, dont l'un, placé sous vos ordres, messires de Beauchamp, sera dirigé vers la place de St-Omer, devant laquelle vous irez provoquer la garnison française qui, indubitablement, sortira des murs ; le second corps que je commanderai avec Beaucoroy, gagnera, par la traverse, les villages de Zudausque, Tatinghem et Longuenesse.

de manière à gagner la place du côté d'Aire, pendant que vous frapperez devers Calais. Nous entrerons alors dans la ville dépourvue de sa défense et, lorsque nous nous serons assurés de toutes les portes, nous tomberons sur les derrières de l'armée ennemie qui se trouvera prise au trébuchet et pressée des deux côtés. Cette diversion amènera certainement la confusion dans leurs rangs et alors il nous sera facile de réduire à merci toute cette fière garnison qui a l'audace de venir journellement parader sous les murs de notre forteresse ; et demain, j'en ai la conviction, nous pourrons donner à la plaine de St-Omer le nom de *la tombe des Français*. Que pensez-vous de cela ?

— C'est parfaitement combiné, dirent-ils tous, et nous n'eussions pas mieux pensé.

— Alors, messieurs, mettons-nous en marche, sans perdre un seul instant ; car il me tarde de boire à la coupe de la Victoire.

Les quatre gentilshommes sortirent aussitôt reprendre leur commandement, et dix minutes après les deux corps d'armée s'ébranlaient en se dirigeant sur Campagne.

Les frères Beauchamp marchaient en avant, et le gouverneur de Calais suivait avec sa troupe, accompagné de l'ex-lieutenant de Guines.

Ils devisaient sur le succès assuré de leur coup de main, lorsqu'arrivés près de la commune de Bouquehault, Aimery dit à Beaucoroy :

— Si tu n'avais pas été Français jadis, je te dirais que les soldats du roi Jean sont des fanfarons, bons à parader en temps de paix ; mais couards comme le héron lorsqu'il s'agit de montrer quelque valeur sur le champ de bataille.

— Hum, hum ! fit Beaucoroy qui, malgré sa haine récente pour les Français, sentait encore vivace en lui le sentiment d'amour-propre national.

Mais il ne dit pas autre chose, se contentant de mordre le bout de sa moustache qu'il coupa net entre ses dents.

— Parbleu ! continua Aimery, ne dirait-on pas que tu n'approuves point mon opinion. Du reste, les faits sont là qui me donnent raison : A Crécy n'étaient-ils pas dix contre un ? et ils ont perdu la partie. A Calais l'armée de Philippe de Valois n'était-elle pas de deux cent mille hommes, qui n'ont pu déloger l'ost du roi Edouard ? Aussi je t'assure, cher Beaucoroy, que si nous avons la chance de nous mesurer avec MM. les officiers du roi de France, ils seront pleins de courtoisie et nous céderont la place sans trop se faire prier : car le destin protège nos armes partout victorieuses ; et il suffit de porter la bannière du roi Edouard, de la défendre avec une bonne lame anglaise, pour détruire la plus nombreuse phalange ennemie.

Tout-à-coup, une voix formidable, semblant sortir d'un buisson voisin, interrompit le gouverneur dans sa vaniteuse péroraison en lui disant :

— Tu te pares des plumes du paon, maître Aimery ; car tu n'es pas sujet anglais. Puis, la victoire de Crécy, dont tu te vantes si prétentieusement, ne fut due qu'à la trahison, et si parfois les meilleures causes sont abandonnées du destin, il n'appartient pas aux fourbes et aux lâches de s'en glorifier. Souviens-toi, Aimery de Pavie, que tu n'es qu'un traître Lombard, qu'un soldat félon digne de la hart.

— Qu'on cherche cet homme, qu'on le saisisse, hurla aussitôt Aimery.

Les soldats anglais se précipitèrent vers le lieu d'où partait la voix ennemie ; mais ils furent arrêtés dans leur élan et glacés d'effroi en entendant de nouveau vibrer la même voix : mais cette fois pour jeter le cri de guerre :

— Montjoie ! St-Denis ! A moi France ! sus aux Anglais !

Une armée entière surgit tout-à-coup, se dressant sur le sol comme une apparition de fantômes sortant des entrailles de la terre ; et mille traits sifflèrent aux oreilles des agresseurs et en couchèrent à terre plus d'une centaine qui ne se relevèrent plus.

C'était l'armée française, sous la conduite du maréchal de Beaujeu, qui se révélait ainsi ; elle devait elle-même tenter de surprendre cette nuit là la garnison de Guines ; mais avertie par ses éclaireurs de la marche des Anglais, elle s'était arrêtée en chemin. Les chefs, après s'être concertés un instant, avaient fait coucher leurs troupes dans les replis du terrain en dehors de la route, soit pour combattre les Anglais, s'ils étaient vus d'eux ; soit pour s'emparer de Guines après le passage des troupes ennemies ; lorsque la tirade d'Aimery décida bientôt du parti à prendre.

A cette rencontre inattendue, les troupes anglaises reçurent le premier choc avec indécision, et une effroyable mêlée commença dans l'obscurité ; puis les troupes d'Aimery se débandant, coururent confusément dans la plaine en tous sens, ne sachant de quel côté elles allaient, tant elles étaient saisies de frayeur et aveuglées par les ténèbres épaisses de la nuit ; et en fuyant ainsi elles retombaient sans cesse sur de nouvelles embuscades qui les décimaient.

Mais bientôt la pâle lueur de l'aurore vint éclairer ce champ de carnage, et les quatre gentilshommes anglais, multipliant leurs efforts, parvinrent à arrêter les fuyards, à recomposer leurs batailles, et à présenter une sérieuse résistance aux colonnes françaises. Et pour mieux soutenir leurs soldats, les quatre commandants anglais se divisèrent, en se plaçant aux quatre points les plus vulnérables de leur armée, et ils soutinrent de la parole et du geste les troupes auxquelles ils donnaient l'exemple de l'activité et du courage. Un cinquième personnage, que nul n'avait remarqué jusqu'alors, mais qui semblait épier attentivement ce qui se passait de côté et d'autre, tenait l'extrême point de la ligne anglaise et malgré son allure étrange, son air sombre, il se préparait sérieusement au combat, car plusieurs fois déjà, il s'était assuré que sa dague jouait librement dans son fourreau.

Par une étrange coïncidence, l'armée française se trouvait également sous les ordres de cinq gentilshommes. Le maréchal de Beaujeu commandait en chef et Ribeaumont, Charny, Fienne et Renty s'étaient divisé les commandements des divers corps.

Après la confusion de la nuit, les deux armées, remises en ordre, s'avancèrent l'une vers l'autre. Le choc fut terrible et les premiers rayons du soleil levant éclairèrent de leurs reflets dorés une terre fumante et rougie du sang déjà répandu. Les coups étaient portés avec acharnement de part et d'autre, et, sans perdre un seul pouce de terrain, les adversaires s'entre-mêlèrent si bien qu'ils ne formèrent bientôt plus qu'une immense confusion d'hommes luttant corps à corps et se terrassant sans merci. La voix des chefs n'était plus entendue et tous ces soldats ressemblaient à des lions furieux, altérés de sang. Les chevaliers eux-mêmes combattaient à merveille en faisant le vide autour d'eux; car chacun de leurs coups ouvrait les portes de l'éternité à ceux qui en étaient atteints.

Cette lutte géante durait depuis longtemps déjà, lorsque Beaucoroy jeta tout à coup un cri perçant et se lança à travers les groupes pour atteindre l'homme qu'il venait de reconnaître et qui, en ce moment, besognait avec une ardeur peu commune; se trouvant en face de lui, il s'écria :

— Pardon, seigneur de Beaujeu, daignez tourner votre attention de ce côté; l'honneur de votre partie me revient, je m'en empare.

Et en disant ces mots, il commença à frapper d'estoc et de taille, tant et si bien que le maréchal de France n'avait que le temps de parer ou d'éviter les coups habilement portés et qui se succédaient avec la rapidité de l'éclair.

— La chose a cela de plaisant, murmura de Beaujeu en se défendant, que c'est peut-être la première fois qu'un maréchal de France se voit forcé de croiser le fer avec un homme dont il ignore le nom et la naissance. Me direz-vous au moins qui vous êtes?

— Mon nom est au bout de ma rapière, riposta l'agresseur, et de sa pointe acérée je vous l'écrirai tout à l'heure au fond du cœur; car ce n'est pas un beau coup que je cherche, une forte rançon que j'espère; mais bien votre sang que je veux boire, votre souffle que je veux éteindre, votre cœur que je veux déchirer de mes mains crispées, pendant que j'enverrai votre âme noire au fond des enfers.

— Tu es donc le diable en personne, pour oser former de tels desseins et nourrir une semblable haine ?

— Non, je ne suis pas Satan, ni même de ses satellites ; je suis tout simplement un mortel comme toi qui, au nom de la justice, vient se payer sur ta personne du dommage que tu lui as causé... Ah ! tu commences à frissonner, je sens cela au contact de ta lame, noble Beaujeu ; tu sembles me comprendre de plus en plus, car ton jeu est moins sûr ; ta défense devient faible... touché !... ah ! ah ! bon, tu chancelles.

Il n'avait pas plutôt achevé ces paroles, que le maréchal de France, s'affaissant sur lui-même, tombait lourdement à terre. Mais l'action générale était si vive ; l'attaque et la défense tellement acharnées de part et d'autre, que nul ne remarqua d'abord que le commandant en chef de l'armée française était blessé. Profitant de cette circonstance toute fortuite, l'ex-lieutenant de Guines se pencha sur le corps de son adversaire, et relevant la visière de son casque et aussi celle de Beaujeu, il lui dit :

— Me reconnais-tu maintenant, homme pervers, suborneur de femmes ? Tu m'as ravi ma compagne et, par suite, fait fausser ma foi en mon souverain. N'est-il pas juste, aujourd'hui, que je te prenne en compensation la vie à laquelle tu tiens tant, et qu'auparavant je t'avilisse, en te crachant au visage le fiel que tu fais jaillir en mon cœur, comme tu m'as conduit au déshonneur par ta lâche perfidie ; car j'étais faible lorsque tu as abusé de ta force et de ta puissance ; mais aujourd'hui, je redeviens homme et puis relever la tête : la tache dont tu as souillé mon nom est lavée dans ton sang.

— Ecoute !... un mot, un seul mot, dit en suffoquant Beaujeu qui rendait le sang à pleine gorge ; tu croiras sans doute la parole d'un mourant qui n'espère plus qu'en Dieu ; car je me sens mortellement atteint, et je n'implore nullement ta pitié. Eh bien ! en descendant dans la tombe, je te jure par les mânes de mes aïeux que je suis complètement étranger à tes malheurs domestiques. Ce n'est point moi qui ai séduit ta femme; ce n'est pas moi qu'elle a suivi...

— Tu mens! parjure, s'écria Beaucoroy en bondissant comme un tigre sur ce corps à demi mort. Meurs donc pour payer ton infamie.

En disant ces mots, il lui enfonça sa longue dague dans le cœur. Les yeux de Beaujeu se rouvrirent et se refermèrent, un frémissement parcourut tout son être : il n'était plus qu'un cadavre. Pourtant il était bien innocent du crime que lui imputait son meurtrier dont la femme ardente et passionnée s'était éprise d'un des gentilshommes de la suite du maréchal, et si ce dernier était blâmable en quelque point, ce ne pouvait être que de n'avoir point appuyé en temps utile la juste réclamation de Beaucoroy.

En contemplant son œuvre avec le sentiment féroce d'une vengeance satisfaite, l'ex-lieutenant de Guines ne put s'empêcher de dire tout haut :

— Enfin, ce monstre a payé sa dette ! et....

— Tu paieras bientôt la tienne, interrompit une voix connue qui le fit trembler dans sa joie sanguinaire.

En se retournant subitement, il se trouva en face de la pointe d'une longue épée qui lui traversa la gorge.

C'était Ribeaumont qui, de loin, avait vu s'abaisser la dague d'un assassin sur le corps d'un chevalier étendu à terre et qu'il ne reconnaissait pas encore. Ce fait monstrueux et contre toutes les lois de l'honneur l'avait indigné et, en loyal homme de guerre, il venait venger cet acte de barbarie, lorsqu'il reconnut avec effroi que le vaincu si traîtreusement occis, était le maréchal de France en personne.

Le coup qu'il venait de porter à Beaucoroy n'était point mortel, mais cependant assez grave pour le laisser cloué au sol. Aussi Ribeaumont lui dit :

— Je pourrais t'achever, misérable, mais je préfère que le glaive de la justice te soit administré par la main du bourreau;

car la mort du champ de bataille est trop digne, trop noble pour le transfuge qui n'a pas hésité à vendre sa patrie aux Anglais et à tremper ses mains dans le sang de ses compatriotes. Tout à l'heure nous reviendrons te rendre visite.

Il prit aussitôt le commandement en chef de l'armée française qui, apprenant soudainement la mort du maréchal, commençait à s'ébranler et à faiblir; mais Ribeaumont lui imprima un tel mouvement que bientôt les troupes anglaises perdirent tout avantage et qu'elles recommencèrent à fuir.

Alors ce fut un désordre épouvantable, un carnage horrible; les Anglais trébuchaient, tombaient les uns sur les autres et recevaient la mort si, à la première sommation, ils ne se rendaient pas prisonniers. Bientôt il n'y eut plus que quatre groupes qui combattirent avec quelque persistance; ils étaient formés par quelques vieux soldats résolus à tenir ferme, tant que leurs chefs seraient debout; et ces chefs étaient les trois gentilshommes anglais et le personnage mystérieux que nous avons vu prendre les commandements périlleux au second épisode de ce dramatique combat.

— Rendez-vous! rendez-vous! leur criait Ribeaumont; vous voyez que toute résistance est vaine; la journée est pour nous.

En effet, quelques moments après, les frères Beauchamp se rendaient à discrétion; mais Aimery de Pavie se battait encore comme un lion. Privé de son casque, ses longs cheveux blancs flottaient au vent et léchaient une plaie large et béante qui lui labourait l'os frontal. Mais enfin, épuisé de fatigue, affaibli par la perte de son sang, il jeta un coup-d'œil rapide autour de lui, et ne voyant partout que morts, blessés ou prisonniers, il baissa la pointe de son épée vers la terre et dit avec l'accent du plus grand désespoir :

— Seigneur de Ribeaumont, c'est à vous que je veux rendre mon épée. Je suis votre prisonnier.

En recevant l'arme du gouverneur, le commandant des forces françaises lui répondit :

— Je reçois volontiers votre épée au nom du roi de France.

auquel appartient seul le droit de statuer sur le sort des prisonniers de guerre qui ont antérieurement desservi déloyalement sa cause. Vous êtes donc à la discrétion de notre souverain et il ne m'appartient même pas de vous laisser espérer que la liberté vous sera accordée après rançon ; car souvenez-vous que votre nom figure au livre rouge et qu'il est interdit aux conseillers les plus intimes de Sa Majesté, de s'intéresser à ceux que la fatalité y a fait inscrire.

— Que ma destinée s'accomplisse, dit avec résignation le vieux gouverneur. Le roi Jean peut me faire payer ma dette comme bon lui semblera.

Et il alla se mêler au groupe de prisonniers que gardait une nombreuse compagnie d'hommes d'armes.

Ribeaumont, se félicitant intérieurement du résultat de cette rencontre, se disposait à prendre les mesures convenables pour rassembler ses gens et rétablir l'ordre des troupes pour rentrer à St-Omer, lorsqu'il vit avec étonnement que deux chevaliers luttaient encore avec un acharnement extraordinaire. Ils restaient seuls, combattant au milieu de ce vaste champ de carnage ; leurs épées étant brisées, ils luttaient corps à corps, s'étreignant avec force d'une main pour se faire chanceler, et tenant de l'autre, l'un une masse d'armes, l'autre une courte dague dont la lame bien effilée faisait jaillir des étincelles de la cuirasse où elle cherchait à mordre et reflétait en lueurs rapides comme l'éclair, les rayons du soleil.

La masse d'armes frappait loyalement pour la France ; la dague, outil d'assassin, était anglaise.

Curieux de se rendre compte de cette lutte, Ribeaumont s'approcha aussitôt des deux chevaliers, et les vit tout à coup chanceler, se séparer et tomber à terre chacun de son côté. Et, en se précipitant au secours de son compagnon d'armes, il resta glacé d'effroi en reconnaissant de Charny qui faisait de pénibles et douloureux efforts pour retirer l'arme meurtrière de la plaie qui lui labourait le flanc. Remis de l'étourdissement que lui avait causé le terrible coup de massue de Charny.

l'Anglais se releva subitement et s'emparant d'une longue épée qu'il ramassa à terre, il se rua furieusement sur Ribeaumont, qui se trouvait alors penché vers son ami, auquel il prodiguait des soins. Fort heureusement, en entendant le bruit qui se faisait derrière lui, le commandant français retourna la tête, et ce mouvement de curiosité le préserva du coup terrible qui le menaçait. Se relevant aussitôt avec agilité, il fit face à son adversaire inattendu et après quelques passes habiles, il faisait sauter l'épée des mains de l'Anglais et le couchait à terre d'un coup en pleine poitrine.

Puis, revenant aussitôt à Charny qui avait perdu connaissance, il étancha le mieux possible le sang qui s'échappait de sa large blessure et la lui banda avec son mouchoir et son écharpe ; il le fit ensuite transporter à l'endroit choisi pour quartier général ; mais avant de l'y rejoindre, la curiosité le poussa vers le chevalier qu'il venait de réduire.

— Voyons donc, se dit-il, à quel diable enragé j'ai eu affaire.

Détachant aussitôt le casque de l'Anglais, il fut sur le point de tomber à la renverse en en levant la visière : il venait de reconnaître le visage maudit de l'assassin Peacker.

— Juste ciel ! s'écria-t-il, quoi ! c'est encore ce suppôt d'enfer qui a blessé mon pauvre Charny.

Et jetant avec mépris son épée loin de lui, il ajouta :

— Mes mains ne doivent plus se servir de l'arme de mes pères ; elle est souillée d'un sang impur.

Appelant aussitôt quelques archers, il leur dit :

— Assurez-vous si cet homme respire encore.

L'un d'eux, l'ayant dépouillé de sa cuirasse, répondit après l'avoir palpé :

— Son cœur bat ; il respire.

— Alors qu'on le transporte avec les prisonniers blessés, et surtout qu'il soit soigneusement gardé à vue.

La lutte était enfin terminée, au plus grand avantage de l'armée française. Le sol jonché de soldats, tués et blessés, présentait cet aspect terrible et solennel qu'offre toujours le champ de bataille au moment de la victoire chèrement achetée par les vainqueurs et vaillamment disputée par les vaincus. Les troupes anglaises étaient complètement anéanties ; il ne réchappa pas un seul de leurs soldats, car ceux qui n'y furent point tués n'eurent la vie sauve qu'en se rendant prisonniers. Aussi ce champ de bataille, où nos soldats se couvrirent de cette noble gloire qui semblait fuir depuis si longtemps nos armes, reçut-il le nom de *Fosse aux Anglais*, qu'il porte encore de nos jours.

XXXIX.

LE PROCÈS CRIMINEL.

Le lendemain de cette journée sanglante, les troupes de
Ribeaumont rentraient triomphalement à St-Omer, où elles
étaient reçues aux acclamations de la population de tout le
pays, accourue à leur rencontre ; et aussitôt les troupes logées
dans leurs quartiers et les captifs enfermés dans les prisons du
château, un coursier fut expédié au roi Jean pour l'informer
du succès obtenu par ses armes et de l'importante capture du
gouverneur de Calais, de l'ex-lieutenant de Guines, des frères
Beauchamp et du traître Peacker.

Huit jours après, le message royal arrivait, donnant ordre à
Ribeaumont de traiter les frères Beauchamp en prisonniers
de guerre, selon les règles de la courtoisie, en leur accordant
liberté après rançon s'il le jugeait convenable; mais quant aux
trois autres hommes qui avaient failli aux lois de l'honneur et
violé la foi jurée, ils devaient être, sans retard, livrés à la cour
de justice à laquelle il déférait le droit de juger leur coupable
conduite.

Les frères Beauchamp traitèrent immédiatement de leur
rançon et rentrèrent librement à Calais où ils apportèrent la
nouvelle que leurs trois compagnons d'armes devaient être
traités avec toute la sévérité de la justice.

En apprenant cela, Tim ne put s'empêcher de verser une
larme de regret pour le maître qu'il servait si fidèlement depuis
plus de vingt ans ; car il ne se dissimulait pas qu'il ne le
reverrait plus, attendu que le souvenir de la trahison d'Aimery
était encore trop récent et que sa tête seule pouvait payer une
telle action. Il se rendit donc auprès de la pauvre Ida qui
avait revêtu le deuil à la première nouvelle de la captivité de

son père et, avec tous les ménagements possibles, il lui exposa le danger réel qui menaçait l'existence de son père.

Pendant ce temps la justice royale suivait déjà son cours et, devant une solennelle assemblée présidée par Ribeaumont, comparaissaient les trois prisonniers sous le chef d'accusations capitales.

La contenance des accusés se manifestait suivant leur caractère. Aimery avait conservé le calme de la résignation ; son front bandé d'un linge blanc donnait à la physionomie de ce précoce vieillard un air d'intérêt qui prédisposait à la commisération ; l'atonie de son regard semblait dire à tous qu'il connaissait le sort qui lui était réservé, et son attitude empreinte d'une noblesse puisée dans le repentir disposait l'esprit public à l'indulgence.

L'ex-lieutenant de Guines était moins réservé ; ses yeux, tantôt fixés à terre, tantôt se promenant sur l'assemblée qu'il semblait défier, laissaient échapper des éclairs de rage ; il murmurait des paroles de haine et de colère et, par des mouvements convulsifs, tentait mais vainement de briser les liens qui le tenaient captif.

Le visage de Peacker gardait la plus grande impassibilité et, sans le jet de feu qui brillait par intervalle de ses deux petits yeux luisants, on eût pu le croire indifférent à ce qui se passait autour de lui.

Après les formalités préalables, le président de la cour élevant la voix dit :

— Aimery de Pavie, vous êtes accusé : 1º d'avoir, dans la nuit du 31 décembre de l'an de grâce 1348, trahi les armes du roi de France, en violant votre parole donnée de livrer la ville de Calais moyennant une somme convenue ; 2º d'avoir, par suite de ce méfait, causé la mort de plusieurs gentilshommes et de bon nombre de gens d'armes ; 3º d'avoir, en la dite circonstance, volé au seigneur Geoffroy de Charny les trente mille écus qu'il vous fit compter alors et que vous reçûtes avec déloyauté tout en gardant la ville que vous deviez rendre pour

ce prix ; 5° enfin, d'être cause de nombreux malheurs surve-
nus par suite de votre trahison.

— Qu'avez-vous à dire pour votre justification ?

— Quelles que puissent être mes observations, quels que
puissants que soient les arguments que j'aurais à développer
pour ma défense, je sais parfaitement que je ne parviendrai
jamais à me justifier dans votre opinion ; car vous ne sauriez
admettre que des circonstances fatales poussent quelquefois
l'homme au delà de sa volonté. Je n'abuserai donc pas de vos
instants par des paroles inutiles. Vous connaissez mes actes,
et s'il vous faut ma vie pour les payer, prenez-la ; elle vous
appartient.

Un moment de silence succéda à cette courte réponse et
Ribeaumont, s'adressant au second accusé, lui dit :

— Beaucoroy, ex-lieutenant de Guines, vous êtes accusé
d'avoir trahi votre roi et votre patrie : 1° en livrant aux Anglais,
traîtreusement et moyennant une somme d'argent, la forteresse
qui était confiée à la garde de votre honneur ; 2° en combattant
dans les rangs ennemis la bannière royale de France. De plus,
je vous accuse, vous chevalier, d'avoir dérogé aux lois de
l'honneur, en frappant comme un assassin le maréchal de
France, seigneur de Beaujeu, que vous avez blessé en combat
singulier, et qui se trouvait sans défense quand vous l'avez
poignardé lâchement de votre dague.

Justifiez-vous si vous en avez les moyens.

— Il m'est inutile, riposta fièrement l'accusé, de chercher
à établir aux yeux de tous mon innocence ; je la trouve dans
le calme de ma conscience ; cela me suffit. Mais quelque
soit le jugement que vous porterez en cette circonstance,
demandez-vous intérieurement auparavant ce que vous feriez,
ou ce que vous seriez disposé à faire au souverain qui refuse-
rait d'entendre votre prière, lorsque vous êtes atteint dans
votre honneur, blessé dans votre bien le plus cher par celui
qui n'est justiciable que du roi ? L'aimeriez-vous encore, et
consentiriez-vous toujours à le servir ? Demandez-vous aussi

ce que votre cœur vous conseillerait de faire à celui qui, abusant du prestige de sa position et de la force de son autorité, subornerait votre compagne et vous couvrant du ridicule le plus outrageant, priverait de leur mère de malheureux enfants. N'écouteriez-vous pas alors la voix de la vengeance ? — Telle est ma défense. J'ai trahi le roi par haine, tué Beaujeu par vengeance et loin de m'en repentir, je serais prêt encore à recommencer semblable chose. Maintenant j'attends votre bourreau.

Un murmure d'étonnement circula dans la foule en entendant cette réplique hautaine qui ressemblait plutôt à un défi qu'à une défense.

— Peacker, interrogea ensuite le président, vous êtes sujet anglais et, conséquemment, nous ne serions pas fondés à vous juger si vous n'étiez venu souiller le sol de notre patrie de vos crimes odieux ; car, quoique revêtu actuellement de la noble armure de chevalerie, vous n'avez pas oublié votre métier d'assassin. Je vous accuse donc : 1° d'avoir, en l'année 1348, tenté d'homicider volontairement le seigneur Geoffroy de Charny, 2° d'avoir, quelques jours après, assassiné lâchement le nommé Briquet, archer au service du roi de France, en le poignardant après lui avoir administré un violent poison ; 3° d'avoir, il y a neuf jours, commis une nouvelle tentative d'assassinat sur la personne honorable du seigneur de Charny et sur moi-même. Qu'avez-vous à répondre ?

— Chevalier d'Angleterre, je ne reconnais d'autre pouvoir pour contrôler mes actes que celui de mon roi, ou la justice des barons de mon pays. Je nie la compétence de votre tribunal en ce qui me concerne. Vous n'avez pas le droit de me juger comme un criminel de votre pays ; et vous ne devez voir devant moi que le prisonnier de guerre prêt à traiter de sa rançon....

Pendant que Peacker raisonnait ainsi, un homme d'armes s'avança lentement au milieu de l'enceinte en murmurant tout bas :

— Cette voix me pénètre au cœur comme le froid de la

mort... ces traits !.... ciel !... cet homme... mais c'est bien lui... c'est lui-même.

Puis élevant aussitôt la voix, il jeta dans l'espace le nom de l'homme qu'il croyait reconnaître :

— Agace Gobin ! s'écria-t-il.

A la vibration de ces mots, Peacker s'arrêta dans sa péroraison, en se retournant aussi vivement que s'il eût ressenti la morsure d'un serpent. Alors désormais sûr de son fait, l'homme d'armes lui demanda :

— Te souviens-tu de la matinée du 24 août 1346 :

— Ne faites pas attention à cet homme, dit avec embarras l'inculpé, il est fou, je pense, et ne sait ce qu'il veut dire.

— Seigneur, reprit l'homme d'armes s'adressant aux juges et montrant du doigt Peacker, cet homme, qui ose lever si audacieusement la tête devant votre noble assemblée, est le traître valet qui vendit au roi Edouard l'honneur de la France en lui enseignant le gué de la *Blanque-Taque*, lorsque son armée allait être anéantie par notre feu souverain Philippe de Valois.

Né dans le même pays que cet homme, et alors valet d'armes comme lui, j'étais prisonnier du roi d'Angleterre lorsqu'un matin, il nous rassembla tous en nous offrant la vie et la liberté, si nous voulions lui indiquer un gué où il pût trouver passage pour sauver son armée. Nul ne répondit à l'offre du souverain anglais et, dans notre malheureux sort de captifs, nous admirions mentalement le dévouement de chacun de nos compagnons qui, faisant généreusement le sacrifice de leur existence, consentaient à ne plus revoir leur famille plutôt que trahir la patrie et la cause royale. Nous étions orgueilleux de notre noble conduite ; mais le roi Edouard, interprétant faussement notre silence, l'attribua au peu de crédit que nous donnions à sa promesse de nous rendre la liberté. Il nous offrit alors non-seulement la vie et la liberté, mais encore une somme d'argent. Ceux qui faisaient noblement le sacrifice de leur vie pouvaient-ils céder à un sentiment d'intérêt ? Non ! Aussi cette nouvelle proposition ne nous causa-t-elle qu'une profonde

indignation. Cependant, parmi tant de nobles cœurs, il se trouvait une âme assez vile pour céder à la séduction, à l'appât de
l'or. Et un valet sortit de nos rangs pour enseigner hautement
au roi d'Angleterre, le gué où son armée devait trouver passage ; se proposant de servir lui-même de guide à nos ennemis. En effet, le lendemain matin, avant le lever du soleil,
l'armée anglaise avait franchi la Somme au gué de la Blanche-
tache, et le traître recevait le prix de son forfait.

Joyeux d'avoir sauvé ses armes et peut-être aussi sa couronne, le roi d'Angleterre nous rendit à tous la liberté. Mais,
rentrés dans nos foyers, nous ne pûmes souffrir parmi nous
celui qui nous avait déshonorés et nous le chassâmes honteu-
sement du pays. Depuis cette époque nous n'en avons plus
entendu parler, nous en souciant peu du reste. Il sera sans
doute allé près du souverain auquel il avait rendu un si grand
service et voilà bien sûr pourquoi vous le voyez aujourd'hui
devant vous sous l'armure d'un chevalier anglais et portant les
armes de la maison royale d'Edouard III. Car cet homme
indigne, ce valet lâche qui causa la bataille de Crécy, n'est
autre que Peacker, l'espion et l'assassin.

Foudroyé par cette révélation inattendue, Peacker était
livide de terreur et, lorsque Ribeaumont lui demanda :

— Qu'avez-vous à répondre à cette accusation ?

Il répondit avec rage :

— Mensonges ! infamies ! Ce misérable est un imposteur
qui aura ourdi cette infernale machination pour tenter de me
perdre.....

— Halte-là, interrompit véhémentement l'homme d'armes,
ne jugeons pas aussi lestement tout le monde à notre propre
mesure. Si le mensonge est familier à ta bouche, moi je l'ai
en horreur. Tu ne me reconnais pas, sans doute ? mes traits
sont flétris aujourd'hui ; mes cheveux sont grisonnants, ma
taille est voûtée par les rudes labours de la guerre ; mais dans
le temps je possédais une figure que l'on disait assez jolie, et
qui était encadrée des boucles lisses et soyeuses de blonds

cheveux sortant par flots de sous mon heaume; alors les jeunes
filles m'appelaient entre-elles le bel André.

A ce nom, Peacker tressaillit.

— Ah! continua l'accusateur, ce nom te rappelle de singu-
liers souvenirs, n'est-ce pas? Eh bien! seigneurs, pour vous
convaincre de la sincérité de mes dires, de la force de mon
accusation, écoutez cette petite histoire qui vous dévoilera et
l'identité du personnage et ses mauvais instincts :

Un soir, je revenais tranquillement à mon logis, après avoir
reconduit ma fiancée, jeune et charmante personne qui avait
repoussé les assiduités de plusieurs courtisans, notamment
celles d'Agace Gobin ici présent; je revenais, dis-je, bien
paisiblement à ma demeure, sans armes, sans crainte ni mé-
fiance, ne rêvant qu'à l'avenir et me berçant avec extase dans
mon bonheur du moment, lorsqu'en passant au carrefour de la
Croix-rouge, un homme, caché derrière un arbre, s'élança
violemment sur moi en me frappant à la tête d'une énorme
pierre. A moitié étourdi de ce terrible coup, je sentis, au
même instant, le froid glacial d'un fer qui me pénétrait la
chair sous l'aisselle gauche : c'était une lame tranchante qui
me déchirait. Quoique surpris à l'improviste et déjà à demi
assommé, j'eus la présence d'esprit de faire vivement volte-
face, et de serrer convulsivement dans mes bras le lâche
agresseur qui me frappait ainsi par derrière et qui, ne pouvant
se débarrasser de mon étreinte, roula avec moi dans la poussière. Sentant alors le sang sortir abondamment de ma blessure, j'éprouvai une telle surexcitation que, par un mouvement de force surhumaine, je parvins à terrasser mon assassin et, lui arrachant des mains l'arme sanglante, je la lui plon-
geai dans la gorge qu'elle traversa de part en part. Je croyais
ce misérable mort, bien mort; mais il n'en était rien et quelques jours après on revoyait sur pied le vaillant Agace Gobin
qui, pour expliquer sa blessure, raconta une fable, inventa
un guet-apens, que sais-je enfin. Mais à dater de ce jour, il
parut guéri de sa jalousie contre moi. Diras-tu que cela n'est
pas vrai, faux Peacker !

Foudroyé par cette révélation, il eut encore l'effronterie de dire :

— Je ne comprends absolument rien aux accusations de cet homme insensé ; cela ne peut du reste me concerner, puisque je me nomme Peacker.

— Alors, puisque tu nies encore, je dirai à tes nobles juges de te confondre immédiatement, en te faisant montrer à nu l'horrible cicatrice que cache ton col d'acier. Veuillez ordonner, seigneurs, que l'on devêtisse cet homme, puis examinez son cou ; vous y verrez, à gauche, la couture d'une large plaie qui traversait littéralement la gorge, et derrière la nuque une autre cicatrice fermant l'ouverture où sortait la pointe de la dague. De plus, dans sa main droite, comme le stigmate de l'infamie, une ligne blanchâtre qui, partant de l'avant-bras, se termine entre l'index et le médius : c'est la trace de la blessure qu'il se fit lui-même en saisissant la lame tranchante qu'il voulait arracher de mes mains.

Aussitôt que le soldat eut fini de parler, le cou du prisonnier fut mis à nu et l'on vit en effet les cicatrices indiquées et la main droite laissa également voir la trace dénoncée. Il n'y avait plus de doute possible, et l'attitude de l'accusé équivalait à un aveu, car il laissa tomber sa tête sur sa poitrine avec le découragement de la confusion.

Ribeaumont reprit alors :

— Je dois donc ajouter aux méfaits qui vous sont reprochés, ceux de traître à la patrie, d'espion et de transfuge. Qu'avez-vous à dire ?

Il garda un effrayant silence.

— Vous n'avez rien à répondre ? Conséquemment nous déclarons les causes suffisamment entendues.

Puis, s'étant concerté avec les juges, il reprit à haute voix.

— Au nom de notre royal et vénéré souverain Jean Ier, roi de France, nous déclarons : Aimery de Pavie, ex-gouverneur de Calais, convaincu de noire trahison ; Guillaume de Beaucoroy, ex-lieutenant de Guines, coupable de félonie et d'homicide volontaire ; et Agace Gobin dit Peacker , également coupable de trahison et d'assassinat. Tous ces crimes entraînant la peine capitale, nous condamnons les trois inculpés à la peine de mort par écartellement. Leur supplice aura lieu après demain, au lever du soleil, sur la place du château de St-Omer; les condamnés y seront d'abord exposés publiquement, marqués au front du fer de l'ignominie, et y subiront l'ablation du poignet droit ; puis ils seront séparément attachés par les quartiers à quatre vigoureux chevaux, et leurs restes seront ensuite cloués, selon l'usage, aux portes de la ville.

Les prisonniers furent réintégrés dans leurs cachots et la foule s'écoula silencieusement, après avoir entendu cet arrêt terrible.

XL.

LE SUPPLICE.

Au moment même où le peuple évacuant la salle de justice, se répandait dans les rues de St-Omer, une jeune fille, revêtue d'une longue robe noire et le visage voilé sous un crêpe de deuil, traversait sur sa haquenée la place du château pour gagner l'hôtellerie la plus voisine. Un vieux serviteur marchait à ses côtés, en tenant par les rênes le cheval qu'il montait quelques instants auparavant pour faire sa route.

— Que signifient donc ces rassemblements? demanda timidement la jeune personne. Informe-toi, mon bon Tim, pour savoir ce que cela veut dire ; car tout m'effraie en ce moment: mes pressentiments sont si tristes que je vois partout de sombres avis.

Mais le vieux serviteur n'eut pas besoin de se déranger pour connaître la cause de ce mouvement ; en passant auprès d'un groupe, il entendit une voix qui disait tout haut :

— Le traître Peacker est enfin condamné comme il le mérite, il sera écartelé après demain, en compagnie de gredins de son espèce : l'ex-lieutenant de Guines et le gouverneur de Calais.

— Mon père !... oh ! mon pauvre père !... exclama la jeune fille en chancelant sur sa monture.

Et elle tomba évanouie dans les bras de Tim qui la transporta à l'hôtellerie du *Plat d'or*, dont on voyait l'enseigne tout près de là.

Reprenant peu à peu ses sens, Ida ouvrit ses yeux étonnés et murmura :

— Où suis-je donc?... mon Dieu !... ah ! oui, je me souviens.

Elle fondit aussitôt en larmes.

L'intendant déploya alors toutes les ressources de sa logique pour consoler sa jeune maîtresse, et il eût beaucoup de peine à lui faire entendre qu'il y avait peut-être moyen de revoir son père et que tout espoir de le sauver n'était pas perdu.

—Il faut, disait-il, employer toutes nos forces pour voir quelqu'un qui puisse nous aider. Pourquoi même n'irions-nous pas implorer la clémence des juges?

—Mais, j'y songe, reprit-il comme frappé d'une idée lumineuse, n'aurions-nous pas un puissant auxiliaire dans le seigneur de Charny?

Ida secoua tristement la tête; son regard à demi voilé laissa voir que toutes les douleurs passées renaissaient dans son âme, et elle dit d'une voix suffoquée :

—S'il a laissé condamner mon père, comment le sauverait-il maintenant?

—Nous ne savons pas ce qui s'est passé, reprit Tim, et sans nous arrêter à vouloir examiner ce qui est accompli, sans préjuger l'avenir, le mieux que nous ayons à faire pour l'instant est de nous rendre près de lui. Veuillez m'accompagner, et aussi endurci que puisse être son cœur, je suis convaincu à l'avance qu'il ne repoussera point la prière d'un ange. Venez, c'est accomplir un devoir sacré.

La jeune fille, désolée, se laissa conduire comme un enfant par son vieux compagnon, et quelques instants après ils entraient dans la demeure de Charny.

Grièvement blessé au combat de Bouquehault, l'ancien gouverneur de St-Omer était toujours dans l'état le plus alarmant; les médecins ne savaient pas encore s'il guérirait de ses blessures, tant il était souffrant et affaibli; mais aussitôt qu'il sut que la fille d'Aimery de Pavie demandait à le voir, il sentit la vie circuler dans ses veines et ordonna que cette pauvre jeune fille, si éprouvée par le malheur, fût de suite introduite près de lui.

Conduite par un valet, Ida s'arrêta à l'entrée de la chambre du blessé, n'osant lever les yeux vers celui qu'elle venait implorer. Mais en revoyant celle qu'il avait tant aimée et que le sort avait si impitoyablement arrachée à son amour, une rougeur subite colora les joues amaigries de Charny, et se levant à demi sur sa couche, il pria Ida de vouloir bien approcher de lui.

Plus morte que vive, la pauvre enfant tomba alors à genoux près de son lit et fondant en larmes, elle implora son secours pour sauver l'auteur de ses jours.

— Relevez-vous, je vous en prie, Ida, lui dit doucement de Charny. J'ignore encore complètement le sort destiné à votre père; mais je ne tarderai pas à en être informé; car Ribeaumont viendra assurément me voir bientôt et, sur mon honneur, je vous promets d'intercéder de toutes mes forces en faveur de votre père.

— O merci, Geoffroy, dit-elle avec la généreuse effusion d'un cœur reconnaissant, en prenant la main qui lui était tendue et la couvrant de ses pleurs, si la douleur que j'éprouve est immense, j'ai au moins la consolation de voir qu'en nous séparant, la fatalité n'a point paralysé la bonté du cœur qui m'inspira de si nobles pensées.

A ce moment, un homme apparaissait à la porte de la chambre; il s'arrêta respectueusement en contemplant avec tristesse le douloureux tableau de cette jeune femme désolée, implorant avec toute la poésie de la douleur un homme généreux, mais impuissant à la secourir dans cette circonstance solennelle.

Charny, relevant la tête, aperçut le nouveau venu et s'écria avec transport:

— C'est le ciel qui t'envoie, cher Ribeaumont; viens fermer la plaie saignante de ce cœur dévoué qui sollicite ardemment ta clémence en faveur de son malheureux père et donne à cette chère enfant la satisfaction qu'elle mérite, en la rassurant sur le sort d'Aimery de Pavie.

— Ah! répondit-il douloureusement en se tournant vers la jeune fille, vous êtes l'enfant du gouverneur de Calais? Je ne reconnaissais pas en vous la belle et charmante Ida que j'eus le plaisir de voir en des temps meilleurs; mais je comprends que la gravité des événements accomplis voilent vos traits de tristesse et de deuil.

— Hélas ! fit Ida, en tendant vers lui ses mains suppliantes, hélas! monseigneur, j'attends de votre bon cœur une grâce qui me rendra la vie. Vos lèvres laisseront-elles tomber ce mot miséricordieux qui ranimera mon espérance!... mon père.... mon pauvre père est-il à jamais perdu pour moi?...

Et sa voix s'étouffa dans ses sanglots en disant ces derniers mots.

— Il me serait impossible, noble enfant, de vous refuser le moindre service, la moindre chose qui pût vous êtes agréable, tant qu'il serait en mon pouvoir de me rendre à vos désirs. Votre âme est un précieux avocat, vos larmes sont plus éloquentes encore; et il faudrait avoir un cœur de roc pour ne point se laisser attendrir par votre douloureuse attitude. Mais, en cette circonstance, et quelque pénible qu'il me soit de détruire vos plus chères espérances, il est de mon devoir de vous exposer la vérité sans détour. Comme vous l'avez appris déjà, votre père a été condamné devant la cour de justice que je présidais; s'il m'eût été possible, malgré les griefs personnels que je pouvais avoir contre lui, de sauver celui qui fut notre ami, je n'aurais pas hésité un seul instant à le faire; mais le jugement prononcé par ma bouche est une sentence souveraine, irrévocable, et devant laquelle nous nous sommes tous inclinés; car le roi avait jugé la cause lui-même. Soyez donc assez courageuse, chère enfant, pour supporter cette terrible épreuve avec grandeur d'âme, et éloignez-vous au plus tôt de ces lieux de désolation dont les scènes sanglantes ne doivent point souiller la pureté de votre regard; car vous ne devez plus revoir votre père.

A cette foudroyante révélation, Ida se redressa de toute sa hauteur et, jetant un grand cri, elle se mit à rire si convulsivement que chacune des notes saccadées de ce rire sec semblait, en sortant de sa gorge, déchirer les organes de la voix; bientôt on n'entendit plus qu'un râle diminuant d'intensité; puis Ida tomba à la renverse sur le plancher et son corps eut bientôt pris la rigidité d'un cadavre !

Des domestiques la portèrent immédiatement dans une pièce voisine. Mais les fortes émotions de cette scène avaient tellement frappé l'esprit de Charny que la fièvre, redoublant de puissance, son état devint de plus en plus alarmant.

Le lendemain, au point du jour, et même avant l'aurore, une foule immense affluait sur la place du château et dans les rues adjacentes. Non-seulement tous les habitants de St-Omer, mais aussi toutes les populations voisines étaient sur pied, accourus les uns et les autres pour assister au terrible spectacle de l'exécution de trois hommes, dont les noms avaient tant de fois et si tristement retenti dans le pays depuis quelques années.

Les ouvriers quittaient leur tâche; les cultivateurs laissaient là leurs champs; les gens oisifs sacrifiaient leur moment de repos; les femmes abandonnaient leur ménage et venaient en masse, chargées de leurs enfants sur les bras ou attachés à leurs cottes, pour jouir d'un spectacle affreux, et satisfaire un mouvement de cruelle curiosité.

Cette nuit là St-Omer n'avait point dormi; les cloches de toutes les paroisses tintaient le glas funèbre et les lugubres trompes du prévôt de justice lançaient à chaque carrefour les plus sinistres avertissements.

La foule grossissant toujours, la place où devait avoir lieu le supplice était complètement envahie, et le flot des curieux refluait bien loin déjà dans les quartiers voisins; peu à peu les toits se garnirent et bientôt les tuiles disparaissaient sous les nombreux ouvriers et paysans qui les prenaient d'assaut; les maisons étaient occupées de force par les étrangers, comme en temps de guerre, et les fenêtres littéralement garnies de têtes de femmes et d'hommes impatients qui criaient, hurlaient, vociféraient comme des enragés, en se pressant à s'étouffer.

C'était un tableau étrange , une épouvantable cohue où les cris d'enfants étouffés , se mêlaient aux pleurs, aux gémissements des imprudentes mères qui cherchaient vainement à les protéger , et aux cris des hommes qui se bousculaient pour approcher autant que possible de la place. Et, lorsque par intervalles un moment de silence régnait dans l'espace, l'écho répétait les sinistres coups des maillets qui frappaient les madriers et les poutrelles du lugubre appareil que l'on achevait de dresser pour le commencement du supplice.

Lorsque le premier rayon du soleil levant éclaira cette scène de mouvement et de tumulte, le dernier coup de maillet retentit dans l'espace , et le silence le plus imposant s'établit comme par enchantement, dans cette foule jusqu'alors turbulente : chacun pressentait l'approche de la péripétie.

En effet , une compagnie d'hommes d'armes sortant des portes du château , déboucha sur la place, et leurs chevaux marchant au pas firent refluer les curieux des deux côtés pour faire passage au funèbre cortège dont ils ouvraient la marche; le groupe d'archers qui les suivait s'échelonna en formant la haie jusqu'au pied de l'échafaud ; puis vint la sénéchaussée, suivie de la confrérie des trépassés , derrière laquelle roulait lentement une lourde charrette, traînée par un seul cheval, et sur laquelle étaient assis les trois condamnés, les mains liées derrière le dos , les pieds nus et la tête recouverte d'un long voile de crêpe noir. Les frères de la miséricorde entouraient la voiture en psalmodiant les prières des agonisants, puis une troupe d'arbalétriers fermait la marche en formant l'escorte de sûreté.

— Les voilà ! les voilà ! s'écria la foule.

Et des murmures insultants se firent entendre çà et là; puis le calme qui accompagne toute action solennelle se rétablit bientôt , et l'on entendait la respiration haletante des spectateurs les plus impressionnés. Chacun en pressant son voisin laissait sentir, par le contact, les battements précipités du cœur sous l'émotion fébrile de terreur que l'on subissait du plus petit au plus grand, du plus faible au plus fort.

La charrette cessa de rouler au pied de l'échafaud et les trois condamnés en gravirent les marches, aidés chacun par deux frères de la miséricorde. Aussitôt qu'ils eurent atteint la plate-forme, les voiles qui recouvraient leur visage furent arrachés et les frères, après leur avoir donné le baiser d'adieu, les livrèrent aux mains du bourreau.

Peacker seul refusa l'embrassement des religieux ; lorsque le voile tomba de sa figure, il regarda la foule d'un air menaçant et ses yeux semblaient jeter une lueur infernale à chacune des imprécations que vomissaient sa bouche, dont les lèvres blémissantes étaient couvertes d'une écume épaisse.

Le bourreau, s'emparant d'Aimery de Pavie, lui banda les yeux et après s'être saisi de son bras droit, il le maintint sur le billot. Un son de trompe se fit entendre, le sénéchal fit un signe de la main et le glaive de la justice tournoyant en l'air s'abattit avec force sur le poignet du gouverneur, qui se détacha du bras en roulant à terre. Un murmure d'épouvante s'éleva de la foule, un cri douloureux, un seul cri fut proféré par ce vieillard qui tomba évanoui aux pieds de l'exécuteur ; son bras fut aussitôt plongé dans la poix bouillante pour arrêter l'hémorrhagie.

Beaucoroy s'avança alors courageusement pour subir l'ablation ; mais il ne souffrit pas qu'on lui bandât la vue, ni qu'on maintînt de force son bras sur le billot ; néanmoins, par trois fois, il retira sa main au moment où l'épée s'abattait ; mais au quatrième coup, le bourreau tremblant sous le terrible regard du condamné, fit une feinte et parvint à trancher le poignet rebelle.

Le tour de Peacker venu, ce fut une autre affaire ; le bandit se refusa à faire un seul pas. Les archers s'emparèrent aussitôt de lui, ce qui ne fit qu'irriter sa colère ; mais il se débattit vainement, en appelant tous les malheurs de la France, toutes les malédictions du ciel sur ceux qui assistaient à son supplice ;

et ce ne fut qu'après une lutte prolongée que l'on put maintenir son bras pour lui faire subir la peine des parjures, et
lorsque le poignet tomba, un troisième cri d'épouvante fut proféré par les spectateurs que chaque coup de glaive semblait
atteindre au cœur.

Ce sanglant spectacle clouait en place, paralysée, anéantie,
cette masse compacte, tout à l'heure si avide de ces terribles
émotions dont on se souvient pendant la vie entière. Plus d'un
était venu là pour essayer son courage, pour voir ce qu'il
n'avait jamais vu, et en ce moment regrettait bien son empressement. Tous, en un mot, eussent bien voulu se dérober à la
continuation du supplice; mais retenus par une force invincible,
inexplicable, ils restaient muets et immobiles spectateurs.

Un vaste réchaud remplaça le billot et, un second coup de
trompe étant donné, le grand sénéchal éleva de nouveau la
main et le bourreau s'armant d'un fer rouge, alla imprimer
sur le front d'Aimery, toujours évanoui, l'empreinte ignomi-
nieuse réservée au crime de félonie. Puis, faisant agenouiller
devant le public l'ex-lieutenant de Guines, il lui imprima le
même stigmate infamant; mais, lorsque Peacker vit approcher
le fer, il rugit comme un lion, tenta de briser ses liens, et ce
ne fut que couché à terre que la marque de feu lui fut appliquée.

Cette opération terminée, le grand sénéchal dit aux patients:

— Maintenant que l'expiation de vos crimes est à moitié
consommée, les hommes vous pardonnent; Dieu va s'emparer
de vos âmes, qu'il en ait pitié, ainsi que nous l'en prions sincèrement du fond de notre cœur. Aussitôt toute la foule tomba
à genoux et répondit aux versets du *Miserere*, psalmodié par
les religieux. Pendant ce temps les condamnés étaient descen-
dus de l'échafaud, étendus à terre et attachés par les quatre
membres chacun à quatre des plus vigoureux chevaux montés
par les hommes d'armes.

Lorsque la cohue eut répété :

— *Amen!*

Le troisième son de trompe retentit. Le signal du dernier

supplice fut donné par le sénéchal, et avant que sa main fut abaissée, les cavaliers donnaient de l'éperon dans le flanc de leurs montures qui, tirant à plein poitrail, s'élancèrent en divers sens, arrachant par quartiers les membres des victimes et trainant ces lambeaux de chair ensanglantée sur le pavé qu'ils parcouraient d'une course folle.

Puis les coursiers, revenus au point de départ, on recueillit les membres informes qui furent aussitôt attachés aux portes de la ville où ils devaient rester hideusement exposés.

XLI.

CONCLUSION.

Quelques semaines après cette sanglante exécution, un pauvre vieillard sortait de St-Omer, à pied et tenant à la main une petite haquenée efflanquée, montée par une femme vêtue de noir.

En franchissant la porte de Calais, le vieillard se voila les yeux pour ne pas voir les restes humains cloués sur la porte même de la ville, et lorsqu'il passa le pont-levis, de grosses larmes coulèrent sur sa joue creusée par le chagrin. La jeune femme qu'il guidait ainsi était silencieuse ; ses yeux hagards avaient une fixité étrange et sa chevelure en désordre volant capricieusement au gré de la bise, donnait à sa noble physionomie un aspect presque fantastique. On eut dit qu'elle n'appartenait plus à la terre ; elle semblait être une de ces créatures extraordinaires que notre imagination fait glisser dans l'espace quand l'esprit, abandonné aux caprices chimériques de l'illusion, crée les rêves dont le sommeil est parfois troublé.

Lorsque les voyageurs eurent atteint les hauteurs où finit la commune de St-Martin-au-Laërt, un pluie fine, se déclarant tout-à-coup, arracha de sa léthargie apparente la jeune femme qui s'écria :

— Tim ! Tim ! où sommes-nous donc ? Il me tarde bien de rentrer. Mais quelle mine fais-tu, pauvre ami, tu ne me dis plus rien ?

— Ah ! répondit le bon intendant en s'efforçant de sourire, c'est vrai, mademoiselle Ida, j'oubliais que j'ai le temps de songer tantôt à nos affaires.

— Mais où allons-nous ainsi ? interrompit-elle. C'est étrange, il me semble que nous voyageons depuis bien longtemps déjà...

Tiens ! regarde là-bas ! vois-tu ces cavaliers qui viennent à nous ? Ah ! Dieu merci, ce sont eux ; je les reconnais. Dépêche-toi, Tim, fouette ma haquenée pour que nous soyons plus près d'eux... Oh ! comme ils courent vite ; mon père marche le premier et Geoffroy a peine à le suivre... Toute leur suite apparaît. A la bonne heure... ces gens sont nombreux, leur livrée belle à voir. Eh ! saurait-on jamais déployer trop de richesse, trop de pompe la veille de son mariage avec la reine des ondes... Car je suis reine, moi, et digne de toi, mon noble ami... Viens, mon Geoffroy bien-aimé, ta fiancée t'attend.

Et elle entonna un de ces chants suaves qui pénètrent le cœur de leur plus douce poésie lorsqu'ils sont dits par l'harmonieuse voix de l'amour, mais qui au contraire contristent l'âme et la glacent du froid de la mort lorsqu'ils sont interprétés par la voix stridente de la folie.

Puis le silence se rétablit et les pauvres voyageurs continuèrent leur route jusqu'à Calais, sans souffler mot.

C'était bien, ainsi que nos lecteurs l'ont reconnu déjà, la fille d'Aimery de Pavie et le bon intendant Tim qui voyageaient ainsi.

Ida n'était point morte de la terrible commotion que lui causa la nouvelle de l'inflexible arrêt qui frappait son malheureux père. Une catalepsie suivit cette crise, mais la jeune fille y laissa sa raison et lorsqu'elle fut ranimée, elle était folle.

Tim avait fait transporter sa maîtresse à l'hôtellerie du *Plat d'or* ; il lui fit prodiguer les soins les plus entendus et bientôt, ses ressources étant épuisées, il dut vendre son cheval, ses effets et ses armes pour subvenir à toutes les dépenses, et voilà pourquoi il revenait à pied à Calais, tenant en main la petite haquenée d'Ida. Ce vieillard dévoué avait sacrifié tout son avoir ; mais il avait hâte de regagner la ville, espérant que l'aspect du logis, le retour à ses habitudes, la vue des objets aimés rendraient peut-être quelque sérénité à l'esprit désolé de sa jeune maîtresse ; il pressa donc la marche de la haquenée, franchit en toute hâte la porte de Boulogne et lorsqu'il revit le palais du maître, son cœur bondit de joie.

Il était tard déjà ; les ombres de la nuit commençaient à couvrir la façade du logis, et une sensation douloureuse serra l'âme du vieillard lorsqu'il laissa tomber avec force le marteau de bronze sur la porte. Aussitôt apparut un valet qui, entrebâillant le battant, dit avec un accent de mécontentement :

— Qui donc ose frapper ici avec tant d'assurance quand monseigneur est chez lui ?

— Allons ! allons ! ouvre, répondit Tim d'un ton peu satisfait ; ne vois-tu notre noble maîtresse qui a grande hâte de rentrer en ses appartements ?

— Ah ! voilà qui est copieux !... notre noble maîtresse ?... Dites donc, mon vieux, êtes-vous fou par hasard, ou vous moquez-vous du monde ?

— Qu'est-ce à dire ? gronda l'intendant ; auras-tu, maraud, bientôt fini tes péroraisons ? Rêves-tu ; et mademoiselle Ida doit-elle endurer tes sornettes ? Ouvre, te dis-je, et ne lasse point ma patience.

— Dieu me pardonne ! c'est vous, maître Tim ; je ne vous reconnaissais pas. Hélas ! d'où revenez-vous donc ainsi ? On ne savait ce que vous étiez devenu. Ah ! mais il y eu joliment du changement ici !

— Quoi donc, mon Dieu ? fit Tim qu'un secret pressentiment avertissait.

— Il y a que nous avons un nouveau gouverneur.

— Un nouveau gouverneur ?

— Oui, monseigneur Regnault de Cobhan qui, depuis un mois, habite cet hôtel ; et, ma foi, les sentiments de ce nouveau maître contre la famille de son prédécesseur sont peu favorables, si vous avez mémoire du passé ; et je vous engage à ne pas tenter de rentrer dans ce logis ; car le premier soin de monseigneur, en prenant possession de l'hôtel, a été de brûler tout ce qui pouvait lui rappeler le souvenir de son ennemi, messire Aimery.

— Alors nous ne possédons plus rien en cette demeure ?

— Rien, absolument rien... Mais pardon si je vous quitte, maître Tim, on vient, j'entends des pas, et il n'est pas prudent de perdre son temps à caqueter ; le nouveau maître est dur. Cherchez donc ailleurs un gîte, je vous le conseille dans votre intérêt. Bonsoir ! que Dieu vous guide.

La porte se referma doucement au nez du vieillard qui, le cœur gonflé, ne put maîtriser sa douleur ; les larmes inondèrent sa figure et il serait sans doute resté longtemps encore immobile, près de la porte de son ancienne demeure, si un mouvement fait par la haquenée ne l'eût rappelé à la réalité. Ne pouvant exposer plus longtemps aux intempéries de l'air, sa jeune maîtresse qui restait absorbée dans l'égarement de son esprit et ne reconnaissait pas même le palais de son père, Tim prit la résolution de demander l'hospitalité à l'hôtellerie la plus voisine. Puis, dès le lendemain, n'ayant plus aucune ressource pour faire face aux premières dépenses, il vendit la jolie petite haquenée blanche et installa dans une modeste demeure celle sur laquelle il s'était juré de veiller comme sur l'enfant chéri de son cœur.

C'était un homme dévoué, un cœur généreux que ce bon intendant ; aussi n'attendit-il pas à voir le dernier écu au fond de sa bourse pour chercher à parer aux exigences de la vie ; et on le vit travailler à tout ouvrage produisant salaire pour substanter Ida. Puis, à ses moments de loisirs, il accompagnait la pauvre folle dans ses courses sur le bord de la mer, où elle manifestait toujours le plus vif désir d'aller ; et là, comme une mère attentive, il suivait et veillait cette enfant avec la plus tendre sollicitude ; car il se faisait un devoir de satisfaire ses moindres caprices.

Là, Ida ornait sa tête des fleurs qui croissent dans les dunes, et ainsi parée elle se complaisait à voir autour d'elle les plus fantastiques images.

Un jour, dans une de ces promenades tant aimées, elle voulait entraîner son intendant vers les eaux pour entrer, disait-elle, dans son palais ; car elle se croyait la reine des ondes. Ses pieds légers laissaient sur le sable une empreinte qui se couvrait bientôt d'humidité et il devenait prudent de quitter la plage, car la mer montait, montait pour aller battre de son remous les joncs qui bordent le pied de la dune. Tim faisait tous ses efforts pour l'éloigner de ces lieux sans y pouvoir réussir, et il s'en désespérait, lorsqu'il aperçut à quelques pas de là une barque attachée au rivage. Aussitôt il dit à la pauvre insensée :

— Eh bien ! puisque vous tenez à me faire visiter le palais de votre empire, montons dans cette barque, nous y arriverons plus aisément et sans nous fatiguer.

Cette proposition sourit à Ida et un instant après les deux infortunés voguaient vers le large. Lorsque la barque eut franchi les brisants écumeux de la vague, elle atteignit bientôt les eaux calmes. Là Tim posa les avirons pour voir ce qu'allait dire Ida pendant l'arrêt de l'esquif ; car jusque là elle était restée pensive.

Aussitôt qu'elle ne sentit plus le mouvement d'impulsion donné par chaque coup de rames, ses yeux prirent une expression de joie immense, son visage devint radieux et, le regard fixé sur l'onde, elle s'écria :

— Vois, mon bon Tim, comme il est beau ce palais transparent qui réfléchit jusqu'à la surface de ces eaux bleues et pures l'éclat de ces dômes étincelants ; les murs en sont de corail éblouissant ; les portiques d'ambre parfumé et les perles éclatantes ornent ses ouvertures. Oh ! qu'il est beau d'être la maîtresse de ces lieux enchanteurs. Viens les visiter, Tim, accompagne-moi, mon bien-aimé m'y attend !

Elle avait à peine achevé de prononcer ces paroles que, par un mouvement aussi rapide que l'éclair, elle s'élança vers l'image attrayante qui miroitait à ses yeux.

Les flots se refermèrent sur elle en une bouillonnante écume et l'onde avait déjà repris sa surface unie avant que le vieillard, surpris et foudroyé par cette scène terrible, eût eu la pensée de se jeter au secours de l'infortunée.

Un instant après, Tim disputait aux flots leur victime ; il revint à la surface avec son précieux fardeau ; mais hélas ! les mouvements convulsifs de ce corps plein de vie, se débattant avec violence contre la mort horrible qui l'étreignait déjà, paralysèrent la tentative du courageux vieillard, et plusieurs fois il fut entraîné sous les eaux avec celle qu'il voulait sauver. La lutte se prolongea longtemps encore, mais les forces trahissant le sauveur, il lui fallut bientôt abandonner tout espoir de salut ; car le secours était impossible, puisque nul n'était témoin de ce drame affreux ; et, après avoir été roulé, battu et meurtri par la vague, il perdit courage, recommanda son âme à Dieu et se laissa glisser au fond de l'abîme, avec le fardeau qu'il tenait entre ses bras.

Le lendemain, la marée montante déposait sur la plage deux cadavres.

Guéri de ses blessures, Geoffroy de Charny se retira pendant quelque temps en son domaine de Liré-Bourg en Champagne, où il fit élever un monument religieux à la mémoire de son amante infortunée ; il y fonda même une église collégiale ; et, malgré tout, les consolations de la religion ne purent diminuer l'intensité de la douleur dont son âme était atteinte. Il quitta de nouveau son repos pour reprendre la vie active des camps, et jusqu'à sa mort, qui eut lieu à la bataille de Poitiers, on le vit chevaucher partout pour combattre les ennemis de sa patrie ; promenant ainsi sa douleur aussi vive qu'au premier jour ; mouillant chaque jour ses lèvres au calice de la souffrance et justifiant cet apophthegme de Christian :

Chacun de nous, ici-bas, cache au fond de son cœur un tombeau !

www.ingramcontent.com/pod-product-compliance
Lightning Source LLC
Chambersburg PA
CBHW061449060726

47597CB00002B/527